離婚に伴う財産分与

― 裁判官の視点にみる分与の実務 ―

著　松本　哲泓（弁護士・元大阪高等裁判所部総括判事）

新日本法規

は　し　が　き

　本書は、大阪高等裁判所の家事抗告事件集中部である第9民事部の裁判官の事例研究の結果をまとめたものである。

　同部では、所属裁判官及び、同じく家事抗告集中部である第10民事部の裁判官を含めて、概ね月1回の事例研究会を行ってきたが、平成21年3月以降、その検討結果に基づいた報告を、「究理九疇（きゅうりきゅうちゅう）」と題して、筆者の名で、管内の裁判官に報告してきた。その報告のうち、一部は、加筆のうえ、家庭裁判月報に掲載されたが、多くの裁判官から、他の部分も含め、体系的に整理してほしいとの要請があったこともあり、昨年、婚姻費用及び養育費に関する部分を、「婚姻費用・養育費の算定－裁判官の視点にみる算定の実務－」と題して上梓した。「裁判官の視点にみる」と題したことは、新日本法規出版の案で、個人としては躊躇もあったが、読み返してみると、確かに裁判官の視点で書いていると思われ、第三者の目は侮れないことが確認できた。しかし、その視点があることが、同書の特徴であり、それ故に、実務にとって有益であると思われ、幸いに好評を得て、刷を重ねることができた。

　本書は、続編を望む声に押されて、財産分与に関する部分を出すこととなったのであるが、退官後の、大阪家庭裁判所における調停の経験及び裁判官、調停員の諸氏との勉強会等の結果を踏まえて多くを加筆した。第9民事部在籍当時の同部の裁判官、白石研二、田中義則、永井尚子、岡口基一、小池覚子、渡邊雅道の諸氏に多くを負っていることは前書と同様であり、かつ、退官後、大阪家庭裁判所において、勉強会等に加わって下さった裁判官や調停委員の皆さんからも、最近の実務の実情に対する情報や貴重な意見を頂いた。皆さんに感謝する。

本書では、前書と同様に、家庭裁判所における処理の実情を客観的な視点で紹介するとともに、具体的な事案についての判断基準を提供することに努め、参考となる裁判例も多数掲げた。そして、利用しやすさのために、細目次において、主要な解説内容を▶印で示し、索引も充実させた。有益なものとなったと信じている。

　令和元年8月

松 本 哲 泓

著 者 略 歴

松 本 哲 泓（まつもと　てつおう）

〔略　歴〕

1973年　司法修習生

1975年　判事補

1985年　判事

2006年　富山地方・家庭裁判所所長

2007年　和歌山地方・家庭裁判所所長

2008年　大阪高等裁判所部総括判事

2011年　定年退官

2012年　関西大学法科大学院教授

2014年　弁護士登録

2017年　定年退職

2017年　瑞宝重光章受章

〔主な著書・論文〕

「婚姻費用分担事件の審理－手続と裁判例の検討」家庭裁判月報62
巻11号1頁（2010年）

「子の引渡し・監護者指定に関する最近の裁判例の傾向について」
家庭裁判月報63巻9号1頁（2011年）

「婚姻費用・養育費を増減する審判の主文について」家庭裁判月報
63巻11号151頁（2011年）

「財産分与審判の主文について」家庭裁判月報64巻8号105頁（2012
年）

「抗告審決定の主文について」家庭裁判月報65巻5号125頁（2013年）

「家事裁判例紹介・相続財産法人による特別縁故者の申立人たる地位の承継」民商法雑誌151巻3号105頁（2014年）

「家事裁判例紹介・遺産分割手続からの排除決定を取り消した事例」民商法雑誌153巻3号139頁（2017年）

『婚姻費用・養育費の算定―裁判官の視点にみる算定の実務―』（新日本法規出版、2018年）

「家事裁判例紹介・遺産分割の方法について、代償分割を不相当とした事例」民商法雑誌154巻6号140頁（2019年）

『代言人事典』（ユニウス、2016年）

略　語　表

＜法令等の表記＞

根拠となる法令等の略記例及び略語は次のとおりである。

家事事件手続法第154条第2項第4号＝家事154②四
相続税法基本通達9－8＝相基通9－8

医療	医療法		民	民法
会社	会社法		民執	民事執行法
確定拠出	確定拠出年金法		民執規	民事執行規則
家事	家事事件手続法		民訴	民事訴訟法
人訴	人事訴訟法		民保	民事保全法
人訴規	人事訴訟規則		所基通	所得税基本通達
相税	相続税法		相基通	相続税法基本通達
破産	破産法		評基通	財産評価基本通達
弁護士	弁護士法			

＜判例の表記＞

根拠となる判例の略記例及び出典・雑誌の略称は次のとおりである。

最高裁判所平成31年2月19日判決、裁判所時報1718号3頁
＝最判平31・2・19裁時1718・3

民集	最高裁判所民事判例集		裁時	裁判所時報
家月	家庭裁判月報		ジュリ	ジュリスト
判時	判例時報		民商	民商法雑誌
判タ	判例タイムズ		リマークス	私法判例リマークス
下民	下級裁判所民事裁判例集			
高民	高等裁判所民事判例集			

＜参考文献の表記＞

　参考文献の略称は次のとおりである。

秋武　　　秋武憲一『第3版 離婚調停』（日本加除出版、2018年）

秋武＝岡　秋武憲一＝岡健太郎『リーガル・プログレッシブ・シリーズ7
　　　　　離婚調停・離婚訴訟〔改訂版〕』（青林書院、2013年）

大津　　　大津千明『離婚給付に関する実証的研究』（法曹会、1981年）（日
　　　　　本評論社、1990年）

新田　　　新田和憲「第4回 財産分与の調停・審判事件の実務」法曹時報
　　　　　66巻7号27頁（2014年）。東京家事事件研究会『家事事件・人事
　　　　　訴訟事件の実務―家事事件手続法の趣旨を踏まえて―』102頁
　　　　　～145頁（法曹会、2015年）所収

沼田　　　沼田幸雄「財産分与の対象と基準」野田愛子ほか編『新家族法
　　　　　実務大系 第1巻』（新日本法規出版、2008年）

蓮井　　　蓮井俊治「財産分与に関する覚書」ケース研究329号104頁（2017
　　　　　年）

松谷　　　松谷佳樹「財産分与と債務」判例タイムズ1269号5頁（2008年）

本沢　　　本沢巳代子『離婚給付の研究』（一粒社、1998年）

山本　　　山本拓「清算的財産分与に関する実務上の諸問題」家庭裁判月
　　　　　報62巻3号1頁（2010年）

体 系 目 次

第1章 財産分与請求権の意味・内容
1 財産分与の意味
2 有責配偶者の財産分与請求
3 内縁配偶者の財産分与請求
4 相続性

第2章 財産分与請求の手続
1 請求手続の種類
2 審判申立ての手続
3 審判事件の審理
4 離婚事件の附帯処分としての財産分与請求
5 調 停
6 当事者の手続に対する非協力

第3章 清算的財産分与
1 清算的財産分与の根拠
2 清算的財産分与の方法
3 清算的財産分与の対象財産
4 問題となる対象財産
5 対象財産の評価
6 財産分与における債務の扱い
7 一切の事情の考慮
8 過去の婚姻費用等の清算

第4章 扶養的財産分与
1 扶養的財産分与の意味
2 考慮要素
3 扶養的財産分与の態様

第5章 具体的分与方法
1 分与の方法
2 金銭による分与
3 現物による分与

4 利用権の設定
5 その他の財産権の移転

第6章 財産分与審判の主文
1 財産分与の審判
2 不動産の財産分与
3 動産の財産分与
4 債権の財産分与
5 その他の財産権の分与
6 金銭支払による財産分与
7 債務の負担に関する主文
8 その他・不作為を命じた事例
9 抗告審の主文

第7章 財産分与と詐害行為等
1 財産分与と詐害行為の関係
2 詐害行為となる場合
3 破産法における否認権と財産分与

第8章 財産分与に伴う税金
1 贈与税
2 譲渡所得税

付 録 条項集
1 金銭による財産分与
2 不動産の分与
3 住宅ローン付き不動産の分与
4 建物明渡し
5 その他の財産
6 処分清算
7 保全の取下げ

索 引

細　目　次

※解説項目の見出しのほか、当該項目における主要な解説内容を、▶で示した。

第1章　財産分与請求権の意味・内容

ページ

1　財産分与の意味……………………………………………………3

 (1)　財産分与の意義・根拠……………………………………3

 (2)　財産分与の性質・内容……………………………………3

  ア　財産分与の性質…………………………………………3

  イ　財産分与の内容…………………………………………3

  ▶財産分与として請求できるものは何か………………3

  ▶離婚すると生活が困難となる場合、生計を維持す
  るために将来の生活費を財産分与で請求できるか………3

  ▶婚姻中に受けた精神的苦痛の償いを財産分与で請
  求できるか………………………………………………3

 (3)　財産分与請求権の権利性…………………………………6

  ア　権利性……………………………………………………6

  イ　一身専属性の有無………………………………………8

  ▶財産分与請求権を差し押さえることはできるか………8

 (4)　財産分与請求権の放棄、財産分与に関する契約…………8

  ア　婚姻中の財産分与に関する合意………………………8

  ▶別居の際、財産分与を求めない旨の書面を差し入
  れたが、財産分与は請求できないか……………………8

  ▶協議離婚の際、合意を得るために安易に自宅を渡
  すと言ってしまったが、履行しなくてはいけない
  か…………………………………………………………8

  ▶財産分与に関する合意が無効な場合、改めて財産
  分与を請求することができるか…………………………8

イ　婚姻前の財産分与に関する合意……………………………11

▶婚姻前に離婚の際の財産分与額を低く定めた合意
は有効か……………………………………………………11

2　有責配偶者の財産分与請求……………………………………12

▶離婚原因を作った配偶者であっても財産分与の請求をす
ることができるか……………………………………………12

3　内縁配偶者の財産分与請求……………………………………13

▶同棲し、婚姻届をしていなかったが、その関係が解消し
た場合に財産分与の請求をすることができるか……………13

4　相続性…………………………………………………………14

(1)　財産分与請求権の相続性……………………………………14

▶離婚後、財産分与を請求する前に当事者が死亡した
場合、その相続人は、財産分与請求権を相続するか………14

(2)　財産分与義務の相続性……………………………………16

▶離婚後、財産分与の調停中に、元配偶者である相手方
が死亡した場合、その相続人に対して、財産分与を請
求できるか……………………………………………………16

(3)　内縁配偶者の財産分与請求権の相続性…………………17

ア　死亡による内縁関係解消の場合の財産分与請求権………17

▶内縁関係が死亡によって解消した場合、内縁中に
共同して形成した財産の清算はどのように求める
か………………………………………………………………17

イ　実質共有財産の相続………………………………………19

第2章　財産分与請求の手続

1　請求手続の種類………………………………………………23

▶財産分与はどのような手続によって申し立てるか…………23

細　目　次　　3

2　審判申立ての手続 ……………………………………23
　(1)　当事者 …………………………………………23
　　ア　申立人 ………………………………………23
　　イ　義務者からの申立て ………………………23
　　　▶財産分与を支払う側から財産分与の申立てをする
　　　　ことができるか ……………………………23
　(2)　申立て …………………………………………30
　　ア　申立ての時期・期間 ………………………30
　　イ　申立ての方法 ………………………………30
　　ウ　合意成立後の申立て ………………………31
　　　▶財産分与について合意したが、相手方が対象財産
　　　　を隠していた場合、更なる分与を求めることがで
　　　　きるか …………………………………………31
　　　▶協議離婚のとき財産分与について合意したのに履
　　　　行されない場合どうするか …………………31
　　エ　相手方からの申立て ………………………32
　　オ　申立ての取下げ制限 ………………………32
　(3)　管　轄 …………………………………………33
3　審判事件の審理 ………………………………………33
　(1)　審問期日による進行 …………………………33
　(2)　事実の調査等 …………………………………34
　　ア　事実の調査 …………………………………34
　　イ　調査嘱託 ……………………………………34
　　ウ　証拠調べ ……………………………………35
4　離婚事件の附帯処分としての財産分与請求 ………36
　(1)　附帯処分の趣旨 ………………………………36
　(2)　申立て …………………………………………36
　(3)　審　理 …………………………………………36
　　ア　概　説 ………………………………………36

イ	財産分与部分に関する進行	37
ウ	証拠調べ等	38

5 調 停 38
(1) 概 説 38
(2) 家事調停の申立て 39
　ア 申立書 39
　イ 提出書類 39
　ウ 申立書送付 40
　エ 答弁書 40
(3) 期日の進行 40
　ア 財産分与対象財産一覧表の作成を基本とする進行 40
　イ 各期日の進行 41
6 当事者の手続に対する非協力 42
(1) 当事者の協力義務 42
　▶相手方がその名義の預貯金を明らかにしないのに、
　　自分の預貯金だけ開示しなければならないのか 42
(2) 財産開示拒否に対する一般的な対処方法 43
　▶相手方が預貯金を明らかにしない場合どうするか 43
　▶相手方が、どこかの金融機関に隠し預貯金をしてい
　　る場合、どのようにすれば明らかにできるか 43
(3) 対象財産ごとの検討 44
　ア 預貯金の有無 44
　イ 退職金・退職年金の有無 46
　ウ 株式等の有無 46
　エ 決算書 46

細 目 次　　　5

第3章　清算的財産分与

1　清算的財産分与の根拠……………………………………………49

　(1)　夫婦別産制…………………………………………………………49

　(2)　清算的財産分与の根拠…………………………………………50

　　　ア　実質的共有説…………………………………………………50

　　　イ　組合的共有とする説………………………………………51

　　　ウ　夫婦の役割分担により生じる不利益を填補する制
　　　　　度とする説………………………………………………………51

　　　エ　婚姻共同生活における法的評価の平等の実現を保
　　　　　障する制度とする説………………………………………52

　(3)　共有持分による請求……………………………………………52

　　　▶夫婦共同で取得した一方名義の不動産について、婚
　　　　姻中に共有持分移転登記手続請求をすることができ
　　　　るか……………………………………………………………………52

　　　▶財産分与請求ができなくなった場合に、夫婦共同で
　　　　取得した不動産の共有物分割を請求できるか……………52

　　　ア　実質的共有関係を物権上の共有としない説……………52

　　　イ　実質的共有関係を物権上の共有とする説………………52

　　　ウ　実　務…………………………………………………………53

2　清算的財産分与の方法……………………………………………57

　(1)　清算的財産分与の考え方………………………………………57

　(2)　清算の基準時……………………………………………………58

　　　ア　分与対象財産確定の基準時………………………………58

　　　▶財産分与は、いつの時点の財産関係を基準に判断
　　　　されるか………………………………………………………………58

　　　▶別居期間が著しく長い場合でも別居時が基準時と
　　　　なるか…………………………………………………………………58

▶別居後も、財産形成に寄与したといえる場合は、基準時はいつとなるか……………………………………58

▶別居後に、幼児の監護養育を一方が全面的にしている場合でも、別居時が基準となるか……………58

イ　婚姻関係破綻との関係…………………………………61

▶家庭内別居が続いていた場合、基準時はいつになるか………………………………………………………61

ウ　同居と別居が繰り返される場合…………………………62

エ　単身赴任中・出稼ぎ中の破綻………………………………62

▶夫が単身赴任中に離婚問題が発生した場合、基準時はいつになるか……………………………………62

▶夫が出稼ぎ中に帰宅しなくなった場合、基準時はいつとなるか………………………………………………63

オ　評価の基準時…………………………………………………64

(3)　清算の割合………………………………………………64

ア　清算の割合についての考え方………………………………64

▶財産分与の割合はどのように決まるか……………………64

▶財産分与の割合は2分の1か………………………………64

▶財産分与の割合が2分の1でない場合があるか……………64

▶共働き型、専業主婦型、家業従事型などで差があるか………………………………………………………64

イ　実　務……………………………………………………66

ウ　寄与度に差が認められる類型……………………………71

▶どのような場合に寄与割合が異なるのか…………………71

▶特別な資格や能力による収入も寄与割合は平等か………71

▶危険な業務で収入を得ている場合でも寄与割合は平等か………………………………………………………72

▶家事労働はどのように評価されるか………………………72

▶共働きの場合、寄与割合は収入の比か……………………………72

　　　▶共働きで収入は変わらないが、夫は家事を全く手
　　　　伝わなかった場合でも寄与割合は同じか………………………72

　　　▶夫婦の一方がギャンブルで収入を家計に入れない
　　　　場合でも寄与割合は同じか………………………………………72

　　　▶夫婦の一方が無駄遣いをしていたため、預金が大
　　　　幅に減っている場合でも寄与割合は同じか……………………72

　　　▶婚姻前の預金で生活をしてきた場合に、財産分与
　　　　においてこれを考慮できるか……………………………………72

　(4)　清算の方法………………………………………………………78

　　ア　一般的な清算の方法……………………………………………78

　　イ　財産ごとに寄与度を算出する方法……………………………79

　　ウ　分与の方法………………………………………………………79

3　清算的財産分与の対象財産………………………………………………80

　(1)　夫婦が婚姻中にその協力によって取得した財産………………80

　　ア　婚姻中に取得した財産の意味…………………………………80

　　　▶名義が夫婦の一方となっている場合であっても、
　　　　財産分与の対象とすることができるか…………………………80

　　イ　基準時において存在する財産…………………………………80

　　　▶別居前に多額の預貯金を払い戻して、これを隠し
　　　　持っていると思われる場合、その預貯金から払い
　　　　戻した金額は財産分与の対象となるか…………………………80

　　　▶基準時後に財産が火災で焼失した場合、その財産
　　　　は財産分与の対象となるか………………………………………80

　　ウ　別居の際に持ち出された財産…………………………………81

　　　▶夫婦の一方が別居の際に持ち出した財産の返還を
　　　　求めることはできるか……………………………………………81

　　　▶夫婦の一方が別居の際に持ち出し、生活費や子の
　　　　学費に費消したものは、財産分与の対象となるか…………81

(2) 特有財産 ……………………………………………84

　ア　特有財産の意味 …………………………………84

　　▶婚姻後、相続によって取得した財産は、財産分与の
　　　対象となるか ………………………………………84

　　▶婚姻前から所有している不動産でも、財産分与の
　　　対象となることがあるか …………………………84

　　▶婚姻期間20年を超える配偶者の贈与税免除の制度
　　　を利用して贈与がされたが、その財産は、受贈配偶
　　　者の特有財産となるか ……………………………84

　　▶障害年金による給付金が原資の預貯金は特有財産
　　　ではないか …………………………………………84

　イ　夫婦の協力によって維持された特有財産 ………87

　ウ　特有財産の代償財産 ……………………………87

　　▶婚姻後に持参金で買った物は、財産分与の対象と
　　　なるか ………………………………………………87

　エ　特有財産の果実 …………………………………88

　　▶婚姻前から有していた株式の配当金は財産分与の
　　　対象となるか ………………………………………88

　オ　特有財産を運用して得た財産 …………………88

　　▶収入が夫婦の一方が相続した不動産の賃料収入だ
　　　けの場合、その収入で購入した財産は財産分与の
　　　対象となるか ………………………………………88

　　▶収入が、夫婦の一方の特有財産からの配当収入だ
　　　けの場合、財産分与対象財産は存在しないか ……88

　　▶夫婦の一方の特有財産である個人会社を夫婦で協
　　　力して大きくした場合に、その会社の株式等は、財
　　　産分与の対象となるか ……………………………88

　カ　特有財産と婚姻中に取得した財産が混在する場合 ………90

　　▶婚姻後の収入による預金の口座に婚姻前から有す
　　　る株式の配当金が入金されている場合、預金残額
　　　全額が財産分与の対象となるか …………………90

キ　特有財産と婚姻中の収入とを併せて不動産を取得
した場合 ……………………………………………………91
▶婚姻後の住宅購入のために実家から援助を受けた
が、その住宅不動産は、全部が財産分与の対象とな
るか………………………………………………………91
▶特有財産を頭金とし、その余をローンとして夫婦
で支払ってきた場合、特有財産部分と夫婦共同で
取得した部分の割合を決めるについて、ローンの
金利や、仲介手数料は考慮されるか …………………91

4　問題となる対象財産 ………………………………………96
(1)　第三者名義の財産 ……………………………………96
ア　法人名義の財産 ……………………………………96
▶法人名義の財産は財産分与の対象となるか ……………96
▶法人の実態が個人企業と変わらない場合、法人の
財産を財産分与の対象とできるか ……………………96
▶医療法人の出資持分を財産分与の対象にできるか ………96
▶非営利法人の出資持分を財産分与の対象にできる
か………………………………………………………96
イ　家族名義の財産 ……………………………………100
▶子名義の預貯金は財産分与の対象となるか ……………100
▶夫婦の収入が夫の父名義の財産となっている場合
に、これを財産分与の対象にできるか ………………100
(2)　専用財産 …………………………………………………102
(3)　交通事故の賠償金等 …………………………………103
▶交通事故によって得た賠償金は財産分与の対象財産
か………………………………………………………103
▶交通事故によって得た損害保険金は財産分与の対象
財産か…………………………………………………103
(4)　偶然の利益 ………………………………………………104
ア　宝くじの当選金等 …………………………………104
▶夫婦の一方が小遣いで買った宝くじによる当選金
は財産分与の対象となるか …………………………104

▶婚姻前から有していた株式について、株式分割等
　　　　により無償で得た株式は、財産分与の対象となる
　　　　か……………………………………………………………104

　　イ　拾得した現金等………………………………………………105

（5）　将来給付される退職金等………………………………………108

　　ア　将来給付される退職金が財産分与の対象財産とな
　　　　る理由…………………………………………………………108

　　イ　財産分与の対象となる退職金…………………………………108

　　　▶どのような退職金が財産分与の対象となるか…………108

　　　▶退職が10年以上先でも、その退職金は財産分与の
　　　　対象となるか……………………………………………………109

　　　▶将来、勤務先が倒産する可能性がないではないの
　　　　に退職金が財産分与の対象となるか……………………………109

　　ウ　対象となる退職金の額の算定…………………………………110

　　　▶財産分与の対象となる退職金の額はどのように計
　　　　算されるか……………………………………………………110

　　　▶退職金は別居時より将来の支給時の方が、算出の
　　　　基準額や支給率が高くなるが、この点は財産分与
　　　　の対象となる額を算出する上でどのように考慮さ
　　　　れるか…………………………………………………………110

　　エ　分与の時期………………………………………………………114

　　　▶退職金が支払われるのは将来であるが、これを分
　　　　与する場合の財産分与の支払はいつか……………………114

　　　▶分与時期を将来と決めたときに考慮するべきこと
　　　　は何か…………………………………………………………115

（6）　保険金……………………………………………………………118

　　▶生命保険金は財産分与の対象となるか……………………………118

（7）　年　金……………………………………………………………119

　　▶年金は財産分与の対象となるか…………………………………119

　　ア　厚生年金・共済年金………………………………………………119

イ　確定給付企業年金 …………………………………………… 119

ウ　確定拠出年金 ………………………………………………… 120

エ　個人年金 ……………………………………………………… 120

(8)　資格・地位 ……………………………………………………… 121

▶夫が医師や弁護士等の専門資格を取得するに際して
妻がその労働収入等によってこれを支えたことは、
財産分与において考慮可能か ……………………………… 121

5　対象財産の評価 ………………………………………………… 121

(1)　評価の基準時 …………………………………………………… 121

(2)　評価の方法 ……………………………………………………… 121

ア　不動産 ………………………………………………………… 121

イ　預貯金 ………………………………………………………… 122

ウ　株式、法人の持分等 ………………………………………… 123

▶非上場の株式はどのように評価するか …………………… 123

▶医療法人の出資持分は財産分与の対象となるか ………… 123

▶医療法人の出資持分の評価はどのようにするか ………… 123

▶中小企業協同組合法による企業組合の持分の評価
はどのようにするか ………………………………………… 123

▶農業協同組合の持分の評価はどのようにするか ………… 123

エ　無体財産権 …………………………………………………… 126

6　財産分与における債務の扱い ………………………………… 127

(1)　債務の財産分与対象性 ………………………………………… 127

ア　財産分与の対象性 …………………………………………… 127

イ　積極財産が皆無である場合 ………………………………… 128

ウ　固有債務の弁済に対する貢献 ……………………………… 128

▶夫婦の一方が婚姻前に負担していた債務など固有
の債務を婚姻後に弁済した額は財産分与で考慮さ
れるか ………………………………………………………… 128

(2) 財産分与において債務を考慮すべき場合 ……………………129
　ア　資産形成のために生じた債務 ……………………………129
　　▶夫婦の一方が投資で失敗して作った借金は、財産
　　　分与で考慮されるか ……………………………………129
　イ　家計維持のための債務 ……………………………………130
　　▶夫婦の一方がギャンブルで作った借金は、財産分
　　　与で考慮されるか ………………………………………130
　ウ　預金を担保とする債務 ……………………………………130
(3) 債務の負担割合 ………………………………………………131
　ア　夫婦の一方の債務を他方が負担する根拠 ………………131
　イ　負担割合 ……………………………………………………131
　　▶婚姻中に負担した債務は、離婚の際、平等に負担す
　　　ることになるか …………………………………………131
　ウ　債務の考慮の仕方 …………………………………………135
(4) いわゆるオーバーローンの財産の財産分与 …………………136
　ア　財産分与申立ての可否 ……………………………………136
　イ　不動産の名義変更・引渡しを求める場合 ………………138
　　▶オーバーローンの住宅を引き取る場合、オーバー
　　　ローンも全額引き受けなければならないか ……………138
　ウ　オーバーローンの不動産の処分清算 ……………………142
　　▶処分後残った債務は平等負担か ………………………142
(5) オーバーローン不動産以外の財産分与対象財産があ
　　る場合の通算の可否 …………………………………………143
　ア　他の財産との通算の可否 …………………………………143
　イ　通算すべきでない場合 ……………………………………146
　ウ　通算すべき場合 ……………………………………………147
　エ　通算説の修正 ………………………………………………148
(6) 特有財産を加えて取得した財産の債務の清算 ………………149
　ア　債務が未だ残っている場合 ………………………………149
　イ　基準時後に残債務が支払われた場合 ……………………152

細　目　次　　13

7　一切の事情の考慮 ………………………………………… 154
　(1)　一切の事情を考慮する方法 ………………………………… 154
　(2)　一切の事情が考慮される場面 ……………………………… 154
　　　ア　当事者が財産分与の対象財産の開示に協力的でな
　　　　い場合 ………………………………………………………… 154
　　　イ　財産分与対象財産の額に不確定要素が大きい場合 ……… 155
　　　ウ　夫婦が形成した財産が、夫婦以外の者の名義となっ
　　　　ている場合 …………………………………………………… 155
　　　エ　夫婦の一方の特有財産及び固有債務減少への貢献
　　　　等 ……………………………………………………………… 155
　　　オ　基準時以降の事情 ………………………………………… 156
　　　カ　婚姻中の夫婦間の債権債務関係の清算 ………………… 156
8　過去の婚姻費用等の清算 ………………………………… 157
　(1)　過去の婚姻費用の清算の必要性 …………………………… 157
　　　▶別居後婚姻費用の支払を受けていない場合に、その
　　　　過去分を財産分与と共に請求できるか …………………… 157
　(2)　対象となる過去の婚姻費用 ………………………………… 158
　　　▶婚姻後夫が生活費をほとんど入れていない場合、こ
　　　　れを財産分与で清算できるか ……………………………… 158
　　　▶婚姻費用の取決めをしたが、全く履行されていない
　　　　場合、これを財産分与で清算できるか …………………… 158
　　　▶婚姻費用の取決めをしたが、増額請求をしていなかっ
　　　　た場合に、増額すべきであった分を請求できるか ………… 158
　　　ア　原則として別居後のもの ………………………………… 158
　　　イ　未確定のもの ……………………………………………… 159
　(3)　考慮の方法 …………………………………………………… 160
　(4)　別居後の住宅ローン返済の考慮 …………………………… 161
　　　▶婚姻費用を決める際に相手方に住宅ローンの支払が
　　　　あることを理由に額を減額したが、この点は財産分
　　　　与で考慮されるか …………………………………………… 161

ア　権利者居住住宅の住宅ローンを義務者が支払った
　　　場合 ………………………………………………………… 162

　　イ　居住者が、その住宅の住宅ローンを支払った場合 ……… 162

　(5)　婚姻中の夫婦間の債務の清算 ………………………………… 163

　　▶婚姻中、配偶者の持参金を使い込んでしまった場合、
　　　離婚に際して、これを返してもらえるか ………………… 163

第4章　扶養的財産分与

1　扶養的財産分与の意味 ………………………………………………… 167

　(1)　扶養的財産分与の性質 ………………………………………… 167

　　ア　予後効説 ………………………………………………………… 167

　　イ　清算説 …………………………………………………………… 167

　　ウ　離婚手当説 ……………………………………………………… 167

　　エ　補償的財産分与説 ……………………………………………… 167

　(2)　扶養的財産分与の内容 ………………………………………… 168

　　ア　扶養的財産分与額算定の基準 ………………………………… 168

　　▶扶養的財産分与の額はどのようにして決められる
　　　か ………………………………………………………………… 168

　　イ　扶養的財産分与の変更の可否 ………………………………… 169

　　▶権利者の要扶養性が消滅したり、義務者の収入が
　　　なくなった場合に既に定めた財産分与の内容の変
　　　更を求めることができるか …………………………………… 169

2　考慮要素 ……………………………………………………………… 170

　(1)　義務者側の事情 ………………………………………………… 170

　　ア　財産状況 ………………………………………………………… 170

　　イ　義務者に被扶養者がいる場合 ………………………………… 171

　　▶義務者に扶養している両親がいる場合、扶養的財
　　　産分与において考慮されるか ………………………………… 171

細　目　次　　　15

　　　　ウ　義務者の有責性 ………………………………………………… 171
　　(2)　権利者側の事情 ……………………………………………………… 172
　　　　ア　清算的財産分与、慰謝料、固有財産が相当程度ある
　　　　　　場合 …………………………………………………………………… 172
　　　　イ　収入の有無 ……………………………………………………… 173
　　　　ウ　再婚等 ……………………………………………………………… 174
　　　　　▶再婚すると扶養的財産分与は認められないか ………… 174
　　　　　▶扶養的財産分与を得た後、再婚した場合、返還義務
　　　　　　が生じるか ……………………………………………………… 174
　　　　エ　就労困難であること ………………………………………… 175
　　　　　▶権利者の年齢によって扶養的財産分与は差が生じ
　　　　　　るか ……………………………………………………………… 175
　　　　　▶入院中の場合、入院期間の扶養は財産分与を求め
　　　　　　ることができるか ……………………………………………… 175
　　　　オ　住居確保の必要性 ……………………………………………… 177
　　　　　▶離婚後も相手方所有の建物に居住することは可能
　　　　　　か ………………………………………………………………… 177
　　　　　▶どのような場合に、離婚後も相手方所有の建物に
　　　　　　住み続けることができるか ………………………………… 177
　　　　カ　被扶養者がいること ………………………………………… 178
　　　　キ　有責性 ……………………………………………………………… 178
　3　扶養的財産分与の態様 ………………………………………………… 179
　　(1)　生計費を給付する態様 ……………………………………………… 179
　　(2)　就職を支援する態様 ………………………………………………… 181
　　　　　▶離婚後転職のために研修を受ける場合、その研修費
　　　　　　用を求めることができるか ………………………………… 181
　　(3)　住居確保を支援する態様 ………………………………………… 181
　　　　　▶離婚に伴い転居が必要となる場合、転居費用を求め
　　　　　　ることができるか ……………………………………………… 181

▶離婚に伴い転居することとなった場合、転居先の敷
　　金相当額を求めることができるか………………………………181

　(4)　清算的財産分与の額を増額する態様…………………………182

第5章　具体的分与方法

1　分与の方法…………………………………………………………185
2　金銭による分与……………………………………………………185

　(1)　支払方法…………………………………………………………185

　　▶財産分与を分割払とすることはできるか……………………185

　　▶財産分与金の支払に猶予期間を設けることができる
　　　か…………………………………………………………………185

　(2)　支払の確保の手段………………………………………………186

　　ア　抵当権設定……………………………………………………186

　　　▶財産分与金の支払が将来となる場合、義務者の所
　　　　有不動産に抵当権を設定することができるか……………186

　　イ　同時履行………………………………………………………188

　　　▶共有不動産の持分を相手方に譲る場合、金銭で受
　　　　領する財産分与金と移転登記を同時履行とするこ
　　　　とはできるか…………………………………………………188

　　ウ　代物弁済………………………………………………………189

　　　▶義務者に財産分与金を支払う能力がない場合、代
　　　　わりにその特有財産を譲り受けることができるか………189

3　現物による分与……………………………………………………189

　(1)　不動産を夫婦の一方に帰属させる場合………………………189

　　ア　住宅ローンのない不動産……………………………………189

　　　▶現物分与をする場合の要件は何か…………………………189

細　目　次　　17

　　　　▶共有名義の不動産を夫婦の双方とも取得を希望し
　　　　　ない場合どうするか……………………………………190
　　　イ　住宅ローンのある不動産……………………………190
　　　　▶住宅ローンのある不動産を現物分与する場合に考
　　　　　慮すべきことは何か………………………………………190
　　　　▶夫婦一方の単独名義で、かつ同人が住宅ローンの
　　　　　債務者である不動産を他方に分与できるか……………190
　　　　▶住宅ローンがある不動産を分与した場合、住宅ロー
　　　　　ンの支払は誰がするか……………………………………190
　　　　▶住宅ローンの名義は変更できるか………………………191
　　　　▶養育費の支払に代えて権利者居住建物の住宅ロー
　　　　　ンを支払うことは可能か…………………………………191
　　(2)　退去・明渡し…………………………………………………197
　4　利用権の設定…………………………………………………197
　　▶離婚後も夫名義の建物に居住したいが方法はあるか…………197
　　(1)　利用権設定の可否…………………………………………197
　　(2)　敷地が固有財産である場合………………………………198
　　(3)　住居確保の必要による利用権の設定……………………199
　　(4)　収入確保のため必要な場合………………………………201
　5　その他の財産権の移転………………………………………202
　　(1)　動　産………………………………………………………202
　　　　▶ペットは誰が引き取るか………………………………202
　　(2)　債　権………………………………………………………203
　　　ア　預貯金・有価証券……………………………………203
　　　イ　生命保険………………………………………………203
　　　ウ　ゴルフ会員権…………………………………………203
　　　エ　賃借権等………………………………………………204

第6章　財産分与審判の主文

1　財産分与の審判………………………………………………………207

（1）　審判事項………………………………………………………207

（2）　申立てとの関係…………………………………………………207

　▶当事者が申し立てた額を超える財産分与を認めることができるか…………………………………………207

　▶審理の結果、申立人が財産分与の義務者であると判明した場合にどのような裁判をするか…………………207

（3）　理由等…………………………………………………………209

　▶裁判の理由はどの程度記載すべきか……………………………209

2　不動産の財産分与……………………………………………………210

（1）　権利関係を形成する主文の要否等……………………………210

　▶財産分与の判断結果のうち主文に表示すべき部分はどの範囲か…………………………………………210

　ア　財産分与による権利変動……………………………………210

　イ　財産分与対象財産全部の帰属を主文に掲げる立場………211

（2）　給付を命じる主文………………………………………………213

　ア　移転登記手続を命じる主文…………………………………213

　イ　引渡しを命じる主文…………………………………………214

　▶主文を「引き渡せ」とするか「明け渡せ」とするか……214

（3）　不動産利用権設定の主文………………………………………215

3　動産の財産分与………………………………………………………217

（1）　権利関係を形成する主文の要否等……………………………217

（2）　給付を命じる主文………………………………………………218

　▶動産の引渡しにはどのような態様があるか…………………218

4　債権の財産分与………………………………………………………220

（1）　権利関係を形成する主文の要否等……………………………220

細　目　次　　19

　(2)　給付を命じる主文………………………………………220
　　　ア　概　説……………………………………………220
　　　イ　ゴルフ会員権………………………………………220
　　　ウ　不動産利用権………………………………………221
5　その他の財産権の分与……………………………………222
6　金銭支払による財産分与…………………………………222
　(1)　形成を命ずる主文の要否等……………………………222
　(2)　主文の表示………………………………………………223
　(3)　将来の給付を認める例…………………………………223
　(4)　代物弁済を命じた例……………………………………224
7　債務の負担に関する主文…………………………………225
　(1)　債務の負担者を定める主文……………………………225
　(2)　債務引受・履行引受……………………………………225
　(3)　債務の内部分担に関する主文…………………………226
8　その他・不作為を命じた事例……………………………227
9　抗告審の主文………………………………………………227

第7章　財産分与と詐害行為等

1　財産分与と詐害行為の関係………………………………231
　▶分与者が無資力の場合に財産分与をするのは詐害行為と
　　なるか………………………………………………………231
2　詐害行為となる場合………………………………………233
　▶財産分与が詐害行為となる判断方法・判断基準は何か………233
　▶財産分与が詐害行為となる場合、どのように処理される
　　か……………………………………………………………233

20 　　　　　　　　　　　細　目　次

3　破産法における否認権と財産分与…………………………234
　▶離婚に伴う財産分与があった後間もなく、分与者が破産
　　した場合、財産分与が否認権の対象となって取り消され
　　るか………………………………………………………………234

第8章　財産分与に伴う税金

1　贈与税………………………………………………………………239
　（1）　財産分与についての課税………………………………239
　　▶財産分与で金員の支払を受けた場合、贈与税がかか
　　　るか………………………………………………………………239
　　▶財産分与だが解決金名目で合意した場合、贈与税が
　　　かかるか…………………………………………………………239
　（2）　贈与税が課される場合…………………………………239
　　▶財産分与について贈与税が課税される場合があるか………239
　（3）　離婚前の贈与……………………………………………239
　　ア　財産分与と称する離婚前の贈与………………………239
　　イ　配偶者への居住用不動産の贈与の特例………………239
2　譲渡所得税………………………………………………………240
　▶財産分与で不動産を譲渡した場合、譲渡所得税がかかる
　　か…………………………………………………………………240

付　録　条項集

1　金銭による財産分与……………………………………………245
　（1）　一括払………………………………………………………245
　（2）　分割払………………………………………………………245
　（3）　定期金による支払………………………………………246
　（4）　将来の支払………………………………………………246

細 目 次　　21

　　(5)　他の債権がある場合の充当関係 ……………………… 246
　2　不動産の分与 ……………………………………………… 247
　　(1)　移転登記手続 …………………………………………… 247
　　(2)　同時履行 ………………………………………………… 248
　3　住宅ローン付き不動産の分与 ………………………… 249
　　(1)　義務者が引き続き支払う場合 ……………………… 249
　　(2)　支払者を変更する場合 ……………………………… 249
　4　建物明渡し ………………………………………………… 251
　5　その他の財産 ……………………………………………… 252
　　(1)　動産の引渡し …………………………………………… 252
　　(2)　自動車の名義変更 …………………………………… 252
　　(3)　賃借権の分与 …………………………………………… 253
　　(4)　保険契約者の変更等 ………………………………… 253
　6　処分清算 …………………………………………………… 253
　7　保全の取下げ ……………………………………………… 254

索　引

○事項索引 …………………………………………………………… 257
○判例年次索引 ……………………………………………………… 265

第 1 章

財産分与請求権の意味・内容

2

第1章　財産分与請求権の意味・内容　　3

1　財産分与の意味

(1)　財産分与の意義・根拠

　財産分与とは、夫婦が離婚した場合に、その一方が、婚姻中に形成した財産を清算するため、その分与を求めることをいう（民768①・771）。財産の分与について、当事者間に協議が調わないとき、又は協議をすることができないときは、当事者は、家庭裁判所に対して協議に代わる処分を請求することができる（民768②・771）。なお、この請求は離婚後2年以内にする必要があり、この期間は除斥期間である（民768②ただし書・771）。

　婚姻取消の場合も、財産分与が認められる（民749・768）。なお、婚姻の解消が、夫婦の一方の死亡による場合には、財産分与請求権は生じない。婚姻関係が解消した場合の財産関係の清算について、民法は、当事者の生存中の解消は、財産分与により、死亡による解消については、遺産分割によるという枠組みで規定している。

(2)　財産分与の性質・内容

ア　財産分与の性質

　財産分与の具体的な内容は、当事者間の協議又は裁判によって形成される。申立てを受けた裁判所は、当事者双方がその協力によって得た財産の額その他一切の事情を考慮して、分与をさせるべきかどうか並びに分与の額及び方法を定める（民768③・771）。

イ　財産分与の内容

　▶財産分与として請求できるものは何か

　▶離婚すると生活が困難となる場合、生計を維持するために将来の生活費を財産分与で請求できるか

　▶婚姻中に受けた精神的苦痛の償いを財産分与で請求できるか

　(ア)　離婚における財産分与は、夫婦が婚姻中に有していた実質上の共同財産を清算分配するとともに、離婚後における相手方の生活の維持に資することにあるが、分与者の有責行為によって離婚をや

むなくされたことに対する精神的損害を賠償するための給付の要素をも含めて分与することを妨げられないとされ（⇒【裁判例1】・【裁判例2】）、したがって、財産分与の内容は、清算的要素及び扶養的要素であり、これに慰謝料的要素を加えることができる。

（イ）　清算的要素は、清算的財産分与又は清算的意味の財産分与と呼ばれることもあるが、その内容は、婚姻中に夫婦が協力して形成した財産を清算するものである。財産分与の中心となるものである。

（ウ）　扶養的要素は、扶養的財産分与又は扶養的意味の財産分与と呼ばれることもある。離婚後における相手方の生計の維持を目的とするもので、この意味の財産分与が認められることは、判例上（⇒【裁判例2】）、学説上も争いないが、根拠については、説が分かれる（詳細は、**第4章参照**）。

（エ）　慰謝料的要素は、慰謝料的財産分与又は慰謝料的意味の財産分与と呼ばれるが、その内容は、離婚慰謝料請求権と同じである。離婚慰謝料請求権は、不法行為による損害賠償請求権であって、財産分与請求権とは、本質を異にするが、必ずしも、これらを各別に請求しなければならないというものではなく、請求者は、これを選択して行使することができる（最判昭31・2・21民集10・2・124）。すなわち、離婚慰謝料は財産分与とは別個に請求することができるし、財産分与に含めて請求することも認められる。

離婚慰謝料請求権は、離婚をやむなくされたことにより生じた精神的苦痛に対する慰謝料の請求権をいい、離婚原因となった個々の事実から生じる精神的苦痛に対する慰謝料の請求権とは区別されるが、離婚原因となった個々の事実は、まさに離婚をやむなくされた原因であるから、離婚に伴って請求される慰謝料は、特に明示されない限り、通常両者を含むものとして扱われている。ただし、夫婦以外の者については、特段の事情がない限り、離婚慰謝料を請求することができな

第1章　財産分与請求権の意味・内容　　　5

いとされたことから（最判平31・2・19裁時1718・3）、今後は、両者を明確にした主張が求められることとなる。

　なお、財産分与の成立後に、慰謝料請求がされた場合、財産分与が損害賠償の要素を含めた趣旨とは解せられないか、そうでないとしても、その額及び方法において、請求者の精神的苦痛を慰謝するには足りないと認められるものであるときには、既に財産分与を得たという一事によって慰謝料請求権が全て消滅するものではなく、別個に不法行為を理由として離婚による慰謝料を請求することを妨げられない（⇒【裁判例2】）。

【裁判例1】　最判昭58・12・19民集37・10・1532

　離婚に伴う財産分与が詐害行為に当たるとして、義務者の債権者がその取消しを求めた事例であり、判決は財産分与の性質等について次のように述べた。

　「離婚における財産分与は、夫婦が婚姻中に有していた実質上の共同財産を清算分配するとともに、離婚後における相手方の生活の維持に資することにあるが、分与者の有責行為によつて離婚をやむなくされたことに対する精神的損害を賠償するための給付の要素をも含めて分与することを妨げられないものというべきであるところ、財産分与の額及び方法を定めるについては、当事者双方がその協力によつて得た財産の額その他一切の事情を考慮すべきことは民法768条3項の規定上明らかであり、このことは、裁判上の財産分与であると協議上のそれであるとによつて、なんら異なる趣旨のものではないと解される。」とした。

【裁判例2】　最判昭46・7・23民集25・5・805

　離婚訴訟において、離婚と財産分与を命じる判決があり、その確定後に、慰謝料請求がされた事例である。判決は、次のように述べた。

　「離婚における財産分与の制度は、夫婦が婚姻中に有していた実質上

共同の財産を清算分配し、かつ、離婚後における一方の当事者の生計の維持をはかることを目的とするものであつて、分与を請求するにあたりその相手方たる当事者が離婚につき有責の者であることを必要とはしないから、財産分与の請求権は、相手方の有責な行為によつて離婚をやむなくされ精神的苦痛を被つたことに対する慰藉料の請求権とは、その性質を必ずしも同じくするものではない。したがつて、すでに財産分与がなされたからといつて、その後不法行為を理由として別途慰藉料の請求をすることは妨げられないというべきである。もつとも、裁判所が財産分与を命ずるかどうかならびに分与の額および方法を定めるについては、当事者双方におけるいつさいの事情を考慮すべきものであるから、分与の請求の相手方が離婚についての有責の配偶者であつて、その有責行為により離婚に至らしめたことにつき請求者の被つた精神的損害を賠償すべき義務を負うと認められるときには、右損害賠償のための給付をも含めて財産分与の額および方法を定めることもできると解すべきである。そして、財産分与として、右のように損害賠償の要素をも含めて給付がなされた場合には、さらに請求者が相手方の不法行為を理由に離婚そのものによる慰藉料の支払を請求したときに、その額を定めるにあたつては、右の趣旨において財産分与がなされている事情をも斟酌しなければならないのであり、このような財産分与によつて請求者の精神的苦痛がすべて慰藉されたものと認められるときには、もはや重ねて慰藉料の請求を認容することはできないものと解すべきである。しかし、財産分与がなされても、それが損害賠償の要素を含めた趣旨とは解せられないか、そうでないとしても、その額および方法において、請求者の精神的苦痛を慰藉するには足りないと認められるものであるときには、すでに財産分与を得たという一事によつて慰藉料請求権がすべて消滅するものではなく、別個に不法行為を理由として離婚による慰藉料を請求することを妨げられないものと解するのが相当である。」

(3) 財産分与請求権の権利性

ア　権利性

財産分与請求権の権利性については、次のように説が分かれる。

第1章　財産分与請求権の意味・内容　　　7

　　（ア）　形成説（創設的形成権説）
　財産分与請求権は、その発生、数額又は内容、分与の方法など全て
が協議あるいは審判によって初めて形成される（鈴木忠一『非訟・家事事
件の研究』24頁（有斐閣、1971））。
　　（イ）　確認説（実体権説）
　財産分与請求権は、離婚という事実と三つの内容（清算・扶養・離
婚慰謝料）のいずれかを成立させる事実が存在することを要件として
当然に生ずる（我妻栄『親族法　法律学全集23』156頁（有斐閣、1961））。
　　（ウ）　折衷説（段階的形成権説）
　離婚の成立により基本的・抽象的財産分与請求権が生じるが、現実
的・具体的財産分与請求権は、協議又は審判によって生じる（山木戸克
己『家事審判法　法律学全集38』26頁（有斐閣、1958））。
　　（エ）　裁判例
　財産分与請求権は、「一個の私権たる性格を有するものではあるが、
協議あるいは審判等によつて具体的内容が形成される。」とする（⇒【裁
判例3】）。折衷説をとったものと理解される（篠田省二「判批」『最高裁判
所判例解説　民事篇　昭和55年度』257頁（法曹会、1985））。

┌───
│　【裁判例3】　最判昭55・7・11民集34・4・628
│　　被上告人Xは、上告人Y₁と協議離婚し、財産分与を求めて調停を申し
│　立て、不調となって、審判手続が進行中であったが、婚姻中に上告人Y₁
│　名義で取得した不動産について、被上告人Xの知らないうちに上告人Y₂
│　名義に移転されていたため、被上告人Xが、上告人Y₁に対する財産分与
│　請求権を保全するため、上告人Y₁に代位して、上告人Y₁から上告人Y₂へ
│　の所有権移転登記の抹消登記を求めた事例であるが、最高裁は「離婚に
│　よつて生ずることあるべき財産分与請求権は、一個の私権たる性格を有
│　するものではあるが、協議あるいは審判等によつて具体的内容が形成さ
│　れるまでは、その範囲及び内容が不確定・不明確であるから、かかる財

産分与請求権を保全するために債権者代位権を行使することはできない
ものと解するのが相当である。」とした。

イ　一身専属性の有無

▶財産分与請求権を差し押さえることはできるか

行使前の財産分与請求権（前記折衷説（ア（ウ）参照）における抽象
的財産分与請求権の段階）については、一身専属と解する立場が多数
である（中野貞一郎＝下村正明『民事執行法』673頁（青林書院、2016）、伊藤眞
ほか『条解破産法』294頁注14（弘文堂、2010）、竹下守夫ほか編『大コンメンター
ル破産法』139頁〔高山崇彦〕（青林書院、2007））。

そして、具体的財産分与請求権が形成されるまでは、これを他に譲
渡することはできず、また、強制執行における差押えの対象とならず、
破産手続における破産財団に属することもない（伊藤眞『破産法・民事再
生法〔第3版〕』243頁注19（有斐閣、2014））。具体的財産分与請求権が形成さ
れた後は、これを譲渡することは可能となり、差押えも可能となるが、
この段階でも、扶養的要素については一身専属性を肯定する見解も有
力である。なお、財産分与請求権の相続可能性については、後記4参照。

（4）　財産分与請求権の放棄、財産分与に関する契約

ア　婚姻中の財産分与に関する合意

▶別居の際、財産分与を求めない旨の書面を差し入れたが、財
産分与は請求できないか

▶協議離婚の際、合意を得るために安易に自宅を渡すと言って
しまったが、履行しなくてはいけないか

▶財産分与に関する合意が無効な場合、改めて財産分与を請求
することができるか

夫婦間でした契約は、婚姻中、いつでも、夫婦の一方からこれを取
り消すことができるのが原則であるが（民754）、これは、夫婦間の契約

においては、自由意思に基づかない合意がされることも多く、また、その履行は当事者の道義に任せるのが家庭の平和を守ることになる等の理由による。そこで、その婚姻中の意義については、単に形式的に婚姻が継続しているだけではなく、実質的にもそれが継続していることをいうものと解すべきであるとされ、婚姻が実質的に破綻している場合には、それが形式的に継続しているとしても同条の規定により、夫婦間の契約を取り消すことは許されないとするのが判例の立場である（⇒【裁判例4】）。財産分与請求権は離婚後に認められるものであるが、離婚前に合意することは可能であり、上記判例の立場からすれば、離婚後の財産の帰属について合意しても、必ずしも取り消されるべきものとはならない。

　そこで、別居に際して、財産分与を求めない旨の書面を差し入れたような場合、直ちに取消しが可能とはいえないが、一方が他方に無理矢理書かせたような書面による合意は、自由な意思に基づくものではなく、相手方が真意を知り得る心裡留保として無効といえ（民93ただし書）、また、強迫を理由に取り消し得べきもの（民96①）である。合意内容が表意者の真意であるか否かは、別居に至る経緯、書面作成の経緯、当事者間の財産関係等を考慮する必要がある。逆に、離婚を求める側から、離婚の合意を得るために真意でないのに多額の財産分与を行うとの意思表示がされることもあり、このような場合についても、それが真意かどうかは、慎重に検討する必要がある。真意でないとしても、心裡留保（民93本文）であり、相手方が真意を知り得たかどうかが問題となるが、安易に無効とすると、欺いて離婚の承諾を得たことを認める結果になるからである。

　なお、財産分与に関する契約が、錯誤（民95）により無効とされた事例がある（⇒【裁判例5】。なお、錯誤については、平成29年法律44号による改正により、取消事由とされた。）。財産分与に関する契約に瑕

疵があり、その効力が失われたときは、当事者は2年以内であれば改めて財産分与を求めることが可能となる。

【裁判例4】 最判昭42・2・2民集21・1・88

　夫婦間が円満を欠く状態となったことから、第三者が立ち会って、両者の和合を期するために不動産を贈与する合意がされ、書面化されていたが、上告人が、履行せず、民法754条による取消しを主張した事例である。判決は、「民法754条にいう「婚姻中」とは、単に形式的に婚姻が継続していることではなく、形式的にも、実質的にもそれが継続していることをいうものと解すべきであるから、婚姻が実質的に破綻している場合には、それが形式的に継続しているとしても、同条の規定により、夫婦間の契約を取り消すことは許されないものと解するのが相当である。」とした。

【裁判例5】 最判平元・9・14家月41・11・75

　財産分与契約の際、上告人（夫）は、これより自己に譲渡所得税は課されないと誤解しており、その後、賦課されることを知って、税額を試算すると、2億2224万余円であることが判明したことから、上記契約は要素の錯誤により無効であると主張して、分与した財産のうち建物（本件建物）の所有権移転登記抹消登記手続を求めた事例である。判決は、「上告人において、右財産分与に伴う課税の点を重視していたのみならず、他に特段の事情がない限り、自己に課税されないことを当然の前提とし、かつ、その旨を黙示的には表示していたものといわざるをえない。そして、前示のとおり、本件財産分与契約の目的物は上告人らが居住していた本件建物を含む本件不動産の全部であり、これに伴う課税も極めて高額にのぼるから、上告人とすれば、前示の錯誤がなければ本件財産分与契約の意思表示をしなかったものと認める余地が十分にある」として、原判決を取り消して差し戻した。差し戻し後の控訴審は錯誤無効を認めた（東京高判平3・3・14判時1387・62）。

第1章　財産分与請求権の意味・内容　　11

　イ　婚姻前の財産分与に関する合意
　▶婚姻前に離婚の際の財産分与額を低く定めた合意は有効か
　婚姻前の夫婦財産契約において、離婚の際における夫婦財産の清算
方法を定めることは差し支えないとされ、財産分与において、民法が
寄与分の割合を定めていないことから、妻の寄与分が低く見られやす
い現状では、夫婦財産契約で妻の寄与分の割合をあらかじめ定めてお
くことには積極的な意義があると言われる（青山道夫＝有地亨編『新版注
釈民法(21)』410頁〔依田精一〕（有斐閣、1989））。
　しかし、財産分与は、婚姻解消後、すなわち婚姻解消によって夫婦
財産契約が効力を失った後の問題であり、財産分与において、夫婦財
産契約の内容を考慮した公平な清算を行うこととすべきである。財産
分与における清算方法を、特に定額の支払という方法で定めることは、
離婚の意思を制限することになりかねず、また、婚姻中の財産関係の
変化の可能性を考慮すれば、公平な結果をもたらすとはいえず、認め
られるべきでない。

【裁判例6】　東京地判平15・9・26（平13（タ）304・平13（タ）
　　　　　　668）
　原告（夫、昭和6年生まれ）と被告（妻、昭和16年生まれ）は、昭和58
年4月22日、婚姻したが、それに先立つ昭和57年12月付け誓約書によって、
次のとおり合意した（遺産相続についての合意もあるが省略）。
　(1)　将来原被告お互いにいずれか一方が自由に申し出ることによっ
　　　て、いつでも離婚することが出来る。
　(2)　被告の申し出によって協議離婚した場合は次の条件に従い原告
　　　より財産の分与を受け、それ以外の一切の経済的要求はしない。
　　　（ア）　婚姻の日より5年未満の場合　　現金にて5000万円
　　　（イ）　婚姻の日より10年未満の場合　　現金にて1億円
　　　（ウ）　婚姻の日より10年以上の場合　　現金にて2億円
　(3)　原告の申し出によって協議離婚した場合は前項、(2)の金額の倍
　　　額とする。

被告は、平成9年12月1日、渡米し、以来、今日まで原告と被告は別居している。原告が離婚を求め、被告がこれに反訴を提起し、離婚及び慰謝料を含めた財産分与を求めた事例である。財産分与対象財産は、約220億円であった。裁判所は、誓約書による合意について、次のとおり判断した。「本件誓約書は、定められた金員を支払えば、原被告のいずれからも離婚を申し出ることができ、他方、その申し出があれば、当然相手方が協議離婚に応じなければならないとする趣旨と解される。そうだとすると、本件誓約書は、将来、離婚という身分関係を金員の支払によって決するものと解されるから、公序良俗に反し、無効と解すべきである。」「仮に、本件誓約書を離婚が定まった場合の財産分与額を定めたものと解する解釈が可能で、かつ、他の無効事由が認められないとしても、本件誓約書は、文言上、協議離婚しか想定されておらず、また、その草稿を作成したJも、協議離婚と裁判離婚等のその他の離婚を区別して作成したものであること、米国の婚前契約書のことまで熟知していた原告が日本の裁判離婚と協議離婚の区別がつかなかったとは到底考えがたいことを考慮すると、本件誓約書が、協議離婚の場合しか想定していないことは明らかである。」「よって、その余の点について判断するまでもなく、本件誓約書は、裁判離婚が問題となっている本件においては、効力はない。」

2　有責配偶者の財産分与請求

▶離婚原因を作った配偶者であっても財産分与の請求をすることができるか

　婚姻関係破綻の原因を作った、いわゆる有責配偶者から、離婚に伴う財産分与を求めることができるかどうかは、財産分与の要素ごとに検討することになる。

　清算的要素については、離婚に至った責任とは無関係であるから、有責性を考慮する余地はない（東京高決昭57・8・31判時1056・179、東京高判平3・7・16判タ795・237）。

第1章　財産分与請求権の意味・内容　　13

扶養的要素については、有責配偶者の請求を否定する見解が多数である（横浜地川崎支判昭46・6・7判時678・77、岐阜家審昭57・9・14家月36・4・78）。

慰謝料的要素については、相手方の有責性の評価によって決まるものであり、申立人の有責性もその評価に無関係ではあり得ない。

3　内縁配偶者の財産分与請求

▶同棲し、婚姻届をしていなかったが、その関係が解消した場合に財産分与の請求をすることができるか

内縁関係は、かつての判例は、その法律関係を婚姻予約としていたが、学説においては、これを準婚関係とするのが通説であり、内縁関係に財産分与の規定を準用する（有地亨『家族法概論』52頁（法律文化社、1990）、久貴忠彦『親族法　民法学全集9』154頁（日本評論社、1984））。最高裁は、「いわゆる内縁は、婚姻の届出を欠くがゆえに、法律上の婚姻ということはできないが、男女が相協力して夫婦としての生活を営む結合であるという点においては、婚姻関係と異るものではなく、これを婚姻に準ずる関係というを妨げない。」とする（最判昭33・4・11民集12・5・789）。これは準婚関係を肯定したと理解される。そして、この関係から、民法768条を類推適用するのが、最近の裁判例である。重婚的内縁関係についても肯定される（大阪高決昭57・4・5家月35・10・69）。

ただし、生前解消の場合に限られる（後記4(3)、【裁判例8】）。

なお、内縁関係とは、夫婦としての実質はあるが、婚姻の届出を欠いているために法律上の夫婦と認められない関係をいうところ、内縁関係が認められるためには、婚姻意思に基づいた共同生活であることが必要である。すなわち、婚姻意思があることが要件となる（中川良延「内縁の成立」中川善之助教授還暦記念家族法大系刊行委員会編『家族法大系Ⅱ』302頁（有斐閣、1959））。なぜなら、内縁関係は、これを法律上の婚姻に

準じて、これと同等の保護を与えるための概念であるから、その関係は、社会的に婚姻としての質を備えていることが必要であるからである。しかし、ここでいう婚姻意思は、婚姻届をする意思を含まないことは当然であり、社会的に婚姻と同視できる関係を結ぶ意思で足りるものであって、その有無は、相当期間の継続的な共同生活などの外形的な標識によって判断される。清算的な財産分与が問題となるような期間の継続的な共同生活がある場合には、内縁関係が肯定できよう。

4 相続性

(1) 財産分与請求権の相続性

▶離婚後、財産分与を請求する前に当事者が死亡した場合、その相続人は、財産分与請求権を相続するか

財産分与請求権は、離婚によって生じるもので、離婚前に当事者が死亡すれば、婚姻関係が破綻し、離婚請求、財産分与請求がされていたとしても、財産分与請求権は相続の対象とはならない（⇒【裁判例7】）。

離婚後、財産分与前に、当事者が死亡した場合に、元夫婦には、少なくとも抽象的には財産分与請求権があったので、その相続が問題となる。財産分与請求権に相続性があるか否かは、その権利性をどのように考えるかによって左右される。最高裁は、清算的要素及び扶養的要素の財産分与請求権と離婚慰謝料請求権とは、その性質を必ずしも同じくするものではないとしているので（⇒【裁判例2】）、清算的要素及び扶養的要素の財産分与と慰謝料的要素の財産分与とは区別して検討するのが妥当である。

まず、清算的要素及び扶養的要素の財産分与について考える。財産分与請求権は、協議あるいは審判等によって具体的内容が形成されるもので（⇒【裁判例3】）、それまでは、抽象的な権利に止まる。そこで、財産分与請求権については、離婚によって抽象的な財産分与請求

第1章 財産分与請求権の意味・内容 15

権が発生した段階、権利者がこれを相手方に請求したが、未だその具体的な権利の形成に至っていない段階、協議又は裁判によって、具体的な内容が形成された段階に分けて考えることができる。3番目の具体的な内容が形成された段階以後は、これを相続することが可能であることは疑いない。形成前の財産分与請求権が抽象的な権利に止まる段階では、既に離婚によって、抽象的とはいえ、権利が生じている以上、相続性はあるとの見方はあるが（二宮周平「判批」リマークス47号64頁（2013））、実務は必ずしもそのように考えてはいない。単に、抽象的な権利が生じたというだけでは、権利性が希薄であるからである。しかし、権利者がこれを相手方に請求した段階となれば、その請求権は、裁判所が審理によって判断するだけであるので、審判前に相当程度具体化しているということができる。そこで、この段階に至った場合には、相続性を肯定してよい（名古屋高決昭27・7・3高民5・6・265。ただし、この裁判例は、慰謝料の相続性について意思表示説から当然相続説に判例変更した最判昭42・11・1民集21・9・2249以前の判決であることから、既に先例的価値を失ったとする見解も有力である。内縁の夫に対する財産分与義務について、【裁判例9】）。

　なお、期待権に過ぎない特別縁故者の申立人たる地位について申立後の相続性を認めた裁判例がある（東京高決平25・7・3判タ1410・122）。

　ただし、扶養的要素については、扶養請求権の一身専属性を理由に、相続の対象とならないとする見解（我妻・前掲158頁、右近健男「判批」別冊ジュリ66号195頁（1980））があるが、扶養的要素は、純粋に扶養という訳ではなく、これに補償的な意味があるとする立場からは、一概に否定すべきではないということになろう。

　慰謝料的要素の財産分与については、これが財産分与として請求されたとしても、不法行為による損害賠償請求権という実質については、既に実体上発生した権利であるから、これが相続の対象となることは、確定した判例である（最判昭42・11・1民集21・9・2249）。

16 第1章 財産分与請求権の意味・内容

【裁判例7】 東京高決平16・6・14家月57・3・109

抗告人らは、亡Dと死別した前妻Eとの間の子である。亡Dは、E死亡後の昭和51年4月19日、相手方と再婚した。亡Dは、平成12年6月頃、相手方との離婚並びに離婚に伴う財産分与等を求めて、浦和家庭裁判所越谷支部に夫婦関係調整の調停を申し立てたが、調停が成立しないままに、亡Dは平成13年1月16日に死亡した。亡Dは、同年1月10日に公正証書遺言をしており、同遺言には、相手方を相続人から廃除し、財産分与請求権を含む一切の財産について、抗告人らに各12分の5及び養子Fに12分の2の各割合で相続させるものとする等の記載があった。そこで、抗告人らが、亡Dの後妻である相手方に対し、亡Dの相手方に対する財産分与請求権を相続したとして、財産分与を求めた事例である。高裁は、「財産分与に関する規定及び相続に関する規定を総合すれば、民法は、法律上の夫婦の婚姻解消時における財産関係の清算及び婚姻解消後の扶養については、離婚による解消と当事者の一方の死亡による解消とを区別し、前者の場合には財産分与の方法を用意し、後者の場合には相続により財産を承継させることでこれを処理するものとしていると解するのが相当である（最高裁判所第一小法廷平成12年3月10日決定・民集54巻3号1040頁参照）。したがって、離婚が成立するより前に夫婦の一方が死亡した場合には、離婚が成立する余地はないから、財産分与請求権も発生することはないものである。そのことは、夫婦の一方の死亡前に、その者から家庭裁判所に離婚を求めて調停が申し立てられ、調停申立ての趣旨の中に財産分与を求める趣旨が明確にされていた場合でも同様である。」として、申立てを却下した原審判を維持した。

(2) 財産分与義務の相続性

　▶離婚後、財産分与の調停中に、元配偶者である相手方が死亡した場合、その相続人に対して、財産分与を請求できるか

　財産分与義務についても、財産分与請求権と同様に、離婚が成立したというだけの段階では相続性はなく、これが相手方に請求された段階に至れば、相続性を肯定できると考える（⇒【裁判例9】）。ただし、

第1章　財産分与請求権の意味・内容　　17

扶養的財産分与については、消極説が多数である（二宮周平編『新注釈民法(17)』429頁〔犬伏由子〕（有斐閣、2017））。

(3)　内縁配偶者の財産分与請求権の相続性

ア　死亡による内縁関係解消の場合の財産分与請求権

▶内縁関係が死亡によって解消した場合、内縁中に共同して形成した財産の清算はどのように求めるか

民法は、婚姻中の財産関係の清算について、婚姻関係の解消の理由によって、異なる方法を定める。すなわち、婚姻関係が離婚によって解消した場合には、財産分与により、死亡によって解消した場合には相続によるものとしている。内縁については、これが婚姻に準ずる関係であることから、婚姻に関する規定が類推適用されることは多いが、内縁関係中に形成された財産の清算という点から見た場合、当事者双方の生存中にこれが解消された場合には、判例通説は、前記のとおり、民法768条の類推適用を可とする。しかし、内縁関係が一方当事者の死亡によって解消した場合については、内縁配偶者に相続権はなく、相続による財産関係の清算はない。

この場合にも、内縁関係中に形成された財産の清算が必要であるとの立場からは、死亡によって婚姻関係が解消した場合に、財産分与の規定を類推するとの考え方が現れる（二宮周平「内縁の夫の遺産に対する内縁の妻の権利」判夕臨時増刊747号164頁（1991））。

しかし、内縁関係解消における財産分与は、婚姻関係の規定の類推適用によるのであるから、その適用要件を、婚姻解消の場合と異なるものとすることは困難であろう。内縁の夫婦の一方の死亡により内縁関係が解消した場合に、法律上の夫婦の離婚に伴う財産分与に関する民法768条の規定を類推適用することはできないとするのが、判例である（⇒【裁判例8】）。

ただし、内縁解消後に、財産分与請求がされた場合には、相続性を

18　第1章　財産分与請求権の意味・内容

有するに至ることは、婚姻解消の場合と違いはない（⇒【裁判例9】。
ただし、財産分与義務について。）。

【裁判例8】　最決平12・3・10民集54・3・1040
　「内縁の夫婦の一方の死亡により内縁関係が解消した場合に、法律上
の夫婦の離婚に伴う財産分与に関する民法768条の規定を類推適用する
ことはできないと解するのが相当である。民法は、法律上の夫婦の婚姻
解消時における財産関係の清算及び婚姻解消後の扶養については、離婚
による解消と当事者の一方の死亡による解消とを区別し、前者の場合に
は財産分与の方法を用意し、後者の場合には相続により財産を承継させ
ることでこれを処理するものとしている。このことにかんがみると、内
縁の夫婦について、離別による内縁解消の場合に民法の財産分与の規定
を類推適用することは、準婚的法律関係の保護に適するものとしてその
合理性を承認し得るとしても、死亡による内縁解消のときに、相続の開
始した遺産につき財産分与の法理による遺産清算の道を開くことは、相
続による財産承継の構造の中に異質の契機を持ち込むもので、法の予定
しないところである。また、死亡した内縁配偶者の扶養義務が遺産の負
担となってその相続人に承継されると解する余地もない。したがって、
生存内縁配偶者が死亡内縁配偶者の相続人に対して清算的要素及び扶養
的要素を含む財産分与請求権を有するものと解することはできないとい
わざるを得ない。」

【裁判例9】　大阪高決平23・11・15家月65・4・40
　抗告人（元内縁の妻）とＡ（元内縁の夫）は、昭和57年頃から事実上
の夫婦として同居を始め、平成18年○月○日、これを解消したものであ
り、抗告人は、平成19年○月○日、原審裁判所にＡに対し財産分与調停
を申し立てたが、不成立となり、審判に移行した。Ａは、原審判手続中
の平成21年○月○日に死亡したので、同人の子らである相手方らが原審
判手続におけるＡの地位を承継し、財産分与請求義務の相続性が問題と
なった事例である。抗告人の抗告に、相手方らが、同義務の相続性を争

第1章　財産分与請求権の意味・内容　　19

って附帯抗告した。抗告審は「附帯抗告人は、財産分与義務者が死亡するまでに同請求権の内容が特定し、具体的財産請求権になっていなければ、財産分与義務は相続されない旨主張する。しかし、本件においては、内縁関係の解消によって財産分与請求権は既に発生している。そして、抗告人は財産分与調停を申立てて、これを請求する意思を明らかにしているところ、これが審判に移行したのであるから、その具体的な権利内容は審判において形成されるのであって、亡Aが審判中に死亡した場合、その財産分与義務が相続対象となることを否定すべき理由は存在しない。なお、抗告人が財産分与調停を申し立ててから亡Aの死亡まで1年半以上を経過していたこと、同調停手続中に附帯抗告人が亡Aの許可代理人として1000万円の調停案を提示していたこと（一件記録）を考慮すれば、抗告人の財産分与請求は一定程度具体化していたものと認められる。」「附帯抗告人は、（中略）内縁関係の死亡解消の場合と同様に、民法768条の準用は否定すべきであり、原審は最高裁判所平成12年3月10日決定に違反している旨主張する。しかし、本件は、内縁関係解消後に生存権利者が生存義務者に財産分与請求をした事案であって、上記最高裁決定の事例（いわゆる内縁関係の死亡解消例）とは事案が異なるから、附帯抗告人の主張は前提を欠き、採用できない。」とした。

　　イ　実質共有財産の相続

　死亡における内縁解消の場合に、財産分与請求権は相続されないとしても、その特有財産は相続可能である。そこで、内縁夫婦が内縁中に形成した財産は実質的に共有財産であるとして、内縁配偶者の相続人において、又は内縁配偶者の相続人に対し共有持分の確認又は共有物分割を求めることができるかどうかが問題となる。

　内縁中に取得した財産が、物権法上の通常の意味での共有財産であれば、その持分に基づいて、持分権の確認、真正な登記名義の回復などが可能であることは疑いない。しかし、例えば、その一方が同棲中に他方の協力の下に稼働して得た収入で取得した財産は、内縁夫婦の実質的共有財産であるといえるが、その持分に基づく請求をすること

ができるかどうかは、その実質的共有をどのように考えるかで異なる。この共有を潜在的共有と考える立場では、この持分による請求は困難ということになろう。裁判例には、肯定したものがあるが（⇒【裁判例10】）、必ずしも一般的ではない。

【裁判例10】　大阪高判昭57・11・30家月36・1・139

　AとXは、昭和6年に、挙式の上、内縁関係に入った。昭和22年頃、Aは、Bと情を通じ、その間にYが出生したことからBに強く求められて昭和30年11月に婚姻届を提出した。しかし、Xは、その後もAと同居し、昭和35年頃、一旦実家に帰るが、連れ戻されて、その後も、Aと同居してきた。AとBとは、昭和40年に協議離婚している。Aは、昭和9年頃、呉服商を始め、Xは、Aが応召していた昭和19年5月から昭和20年9月までの間、右呉服商の経営を独力で続け、Aの復員後一時古着商に転じたこともあったが、間もなくしてAと共に呉服商を再開し、従前どおり同人に協力してその経営に当たり、一時Aと別居した期間を除き、専ら同人と協力して右家業の経営に当たっており、その状態は昭和52年11月Xが老齢と病気のため右営業を廃止するまで続いた。本件で問題となった不動産は、A名義であるが、XAが協力し家業として経営していた呉服商及び一時経営していた古着商等の収益で買い入れ、不足分は借金をしたが、概ね、呉服商からの収益で順次返還したものである。Aは、昭和54年11月、死亡し、その権利義務はYが相続した。Xにおいて、Yに対し、本件不動産が共有であることの確認及び所有権更正登記手続を求めた。判決は、次のように述べて、Xの請求を認めた。「正式の婚姻関係であると、内縁関係であるとを問わず、妻が家事に専従しその労働をもって夫婦の共同生活に寄与している場合とは異なり、夫婦が共同して家業を経営し、その収益から夫婦の共同生活の経済的基礎を構成する財産として不動産を購入した場合には、右購入した不動産は、たとえその登記簿上の所有名義を夫にしていたとしても、夫婦間においてこれを夫の特有財産とする旨の特段の合意がない以上、夫婦の共有財産として同人らに帰属するものと解するのを相当とす」る。

第 2 章

財産分与請求の手続

22

第2章　財産分与請求の手続　　23

1　請求手続の種類

▶財産分与はどのような手続によって申し立てるか

　財産の分与は、当事者間に協議が調わないとき、又は協議をすることができないとき、家庭裁判所に対して協議に代わる処分の請求としてされる（民768②本文）。この処分を、「財産の分与に関する処分」といい、家事事件手続法別表第二の審判事項である（家事39・別表第二の4）。その手続は、調停手続の場合（家事244）と審判手続の場合とがあり、また、離婚請求事件における附帯処分の裁判手続（人訴32）の場合がある。調停手続では、夫婦関係調整（離婚）調停事件における附帯請求としてされる場合もある。財産分与請求調停申立事件では、不調の場合、審判手続に移行する（家事272④）のに対し、夫婦関係調整（離婚）調停事件における附帯請求は、これが不調となれば、事件は終了する。

　他に、離婚後の紛争調整調停として問題となる場合がある。

2　審判申立ての手続

（1）　当事者

ア　申立人

　夫又は妻であった者（内縁の場合は、元内縁の夫又は内縁の妻）である。元配偶者が相手方となる。離婚前に申し立てる場合には、離婚請求の附帯処分の申立てとして、離婚の請求と共にすることになる。

イ　義務者からの申立て

▶財産分与を支払う側から財産分与の申立てをすることができるか

　離婚訴訟における財産分与に関する処分の附帯申立てにおいて問題となることが多い。離婚訴訟において、破綻主義を採ると、有責配偶者からの離婚請求も認められることになるが、その場合の無責の相手方の不利益が問題となり、その解消のために、義務者からの財産分与の申立ての可否が問題となった。有責配偶者の離婚請求を肯定した

【裁判例11】の裁判官角田禮次郎、同林藤之輔の補足意見において、積極説（肯定説）が展開されたのが始まりである。

　　　（ア）　肯定説（上記裁判官角田禮次郎、同林藤之輔の補足意見（⇒【裁判例11】））（中川淳「判批」判タ645号68頁（1987）、同「判批」リマークス7号69頁（1993）、滝沢聿代「有責配偶者の離婚と今後の課題」判タ680号34頁（1989）、村重慶一「判批」判タ臨時増刊706号140頁（1989）は、これに賛意を表し、神戸地判平元・6・23判タ713・255は同趣旨の見解を採った。）

① 　民法768条の文言は、請求する者を権利者に限る趣旨とは認められない。

② 　財産分与の申立ては、単に抽象的に財産分与の申立てをすれば足り（⇒【裁判例14】）、裁判所の形成権限の発動を求めるにすぎず、その申立てを許したとしても、財産分与を請求する側において何ら支障がない。

③ 　財産分与義務者が、早期に協議を成立させて婚姻関係を清算したいと考える場合には、これを認めるのが相当である。

　　　（イ）　否定説（野田愛子「判批」判時1370号204頁（1991））（⇒【裁判例12】）

① 　財産分与の申立ては、財産分与請求権の具体的内容の形成を求めるものであるから、財産分与を請求する者を申立権者として予定しているものと解するのが相当であり、他方、財産分与の義務を負う者は、協議や裁判所の処分によってその具体的内容が確定するまでは、義務を負わないから、申立権を認める必要がない。抽象的な財産分与請求権自体は、分与権利者に帰属しており、分与義務者にはないとの指摘もある（秋武＝岡195頁）。

② 　有責配偶者の離婚請求の許否と離婚が成立した場合の財産分与とは別個の問題である。

③ 　相手方配偶者が財産分与を求めない場合には、裁判所が職権で審

第2章　財産分与請求の手続　　25

理を進めることも困難であり、申立人の主導で手続が進むと離婚による相手方配偶者の経済的不利益の救済として必ずしも十分な効果が期待できない（久貴忠彦「判批」ジュリ897号56頁（1987）、右近健男「判批」民商98巻6号105頁（1988））。

　　（ウ）　折衷説

原則として、否定説に立ちながら、職権探知が機能する場合であること、相手方を含めた双方に利益のある場合であることを根拠に、例外を認める立場である（⇒【裁判例13】）。

　また、否定説を採りつつも、夫婦のどちらが権利者か明確でない場合、例えば、清算対象財産が夫婦共有名義の不動産だけである場合などには、いずれからも申し立てることができるとの見解もある（二宮周平編『新注釈民法(17)』407頁〔犬伏由子〕（有斐閣、2017））。

　原則的には否定説を採るべきと考えるが、当事者の双方が分与の対象となる財産を有する場合に、一方が他方の有する財産について分与を求めるときは、全体としては、支払う側であっても、申立ては可能というべきである。例えば、共有の不動産が財産分与の対象である場合にその単独所有を求めるときは、双方が、申立てをすることができるというべきである。また、当事者の双方が申し立てるなどして、当事者に十分に主張立証の機会が与えられる場合には、義務者からの申立ても不適法とするに及ばないであろう。

　　（エ）　裁判例・実務

裁判例は、分かれてはいるが、否定説の③を理由に、原則的には、消極のものが多い。しかし、財産分与権利者に不利益とならない場合には、例外を認める例もあって（⇒【裁判例13】）、その傾向が一致しているとまではいえない。

　実務の一般的な処理としては、申立ての趣旨が、申立人から相手方への給付を求める場合には、不適法として却下する（⇒【裁判例12】）（東京高判平6・10・13家月48・6・61）。特に、離婚請求訴訟の付帯処分と

しての申立てについては、この立場が多数のようである（秋武＝岡195頁）。

　自らは権利者として申し立てた場合、すなわち相手方に対して給付を求める趣旨の場合に、審理の結果、相手方が義務者とならず、申立人に分与義務が認められるとき、申立ては適法であるが、申立人の請求は理由がないこととなる。この場合に、申立てを却下するという扱い（蓮井137頁）と申立人から相手方への分与を認めるという扱いがある（東京高判平7・4・27家月48・4・24）。審判の時点では申立期間が経過している場合もあり、直ちに却下するのは相当でない場合もあるし、他方、突然相手方への分与を命じるのも申立人に不意打ちを与えかねない。実務の運用としては、当事者の意思を確認し、相手方が反対申立てをしない限りは却下するという運用が妥当であろう。

【裁判例11】　最判昭62・9・2民集41・6・1423

　裁判官角田禮次郎、同林藤之輔の補足意見は、次のとおりである。

　「多数意見は、民法770条1項5号所定の事由による離婚請求がその事由につき専ら責任のある有責配偶者からされた場合に、当該請求が信義誠実の原則に照らして許されるものであるかどうかを判断する一つの事情として、離婚を認めた場合における相手方配偶者の経済的状態が斟酌されなければならないとし、相手方配偶者が離婚により被る経済的不利益は、離婚と同時又は離婚後において請求することが認められている財産分与又は慰藉料により解決されるべきものであるとしている。

　しかし、右の経済的不利益の問題について、これを相手方配偶者の主導によつて解決しようとしても、相手方配偶者が反訴により慰藉料の支払を求めることをせず、また人事訴訟手続法（以下「人訴法」という。）15条1項による財産分与の附帯申立もしない場合には、離婚と同時には解決されず、あるいは、経済的問題が未解決のため離婚請求を排斥せざるをえないおそれが生ずる。一方、経済的不利益の解決を相手方配偶者による離婚後における財産分与等の請求に期待して、その解決をしない

まま離婚請求を認容した場合においては、相手方配偶者に対し、財産分与等の請求に要する時間・費用等につき更に不利益を加重することとなるのみならず、経済的給付を受けるに至るまでの間精神的不安を助長し、経済的に困窮に陥れるなど極めて苛酷な状態におくおそれがあり、しかも右請求の受訴裁判所は、前に離婚請求を認容した裁判所と異なることが通常であろうから、相手方配偶者にとつて経済的不利益が十全に解決される保障がないなど相手方配偶者に対する経済的配慮に欠ける事態の生ずることも予測される。したがつて、相手方配偶者の経済的不利益の解決を実質的に確保するためには、更に検討を加えることが必要である。

　そこで、財産分与に関する民法768条の規定をみると、同条は、離婚をした者の一方は相手方に対し財産分与の請求ができ、当事者間における財産分与の協議が不調・不能なときは当事者は家庭裁判所に対して右の協議に代わる処分を請求することができる旨を規定しているだけであつて、右規定の文言からは、協議に代わる処分を請求する者は財産分与を請求する者に限る趣旨であるとは認められない。また、人訴法15条1項に定める離婚訴訟に附帯してする財産分与の申立は、訴訟事件における請求の趣旨のように、分与の額及び方法を特定してすることを要するものではなく、単に抽象的に財産分与の申立をすれば足り（最高裁昭和39年（オ）第539号同41年7月15日第二小法廷判決・民集20巻6号1197頁参照）、裁判所に対しその具体的内容の形成を要求すること、いいかえれば裁判所の形成権限の発動を求めるにすぎないのであつて、通常の民事訴訟におけるような私法上の形成権ないし具体的な権利主張を意味するものではないのであるから、財産分与をする者に対して、その具体的内容は挙げて裁判所の裁量に委ねる趣旨でする申立を許したとしても、財産分与を請求する側において何ら支障がないはずである。更に実質的にみても、財産分与についての協議が不調・不能な場合には、財産分与を請求する者だけではなく、財産分与をする者のなかにも一日も早く協議を成立させて婚姻関係を清算したいと考える者のあることも当然のことであろうから、財産分与について協議が不調・不能の場合における協議に代わる処分の申立は財産分与をする者においてもこれをすることができると解するのが相当というべきである。

以上のような見地から、我々は、人訴法15条1項による財産分与の附帯申立は離婚請求をする者においてもすることができると考える。」

【裁判例12】　大阪高判平4・5・26判タ797・253

　XとYは、昭和17年○月○日に婚姻の届出をした夫婦であり、両者の間には長男A及び二女Bがあるが、いずれも成年に達している。Xが、有責配偶者であるが、離婚を求めた事例である。Xは、昭和24年頃から、他女と不貞関係をもち、同女との間に子Cをもうけ、昭和40年からは、実質的に別居状態にあった。Xは、財産分与として、自宅の土地建物を離婚後の住居として提供し、生活費の保障として1億5000万円を提供すると申し出た。Yは、有責配偶者からの離婚請求が認められるための要件を充足していないと主張した。控訴審は、離婚は認容したが、Xが求めた財産分与の申立てについては義務者からすることはできないとして却下した。

1　財産分与の申立ては、「財産分与請求権の具体的内容の形成を求めるものであるから、財産分与を請求する者を申立権者として予定しているものと解するのが相当である。一方、財産分与の義務を負う者は、協議や裁判所の処分によってその具体的内容が確定するまでは、相手方配偶者に対して現実に財産を分与する義務を負うことはないのであるから、このような者が自ら財産分与の具体的内容の形成を求める申立てを行う必要を生ずることは通常考えられないところであり、申立権を認める必要はないと解される。

2　有責配偶者の離婚請求の許否と離婚が成立した場合の財産分与とは別個の問題であり、離婚訴訟と同一手続内で財産分与について判断し、その具体的内容を確定しなければ、離婚請求の許否について判断ができないとか、財産分与の内容いかんによって離婚請求に関する判断が左右されるという性質のものではないから、有責配偶者からの離婚請求の場合に、特に義務者からの財産分与の申立てを認めるべき理由はないというべきである。

3　有責配偶者からの離婚請求訴訟において、被告となった相手方配偶者は、離婚請求を争っている場合でも、右請求か認容された場合に備え

第2章　財産分与請求の手続　　29

て、予備的に財産分与の申立てをすることができると解されるが、相手方配偶者が予備的に財産分与の申立てをせず、もっぱら離婚請求の当否のみを争っている場合には、裁判所が財産分与の要否並びに分与の額及び方法を定めるに当たって考慮すべき分与の対象となる財産の内容、総額や財産の形成・維持に対する当事者の貢献の内容について、相手方配偶者からの積極的な主張、立証を期待することはできない。このような場合に有責配偶者からの申立てに基づいて財産分与に関する処分を行うとすると、裁判所は、実際上、職権でこれらの事情を探知することは困難であるから、主として財産分与の義務を負う有責配偶者の主張立証事実に基づいて財産分与の具体的内容を決定せざるを得ないこととなり、離婚による相手方配偶者の経済的不利益の救済として必ずしも十分な効果が期待できない。したがって、この場合には、離婚確定後家庭裁判所における調停、審判手続によって財産分与請求権の具体的内容の形成をはかるのが相当であると考えられる。」

【裁判例13】　横浜地横須賀支判平5・12・21家月47・1・140

　X（夫、46歳）が、禁治産宣告を受けたA（妻、41歳）との離婚を求めた事例である。Aは、Xと婚姻後、二児（長男17歳、二男15歳）をもうけたが、昭和58年頃、脳腫瘍を発症した。Aは、昭和63年頃から、その実家で療養し、また、入院を繰り返したが、平成3年1月には、第一級障害認定を受けるとともに、心身喪失の常況に陥り、平成5年2月、禁治産宣告を受け、Xが後見人となった。医療費は、平成3年1月以降は、ほぼ全額免除となり、障害年金を受けるに至っているが、Xは、その後、Aを看護するその実家に対して平均すると毎月5万円以上の仕送りを続けた。Xは、現在、2人の子供たちを監護している。Xは、平成4年に入って、離婚について、Aの実母Yと協議し、平成5年4月、後見監督人としてYの選任を得て、Yを被告として、同年5月、民法770条1項5号に基づき、Aとの離婚と、これに伴う親権者の指定及びAへの離婚後扶養の意味の財産分与の裁判を求めた。XとYとの間では、Aの離婚後の療養に対する援助について、XがAに対し、一時金として300万円を給付するほか、生存中毎月5万円の定期金の給付をすることで合意している。

判決は、財産分与の義務者が財産分与の申立てをすることは、原則として認められないとした上で「離婚訴訟事件で付随的に裁判することができる財産分与については、家庭裁判所のような職権探知を実現する制度的な手当てはないけれども、地方裁判所は、対立的当事者構造のもとでの事案の解明作用を果たす人事訴訟手続の原則が、家事審判手続で職権探知主義が実現するところにほぼ代替しうる領域にかぎり、人事訴訟手続内で家事審判事項を判断することができる（人事訴訟手続法15条）。本件のような有責配偶者の離婚請求とかかわらない類型的な事案では、右のような職権探知主義が実現するところと遜色のない審理を担保できると見られる実質的な考量が妥当しないような場合ではない。」「原告は財産分与については義務者であるが、本件の離婚訴訟手続のなかで財産分与の裁判をすることができるならば当事者双方の負担を軽減し、迅速な裁判を実現することができること」、「さらには、財産分与に関する民法768条、家事審判法9条1項乙類5号などに照らしても、原告が本件のような離婚訴訟に付随して財産分与を申し立てることをも禁ずるものではないと解されること、以上の次第であるから、本件においては、原告が義務者ではあるが、離婚訴訟に付随して財産分与の申立てをすることが許されると解する。」として、Xに対し、合意内容の財産分与を命じた。

(2)　申立て

　ア　申立ての時期・期間

　財産分与の申立ては離婚後2年以内にされる必要がある（民768②）。この期間は除斥期間である。

　離婚前においては、申立てをすることができない。ただし、離婚請求と共にする場合は別である。

　イ　申立ての方法

　抽象的に財産分与の申立てをすることで足りる。分与の額及び方法の特定は必要とされない。特定して申し立てても、裁判所に対する拘束力はない（⇒【裁判例14】）。

第2章　財産分与請求の手続　　31

【裁判例14】　最判昭41・7・15民集20・6・1197

「人事訴訟手続法15条1項によつて離婚の訴においてする財産分与の申立は、訴訟事件である右訴に附帯して、手続の経済と当事者の便宜とを考慮して、家事審判法9条1項乙類5号に定める本来家庭裁判所の権限に属する審判事項の申立をするものであるから、右申立をするには、訴訟事件における請求の趣旨のように、分与を求める額および方法を特定して申立をすることを要するものではなく、単に抽象的に財産の分与の申立をすれば足りるものと解するのを相当とする。」

　　ウ　合意成立後の申立て
　　　▶財産分与について合意したが、相手方が対象財産を隠していた場合、更なる分与を求めることができるか
　　　▶協議離婚のとき財産分与について合意したのに履行されない場合どうするか
　財産分与に関し、当事者の協議が成立すれば、もはや家庭裁判所が、その協議に代わる審判をする必要はないから、財産分与の申立ては不適法というべきである（大阪高決昭27・12・17家月5・4・41、宮崎地判昭58・11・29家月37・5・81）。その協議の履行がないとしても、その履行請求は、民事訴訟事項であり、家庭裁判所が管轄することはできない（大阪家審昭51・3・31家月28・11・71）。ただし、当事者間の合意が、財産分与としての合意といえない場合（仙台家審昭38・10・9家月16・2・75）、全対象財産についての合意といえない場合などは、未だ、財産分与の協議が全て調ったとはいえず、未了の部分が残っているといえるから、財産分与の申立てをすることができる。また、一旦協議が調った場合でも、その後、速やかに離婚に至らなかった場合は、一旦調った財産分与に関する合意は効力を失ったということができ、後に、離婚が成立した場合には、財産分与に関する処分を求める余地はある。

ところで、夫婦関係が破綻し、別居や離婚の場合に財産を給付するとの合意がされ、その後、その効力が財産分与の審判事件や調停事件において問題となることは多い。その場合、その合意に効力が認められ、これをもって財産分与の協議が調ったということができる場合には、上記のように、審判の申立ては不適法なものとなる。しかし、そのような夫婦間の合意は、明確に財産分与としてされることはまれで、深い思慮もなく感情にまかせてされた口約束なども多い。中には、真意か否か明確でないものも多い。慎重な検討が必要であろう。

財産分与の合意について、一方当事者が、これを履行しない場合には、民事訴訟事項として履行請求することになるが、債務不履行を理由にこの合意を解除して、改めて財産分与を申し立てることも可能である（広島家審昭63・10・4家月41・1・145参照）。

エ　相手方からの申立て

清算対象財産が夫婦共有名義の不動産である場合などは、離婚当事者のいずれからの申立ても可能であるが、このような場合、財産分与の申立てに、相手方から反対申立てがされることがある（⇒【裁判例31】）。事件としては同一ではあるが、併合して進めるのが、実務である。審理の結果、義務者からの申立てであったことが判明する場合もあるが、これを許さないとの見解に立っても、これが判明したときにその申立てを却下することになるだけであり、双方の申立てが（一部）認容という形で終わることもあるので、その適法不適法の判断を急ぐ必要はない。

オ　申立ての取下げ制限

財産の分与に関する処分の審判の申立ての取下げは、相手方が本案について書面を提出し、又は家事審判の手続の期日において陳述をした後にあっては、相手方の同意を得なければ、その効力を生じない（家事153）。ただし、不適法な申立ての取下げは、相手方の同意を必要としない。

第2章　財産分与請求の手続　　33

(3)　管　轄

夫又は妻であった者の住所地の家庭裁判所である（家事150五）。事件の全部又はその一部が管轄に属さない場合には、申立て又は職権により、管轄裁判所に移送する（家事9①本文）。

ただし、自庁処理の必要がある場合は、処理可能である（家事9①ただし書）。

なお、管轄がある場合でも、手続の遅滞を避ける必要がある場合などや特に必要がある場合などに、職権で他の家庭裁判所に移送できる（家事9②）。地方裁判所に財産分与の申立てがされた場合に、家庭裁判所に移送することが可能かどうかについて、旧民事訴訟法の下では、否定されてきた（婚姻費用分担・扶養料請求について、最判昭44・2・20民集23・2・399）。現行民事訴訟法の下でも同様であろう。

3　審判事件の審理

(1)　審問期日による進行

家事事件手続法は、当事者等の手続保障を図る制度を拡充し、国民が家事事件の手続を利用しやすくする制度の創設・見直し等を一つの要点として制定された（金子修『一問一答家事事件手続法』25頁（商事法務、2012））。この点は、家事審判事件の審理について、十分に配慮を要する事柄である。

財産分与に関する処分の審判事件は、別表第二の事件であるから、申立てが不適法であるとき、又は申立てに理由がないことが明らかなときを除き、当事者の陳述を聴かなければならず、その陳述の聴取は、当事者の申出があるときは、審問の期日においてしなければならないとされている（家事68①②）。また、家庭裁判所が審問の期日を開いて当事者の陳述を聴くことにより事実の調査をするときは、他の当事者は、当該期日に立ち会うことができるのが原則である（家事69本文）。これらからすると、審判事件では、紛争性が強いのが通常でもあり、

審問期日を開き、これを重ねながら審理を行うのがよいとされる（新田56頁）。

　財産分与事件の審理については、これが財産に関する紛争であることから、当事者主義的運用を行うが、期日を開いて、当事者の主張・立証を求めるが、審問期日も活用されることになる。家事事件は通常、調停が先行し、これが不調の場合に審判手続に移行する。そこで、調停手続から移行した審判手続では、調停手続で争点とされて合意が形成されなかった点を中心に審理を進めることとなろう。

　全体としては、基準時における財産分与対象財産一覧表の提出を求め、又は作成することを基本に進行することになる（後記5(3)参照）。

(2)　事実の調査等

　ア　事実の調査

　家庭裁判所は、職権で事実の調査をし、かつ、申立てにより又は職権で、必要と認める証拠調べをしなければならないとされているが（家事56）、財産分与事件は、私的な処分が可能な財産に関する事件であり、当事者主義的運用を行うのが妥当であり、事実調査の必要がある場合は、手続上の問題を除き、当事者の申出により行うのが妥当である。

　事実の調査は、家庭裁判所が、家庭裁判所調査官に命じて行うのが通常である（家事58①）。急迫の事情があるときは、裁判長が命じ（家事58②）、家庭裁判所調査官は、事実調査の結果を書面又は口頭で、家庭裁判所に報告する（家事58③）。

　また、家庭裁判所は、事実の調査を、他の家庭裁判所又は簡易裁判所に嘱託することができる（家事61）。

　イ　調査嘱託

　家庭裁判所は、必要な調査を、官庁、公署その他適当と認める者に嘱託し、又は銀行、信託会社、関係人の使用者その他の者に関係人の預金、信託財産、収入その他の事項に関して必要な報告を求めることができる（家事62）。家庭裁判所は、事実の調査をした場合において、

その結果が当事者による家事審判の手続の追行に重要な変更を生じ得るものと認めるときは、これを当事者及び利害関係参加人に通知しなければならない（家事63）。

　財産分与事件では、基準時における財産分与対象財産の有無が問題となり、その調査のために、調査嘱託が申し立てられることが多い。しかし、証拠は、原則として当事者が提出すべきであるから、これが認められるのは、その必要性があるときである。

　預貯金の取引履歴等について申し立てられることが多いが、自己名義の取引履歴については、自ら入手可能であり、原則として、採用されない。ただし、取引履歴について10年以上前の履歴が必要な場合は、金融機関によっては当事者からの申立てでは10年分しか開示しない所もあることから、採用されることもある。また、当事者に任せては、時間がかかる場合や当事者に信頼が置けない場合などは、調査嘱託によることもある（蓮井111頁注4）。

　調査嘱託は、調査嘱託先（金融機関の場合はその支店まで）を特定して、申し立てることになる。探索的申立ては許されない。

　　ウ　証拠調べ

　家事審判の手続における証拠調べについては、民事訴訟法の第2編第4章証拠の章の総則、証人尋問、当事者尋問、鑑定、書証、検証の規定が弁論主義、集中証拠調べ、参考人の審尋、当事者尋問の順序、当事者不出頭の効果などの規定を除いて準用される（家事64①）。鑑定は、財産分与対象財産の評価などで必要となる場合がある。書証の規定中の文書提出命令も、当事者等が提出すべき文書を提出しない場合に考えられるが、当事者が文書を提出しない場合に相手方の主張を真実と擬制する効果等の規定は準用されていない。しかし、提出命令に従わないとき、また、提出の義務がある文書を滅失させ、その他これを使用することができないようにしたときなどは、過料に処せられる（家事64③）。

4　離婚事件の附帯処分としての財産分与請求

(1)　附帯処分の趣旨

　離婚の訴えにおいては、附帯処分として財産分与に関する処分の申立てをすることができる（人訴32①）。これは、審判事項につき、手続の経済と当事者の便宜とを考慮して、訴訟事件である離婚の訴えに附帯して同一の訴訟手続内で審理判断を可能としたものである。そして、附帯処分は、本来非訟事件であり、附帯処分として審理されてもその性質を変じるものではない。

(2)　申立て

　当事者の書面による申立てが必要であり、この書面には、申立ての趣旨及び理由を記載し、証拠となる文書の写しで重要なものを添付する必要がある（人訴規19①②）。

　なお、この申立書は、相手方に送達される（人訴規19④）。被告は、離婚請求について反訴の申立てをせずに、予備的財産分与の申立てをすることができる（京都地判平5・12・22判時1511・131）（ただし、義務者からの申立てについては、前記2(1)イ参照）。

　附帯処分の申立ては、離婚の訴えの付随的申立てであり、訴えの係属が失われたときは、附帯処分の係属も失われる。旧人事訴訟手続法における附帯申立てとしての財産分与の申立てについて、「右訴えの係属が失われたときは、当該訴訟手続内で審判することができず、これを不適法として却下すべきである」としたものがある（最判昭58・2・3民集37・1・45）。通常は、離婚事件の係属中に協議離婚がされれば、訴えは取り下げられ、取下げにより訴訟事件の係属が消滅すれば、附帯事件も、却下するまでもなく、その係属は失われる。

(3)　審　理

ア　概　説

　離婚訴訟の審理手続は、訴訟であるから、公開審理が保障され、離婚要件等の存否については厳格な証明が必要とされる。証拠調べは、

一部を除き（人訴19）、民事訴訟法の規定による。附帯処分についての証拠調べは、審判事項であるが、訴訟手続の中で行われることになる。他方、附帯処分については、裁判所は、事実の調査を行うことができる（人訴33①）。この事実の調査については、弁論主義は適用されないし、非公開で行われる（人訴33⑤）。その内容は、審判手続におけるのと同様である。

　その結果、裁判所は、附帯処分については、民事訴訟法の規定によって得られた証拠資料と事実調査の結果得られた証拠資料の双方から判断することが可能となる。

　しかし、審理の方式は、財産分与が実質的に財産紛争であることから、当事者に、民事訴訟法における立証責任に類似した立証の負担を課して、裁量的要素をできるだけ排した訴訟的な運用を行う（これを訴訟類似方式と呼ぶ場合もある。）（大門匡＝木納敏和「離婚訴訟における財産分与の審理・判断の在り方について（提言）」家庭の法と裁判10号10頁（2017））。すなわち、争点について、当事者の立証に基づいて事実を認定し、判断するものとし、その立証は、離婚訴訟の審理の中で、当事者に対する審問も、離婚訴訟における当事者尋問の中で行うのが、普通である。

　訴訟手続の審理は、近時は、争点中心に行われ、まず争点整理が先行するが、離婚訴訟の附帯請求としての財産分与については、離婚を強く争う当事者は、これに対する主張を拒否する場合もある。この点は、離婚請求が棄却される確率が高い事件では、財産分与に関する主張整理をする必要はないので、事案を見ながらの進行となるのはやむを得ないであろう。

　　イ　財産分与部分に関する進行

　清算的財産分与は、①財産分与の対象となり得る財産及びその評価を確定し、②財産形成についての寄与・貢献の有無程度を確定し、③これに基づいて具体的な分与を行うというものである。そこで、まず、清算の基準時を特定し、その基準時における財産分与対象財産の範囲

を確定することになる。当事者の基準時に関する主張が異なれば、財産分与対象財産に差が生じるので、なるべくこの点の合意を得ることが望ましい。当事者は、いずれの基準時を採用するかによって対象財産の内容にどの程度の差があるかを検討すれば、ほとんど差がないことも多く、当事者にはこの点を検討した上での主張を求める。基準時を特定できない場合には、2時点での、財産分与財産の主張を求めることもあり得る。財産分与対象財産は、基本的に、当事者に開示を求める。その方式は、定型の財産一覧表に記載して提出してもらう。この段階では、相手方が財産を秘しているのではないかという点や特有財産か否かが争点となることが多い。次いで、その評価、寄与割合の主張がされ、具体的な分与についての主張がされることになる。

　　ウ　証拠調べ等

　離婚事件においては、裁判所は、当事者が主張しない事実をしん酌し、かつ、職権で証拠調べをすることができる（ただし、この場合、裁判所は、その事実及び証拠調べの結果について当事者の意見を聴かなければならない。）という特則はあるが、証拠調べの手続は、民事訴訟法の規律に従う。

5　調　停

　（1）　概　説

　調停において、財産分与が問題となる事件は、離婚後の財産分与請求調停申立事件のほか、夫婦関係調整調停（離婚）申立事件において申し立てられる場合や離婚後の紛争調停申立事件において主張される場合があり、これらの事件類型の違いに加えて、財産分与の要素の違い、対象財産の違いなどから、その進行のあり方は、大きく異なる。以下では、財産分与請求調停申立事件における標準的な事案についての進行の在り方を、主として、東京家裁の例を中心にみることとする（新田27頁以下、蓮井107頁以下による。）。

調停の在り方としては、他の調停事件と同様であるが、家事事件手続法の施行を踏まえ、分かりやすく公正な手続を目指す。まず、当事者と家庭裁判所が手続進行や話合いの内容に関する重要な情報を共有し、問題状況を正しく認識することに努める。そして、当事者の主体的な手続活動をいざない、家庭裁判所（調停委員会）は、その司法的権能を有効・適切に行使して、紛争の実情や当事者の心情等を的確に把握しながら、法律による枠組みの説明等を含む働き掛けを行って、当事者の納得の上での適正妥当な合意形成を目指す（本多智子「第2回家事調停の一般的な審理～夫婦関係調整（離婚）調停を中心に～」法曹時報66巻5号37頁（2014））。

家庭裁判所は、このような進行に資する目的で、財産分与の法的枠組みや手続を分かりやすく説明した説明書やその他各種の申立書のひな形やその説明書を用意しており、その多くは、インターネットからダウンロードできる。

(2)　家事調停の申立て

ア　申立書

家事調停の申立ては申立書を提出してする（家事255①）。申立書には、申立ての趣旨及び理由の記載が必要である（家事255②二）。申立ての趣旨は、適法要件としては、抽象的に「相当な財産分与を求める」ということだけで足りる。ただし、具体的な話合いのためには、求める財産分与の額・方法を主張することが必要となる。

また、申立書には、財産目録を添付する。具体的な分与の協議に必要となるからである。

イ　提出書類

添付書類として、事情説明書、不動産がある場合は、不動産登記事項証明書、固定資産評価証明書の提出が必要となる。

また、進行に応じて、財産に関する資料、例えば、預貯金について

は、通帳の写し、残額証明、株式については取引明細書等などが必要となる。

　　ウ　申立書送付

　家事調停の申立てがあった場合、家庭裁判所は、申立てが不適法であるとき、又は家事調停の手続の期日を経ないで家事調停事件を終了させるとき（家事271）を除き、家事調停の申立書の写しを相手方に送付しなければならない（家事256①本文）。ただし、家事調停の手続の円滑な進行を妨げるおそれがあると認められるときは、家事調停の申立てがあったことを通知することをもって、家事調停の申立書の写しの送付に代えることができる（家事256①ただし書）。

　　エ　答弁書

　家庭裁判所は、家事調停の申立書の送付を受けた相手方に、第1回期日の1週間前までに答弁書を提出することを求めている。

　(3)　期日の進行

　　ア　財産分与対象財産一覧表の作成を基本とする進行

　清算的財産分与は、①財産分与の対象となり得る財産及びその評価を確定し、②財産形成についての寄与・貢献の有無程度を確定し、③これに基づいて具体的な分与を合意するという過程を辿る。そこで、東京家裁では、㋐基準時と分与対象財産を明らかにする、㋑その財産の評価、㋒財産分与の対象となるか否かの協議、㋓財産形成への貢献の程度、㋔分与額と分与方法の5段階に分け、段階的進行を図っている（新田45頁）。当事者間の争いは、基準時、財産分与対象財産の範囲、その評価、財産形成に対する貢献度、分与の方法といった点が主なものであるところ、調停委員会は、各段階で、これらに合意ができれば、その期日ごとに、調書に記載し、できるだけ不可逆的な進行を図ることになる。他の家裁でも、概ね同様の進行を行っていると思われる。

　基準時における財産分与の対象となる財産を確定することが第1段階であるが、そのために、一定の書式の財産一覧表を作成するという

方式がとられている（この書式は、東京家裁でも、大阪家裁でも、ホームページ等で入手できる。）。この一覧表には、債務の記載欄もあり、また、各財産の評価も記載されるので、これが完成すれば、これを利用して得られた財産分与対象財産の総額に寄与割合（多くの事例では2分の1ルールが適用となる。）を乗じることによって、財産分与額が判断できる。

　総じていうと、財産分与の調停は、財産一覧表を作成することを基本に進行しているといってよいであろう。

　　イ　各期日の進行
　　（ア）　第1回期日
　事前評議を行い、申立書、答弁書の記載に基づき、方針を協議する。第1回期日では、当事者双方に、財産分与の制度趣旨やその法的枠組みを理解してもらうことが必要との視点から、手続の説明を行う。この際、段階的進行の方針をも伝える。東京家裁の場合は、当事者双方立会の手続説明会を実施する。その後、各当事者からの聴取に移る。

　事件の内容については、まず、段階的進行を考慮しつつも、財産の範囲、分与に関する意向を含め、全体的に意向を聴取して、当事者双方の対立点を明確にする必要がある。

　第1段階としては、基準時について、具体的な年月日（日まで）を合意の上で、双方に基準時における財産の開示を求める。基準時の合意は、調書に記載する。

　基準時については、合意できない場合もあり、やむを得ない場合には、2時点を基準にする場合もある。基準時については、早期に判断することが困難な場合もあり、この点の対立のみで進行が滞らないようにすることも必要であるからである。

　開示する財産は、共有名義のもの、他人名義のものもすべてを財産一覧表に記載して提出することを求める。特有財産も含める。特有財産は、財産分与の対象とならないが、この点は争いとなることも多く、

開示された後でなければ、争いの有無が分からないことが多いので、これを含めての開示を求め、特有財産か否かという点は後に確定するのが、分かりやすい進行となる。

必要な文書（預貯金の通帳の写し、残額証明等）で未提出のものは、その提出を促す。

　　　（イ）　続行期日

第2回期日には、双方から財産一覧表を提出してもらい、第3回期日に、これが確定できれば理想的といえるが、そうでない場合、対立点、その存在、特有財産か否か、評価などについて、資料の提出を求め、かつ調整する。

分与財産の確定及び評価が確定すれば、分与割合の協議になるが、原則は2分の1ルールにより、これと異なる主張があれば、裁判官と評議の上、調整する。

最終段階は、具体的な分与の方法となる。

6　当事者の手続に対する非協力

　(1)　当事者の協力義務

　　　▶相手方がその名義の預貯金を明らかにしないのに、自分の預貯金だけ開示しなければならないのか

財産分与については、その対象財産を明らかにするため、夫婦のそれぞれの名義の不動産の登記簿謄本（登記事項証明書）、預貯金の通帳、株式等の取引明細書等の提出を求める。原則的には、その財産の存在を主張する者がその立証をすればよいわけであるが、夫婦間の財産関係については、その一方が他方の管理する夫婦の共有財産をすべて把握し、その直接証拠を有するということは通常ないから、それでは、財産分与対象財産のすべてが明らかにならず、公平な判断ができないので、当事者の双方に、それぞれが管理する財産についての開示を求めることになる。相手方が開示しないからといって、自己が開示しな

い理由とはならず、まず、自ら開示の上、相手方の開示を求めるべきである。

家事事件の手続は、職権探知主義が採られているが、手続をすべて職権で進めることは妥当ではなく、かつそれだけで適正な結果が得られるものではない。公正で迅速な手続の進行のためには、当事者がこれに積極的に関わることが必要であり、そこで、家事事件手続法は、当事者の責務として、信義に従い誠実に家事事件の手続を追行しなければならないとの規定を置いた（家事2）。そして、その具体的な内容の一つとして、当事者は、適切かつ迅速な審理及び審判の実現のため、事実の調査及び証拠調べに協力するものとするとの規定が置かれている（家事56②）。これにより、各当事者は、財産分与対象財産を開示すべき義務があると考えられる。

(2)　財産開示拒否に対する一般的な対処方法

　▶相手方が預貯金を明らかにしない場合どうするか

　▶相手方が、どこかの金融機関に隠し預貯金をしている場合、どのようにすれば明らかにできるか

開示義務があるにもかかわらず、現実には、当事者が自己名義の財産の開示を拒む場合があり、裁判所が説得しても、これに応じないことは多い。そこで、このような場合の対処方法が問題となる。

　一般的な手続としては、一方に弁護士である代理人が委任されている場合には、弁護士会による照会手続による（弁護士23の2）。まず、これが先行すべきであろう。この手続によれない場合、必要性が認められれば、調査嘱託の手続によることになる（家事258①・62）。さらには、文書提出命令もあり得る。

　財産分与請求の申立人が、対象財産を開示せず、一部又は全部の財産を秘匿していると判断される場合には、財産分与の申立てを却下する場合もあり得るとされる（大門ほか・前掲15頁）。家事事件手続法2条の責務違反の具体的効果の一つである。

また、当事者が対象財産はないと主張していたにもかかわらず、その後の調査嘱託によって多額の対象財産の存在が明らかになったという事情や、申立当事者において他方当事者名義の財産の存在やその程度について主張立証活動を行った結果に基づき、他方当事者が他にも対象財産を秘匿していることが推認される場合には、秘匿していると認定できる額を財産分与対象財産として認定する（大門ほか・前掲15頁）。直接証拠がなくてもいわゆる弁論の全趣旨により認定する方法をとる。裁判例には、秘匿している可能性を、分与割合で考慮したものもある（東京高判平7・4・27家月48・4・24）。

(3) 対象財産ごとの検討

ア 預貯金の有無

当事者が預貯金の開示をしない場合、多くの場合、金融機関に対する弁護士会による照会又は調査嘱託をすることとなる。

弁護士会照会には、金融機関（支店まで）の特定が必要であるが、この金融機関が不明の場合に、金融機関を把握するために、預金口座情報を保有する団体に対する照会、例えば、電話会社へ、電話料金の支払方法並びに支払方法が預金口座等からの自動引落しである場合の金融機関名（支店を含む。）と口座の種類及び名義人について照会する方法が考えられている（愛知県弁護士会編『事件類型別弁護士会照会』81頁（日本評論社、2014））。

調査嘱託は、申立当事者は、当該金融機関等との取引関係があったことを具体的に疎明する必要がある（蓮井113頁）。預貯金の場合、調査事項は、原則として、基準時（別居時）の残高である。過去の取引履歴については、その必要がある場合に限られる。預貯金額の調査嘱託に対し、金融機関によっては、預貯金の名義人の承諾ないし同意がない場合には応じないことが多いので、調査嘱託の採用に当たっては、名義人の同意を得るのが原則である。ただし、開示を拒否する当事者には、この承諾ないし同意をすることが期待できないことが多い。裁

第2章　財産分与請求の手続　　45

判所としては、名義人が正当な理由なく財産開示に応じない場合は、説得に努めるが、それでも承諾を得られないときは、裁判所は、いわゆる弁論の全趣旨を考慮して、他方当事者が主張する合理的な額を対象財産と認定することができる（大門ほか・前掲15頁）。他方当事者が主張する額が秘匿財産より多ければ、秘匿のメリットはないから、それでも秘匿する場合は、少なくとも他方当事者が主張する額は存在するとの推論が働くからである。額は不明だが預貯金の存在が認められるときには、特に有効な方法であろうし、預貯金の存在が確実でないときでも、利用できるのではなかろうか。この前提としては、当事者は、名義人が秘匿していると考えられる預貯金の額を主張しておく必要がある。その額は、当事者の資産、収入状況や同居時の経済状態、統計上の貯蓄率等を根拠に推定することになろう。

　ちなみに、弁護士会から照会を受けた金融機関は、報告を求められた事項につき、弁護士会に対し報告をする公法上の義務を負うが、報告をしないことについて正当な理由を有するときは、報告を拒絶することが許されると解されている（東京高判平22・9・29判時2105・11）。正当な理由なく報告を拒絶した場合に、依頼者から損害賠償請求できるか否かは、裁判例が分かれるが、上記東京高裁平成22年9月29日判決は、弁護士会照会の権利利益は、弁護士会に属し、申出弁護士及びその依頼者は反射的利益としてこれを享受するに過ぎないとして、不法行為を構成しないとしている（同旨、福岡高判平25・9・10判時2258・58）。

　調査嘱託については、「調査嘱託の回答結果に最も利害を持つのは調査嘱託の職権発動を求めた訴訟当事者であるところ、この訴訟当事者に対しては回答義務がないという理由のみで不法行為にはならないとするのは相当ではないというべきである。したがって、調査嘱託を受けた者が、回答を求められた事項について回答すべき義務があるにもかかわらず、故意又は過失により当該義務に違反して回答しないため、調査嘱託の職権発動を求めた訴訟当事者の権利又は利益を違法に

侵害して財産的損害を被らせたと評価できる場合には、不法行為が成立する場合もあると解するのが相当である」とした裁判例もある（東京高判平24・10・24判時2168・65）。

調査嘱託に協力が得られず、必要性が高い場合には、文書提出命令を検討することになる。

なお、財産分与の審判を申し立てたときは審判前の保全処分（家事157①四）、離婚事件として財産分与が問題となっているときは、離婚訴訟を本案とする保全処分として仮差押えが可能であり、その申立てと共に、陳述催告の申立て（民保50⑤、民執147、民執規135①一）をすれば、額に関する情報を知ることができる。

イ　退職金・退職年金の有無

退職金について、相手方が、その有無を明らかにしない場合、勤務先への基準時（事案によっては、婚姻時も併せて）における支給額（計算根拠となった退職金規程の添付をも求める。）を調査嘱託することが可能である。勤務先が嘱託に応じない場合は、文書提出命令も可能である。

企業年金については、在職中であれば、勤務先へ弁護士会照会又は調査嘱託し、退職後の場合は、企業年金委託先に弁護士会照会又は調査嘱託する。企業年金委託先が不明の場合、退職前の会社又は企業年金連合会に委託先を弁護士会照会する。

ウ　株式等の有無

相手方が有する株式や有価証券が不明の場合、その取引証券会社への弁護士会照会又は調査嘱託による。

株式そのものを把握できない場合でも、配当所得は把握できるので、これを一切の事情として考慮することは可能となる。

エ　決算書

株主及び債権者は、会社に直接請求が可能である（会社442③）。

帝国データバンクの企業サーチ等が利用できる。

第 3 章

清算的财产分与

48

第3章 清算的財産分与　　49

1　清算的財産分与の根拠

(1)　夫婦別産制

　民法は、夫婦別産制をとっており、夫婦の一方が婚姻前から有する財産及び婚姻中自己の名で得た財産は、その特有財産である（民762①）。そして、夫婦のいずれに属するか明らかでない財産は、その共有に属するものと推定される（民762②）。不動産が特有財産か否かは、登記名義だけでは決することはできない（最判昭34・7・14民集13・7・1023）。

　夫婦の財産については、これを特有財産、共有財産、実質的共有財産の3種類に分類して論じられる。①特有財産は、財産取得について他方の協力がなかった名実共に夫婦各自の財産、また、夫婦各自の専用品と目されるような、財産の性質により各自に帰属する財産である。特有財産といえるためには、その対価なども実質的に自己のものであることが立証される必要があり、その立証のない限り、共有の推定が働くとされる（我妻栄『親族法　法律学全集23』103頁（有斐閣、1961）、青山道夫＝有地亨編『新版注釈民法(21)』464頁〔有地亨〕（有斐閣、1989））。②共有財産は、共同生活に必要な家財・家具、夫婦の協力で取得したもので双方の名義になっている財産のように、名実共に共有財産となるものである。③実質的共有財産は、名義は一方に属するが、実質的には共有になる財産で、婚姻中、夫婦の協力により取得されたが、名義は夫婦の一方になっている財産である。婚姻中自己の名で得た財産は、民法762条1項の文言からは、特有財産に属するかのようであるが、①に該当しない限りは、実質的共有財産に分類される（⇒【裁判例15】）。

　財産分与においては、原則的には、①以外のものが対象となる。

【裁判例15】　東京地判平4・8・26家月45・12・102
　被告（妻）は、いわゆる専業主婦であったが、原告（夫）との夫婦関係の円満を欠き、別居に至ったが、別居に当たり、婚姻中に原告の収入

を原資として原告名義で購入した債券類を持ち出した。そこで、原告が、被告に対し、その持ち出しが不法行為に当たるとして損害賠償を請求した事例である。また、同様に購入したゴルフ会員権の一部は、被告名義とされていたことから、原告は、その名義の変更を求めた。被告は、他に、離婚訴訟を提起し、その附帯請求として財産分与の請求をしている。

　判決は、「民法762条1項によれば、婚姻中一方の名で得た財産はその特有財産であるとされているが、夫婦の一方が婚姻中に他方の協力の下に稼働して得た収入で取得した財産は、実質的には夫婦の共有財産であって、性質上特に一方のみが管理するような財産を除いては、婚姻継続中は夫婦共同で右財産を管理するのが通常であり、婚姻関係が破綻して離婚に至った場合には、その実質的共有関係を清算するためには、財産分与が予定されているなどの事実を考慮すると、婚姻関係が悪化して、夫婦の一方が別居決意して家を出る際、夫婦の実質的共有に属する財産の一部を持ち出したとしても、その持ち出した財産が将来の財産分与として考えられる対象、範囲を著しく逸脱するとか、他方を困惑させる等不当な目的をもって持ち出したなどの特段の事情がない限り違法性はなく、不法行為とならないものと解するのが相当である。」とし、本件ゴルフ会員権の名義変更請求については、同ゴルフ会員権を「原告の特有財産とする合意があった事実を認めることはでき」ないとした上で、「原被告の夫婦関係は破綻し、離婚と財産分与を求める訴訟が係属しているのであるから、夫婦の実質的共有財産である右会員権の最終的な帰属は、財産分与の際に決すべきものである。」とした。

（2）　清算的財産分与の根拠

ア　実質的共有説

　婚姻中に取得した財産は、夫婦の一方の収入による場合でも他方の有形無形の協力に基づいている。つまり、夫婦の協力によって得た財産は、名義の如何を問わず、実質的に見れば、共有財産ということができる（加藤永一「夫婦の財産関係について（一）—夫婦財産の利用関係を契機として—」民商46巻1号13頁（1962））。夫婦の協力は、無形のものも含むか

ら、夫婦の一方が、専業主婦である場合に他方の収入によって取得した財産も、実質的共有財産である。そこで、婚姻が解消される場合には、公平の観点等から、これらの財産は実質によって清算される必要があり、これが財産分与である。最高裁は、「離婚における財産分与の制度は、夫婦が婚姻中に有していた実質上共同の財産を清算分配」するものしている（⇒【裁判例2】）ので、実務はこの立場ということができる。

　この実質的共有は、これを潜在的なものとする見解（中川善之助『新訂親族法』290頁（青林書院新社、1965））や内部的なものとする見解（加藤・前掲13頁）からこれに物権上の持分を認める見解までである（物権上の持分を認めるというのは、実質的共有を民法249条以下の共有と同じものと考えるもので、その共有は通常の意味での共有であるが、これを以下では「物権上の共有」という。）。持分が無形の寄与を含めて判断されるとすると潜在的なものとせざるを得ないと考えるが、経済的寄与が主たるものであれば、物権上の持分まで肯定できる余地はある。学説は、夫婦財産制について、夫婦別産制を前提とするものから、これを共有制と理解したり、又は両者の複合形態と見るなどの見解の違いもあり複雑であるが、多数説は、第三者との関係では実質的共有を主張できないとし、共有分割請求も否定する。この共有関係は、原則として、離婚の際に、財産分与によって最終的な帰属が決せられるとするのが多数である。

　　イ　組合的共有とする説
　夫婦の間に組合関係又はこれに類似の関係を認め、婚姻解消の場合に組合の解散時の財産分割（民688③）に準じて清算を必要とする見解。この見解では夫婦が共同で取得した財産は、実体的な共有といい得る。

　　ウ　夫婦の役割分担により生じる不利益を填補する制度とする説
　夫婦間の役割分担に起因し、その一方に経済的な不利益が生じ、こ

れが離婚の際に顕在化するので、その不利益を填補する制度とする（鈴木眞次『離婚給付の決定基準』233頁以下（弘文堂、1992））。

エ　婚姻共同生活における法的評価の平等の実現を保障する制度とする説

婚姻共同生活は、家族のための経済的活動と家族のための肉体的・精神的活動から成り立っており、この両活動はいずれも家族の共同生活に不可欠なものであり、法的には平等と評価すべきもので、経済活動によって得られる果実も法的に平等と評価すべきであるところ、これを内部的にどう分かち合うかは、婚姻中は、夫婦の合意に任せられるが、婚姻共同生活の解消に当たっては、その平等性を具体的に保障するべく、国家は必要な限りでその分担に後見的に介入しなければならず、その平等な法的評価の実現を保障するための基準を定め、その平等な法的評価の平等性を確保すべく国家の後見的責任を明示したのが財産分与の規定であるという（本沢237頁）。

(3)　共有持分による請求

▶夫婦共同で取得した一方名義の不動産について、婚姻中に共有持分移転登記手続請求をすることができるか

▶財産分与請求ができなくなった場合に、夫婦共同で取得した不動産の共有物分割を請求できるか

ア　実質的共有関係を物権上の共有としない説

実質的共有といっても、これを物権上の共有と考えないものが多いといえるが、その立場では、共有持分に基づく、その確認、持分移転登記手続請求、共有物分割請求などは認められない。

イ　実質的共有関係を物権上の共有とする説

夫婦が共同で取得した財産が物権上の共有であると考えれば、共有物分割請求は、婚姻中、離婚後を問わず肯定されよう。財産分与制度と共有物分割制度とは、制度としては別個のものであるから、財産分

与請求ができることを理由として共有物分割請求が妨げられる理由はないといわれる（梶村太市ほか『家族法実務講義』151頁（有斐閣、2013））。

しかし、夫婦共有財産については、共有に属する個々の財産は個別に分割されるべきでなく、全体として分割される必要があると考えられるから、遺産共有の解消については、共有物分割によることが許されない（最判昭62・9・4家月40・1・161）のと同様に、夫婦財産の共有解消は財産分与によるべきで、共有物分割請求は許されないとの説も有力である（道垣内弘人＝大村敦志『民法解釈ゼミナール5　親族・相続』59頁〔道垣内弘人〕（有斐閣、1999））。

　　ウ　実　　務

　　　（ア）　実務が実質的共有についてどのような立場をとるかは必ずしも明確でない。多くの裁判例は、潜在的な共有と考えているようであるが、物権上の共有まで認めることのできる場合を必ずしも否定していないようである。婚姻中に持分に基づく請求を認める必要性はほとんどないし、離婚後は、財産分与によって処理するのが原則であり、これと別に、共有に基づく請求を認める必要はない。しかし、財産分与によって処理できない例外的な場合には、共有に基づく請求を考慮するという枠組みがあるとの見方が可能である。

　　　（イ）　婚姻中に共有権確認を求めたり、更正登記手続や持分移転登記手続を求めることができるかについては、夫婦が共働きでその収入及び連帯して借り受けた資金で取得した不動産について持分移転登記手続を認めた事例（⇒【裁判例16】）、夫婦が共稼ぎで購入した不動産につき夫婦の共有であるとして、夫単独名義の不動産について更正登記手続を認めた事例（松山地判昭43・9・10判時536・73）、夫婦が共同で貯めた資金等で購入した不動産について、家事労働等も含めた寄与割合で、共有持分権を確認し、かつその割合による更正登記手続を認めた事例（札幌高判昭61・6・19判タ614・70）がある。しかし、これらの裁

判例は、裁判例の傾向から見ると、特殊なものと位置付けられる。前記実質的共有説からは、財産分与に委ねるべきものであったと思われる。

　（ウ）　夫婦が婚姻中に取得した財産における一方の持分が潜在的なものではなく、物権上の共有関係にあるときは、時期を問わず、その持分権を主張することが可能である。このような共有関係にあるかどうかは、原則的には、物権変動の規律に従って、名義で決まるが、名義を仮装することもあるし、登記名義については便宜的な場合もあるので、取得の経緯や購入代金を誰が支払ったか等の具体的な事情をも考慮して判断することとなる。不動産の買主である夫婦のそれぞれが現実に対価を提供した場合には、当該物件を共有で取得するとの効果意思があり、意思表示としてもこれが認められ、登記を一方の単独名義とすることは便宜的なものに過ぎないと認められることはあり得るが、夫婦で蓄財した資金で購入したということや、共働きの夫婦であるというだけでは、購入した財産に対する持分は、物権上の共有によるものということはできず、まだ潜在的なものに止まるというべきである。

　なお、この持分について、登記が更正等されたとしても、これは、本来共有登記にすべきものを一方名義にしていたので修正したというにすぎず、この判決を得たとしてもこれによって直ちにその持分が特有財産となるものではない。婚姻中に取得した財産である以上、その後の財産分与における対象となる。このように考えないと、無形の寄与を持分に反映する機会を奪うことになる。

　（エ）　夫婦が婚姻中に協力して取得した財産の清算は財産分与においてなすべきである。離婚に伴う財産分与請求が可能な場合、単なる共有持分に基づく請求では、無形の寄与を考慮できないので、原則として、共有持分に基づく請求は許されないというべきである。

第3章　清算的財産分与　　　　　　　　　　　　　　　　55

　しかし、財産分与請求が不可能な場合は、共有持分に基づく請求を許さないと、持分を有する者が、これを主張する機会を失うこととなる。

　　（オ）　財産分与請求が、申立期間を経過したなどの事情によってできなくなった場合には、物権上の持分に基づく請求を認めることは可能である。

　なお、裁判例には、婚姻中に取得した不動産がいわゆるオーバーローンであり、財産価値はゼロとして財産分与の対象とならないとされた場合に、財産分与の裁判とは別に当該不動産の共有関係について審理判断がされるべきとした裁判例がある（⇒【裁判例17】）。また、内縁配偶者が死亡した場合に、財産分与請求権はないが、内縁中に事実上の夫婦が共同で形成した財産について、生存配偶者の実質的持分の確認をした裁判例がある（⇒【裁判例10】）。

【裁判例16】　　東京地判昭35・8・6法曹新聞156・9

　原被告は、いわゆる共働きの夫婦であって、その収入はほぼ同額であった。そして、婚姻中の昭和31年11月24日、被告名義で、代金41万5400円で本件土地を取得し、地上に、建築代金47万円で本件建物を建築し、被告名義に保存登記をした。土地代金は夫婦で貯めた預金から出捐し、建築代金は、原被告が連帯債務者となって住宅金融公庫から借り受けて支払い、その弁済は原告においてしてきたが、14万円余りの未払い残金がある。原告は、被告と別居中に、本件土地建物の持分2分の1の移転登記手続を求めた事例である。

　判決は、「通常の場合、夫婦間の財産関係は、離婚の際における財産分与の問題として清算されることが多いのであるが、婚姻関係の破綻を離婚によって清算する以前の段階において、夫婦間の財産関係を明らかにするというのであれば、もとよりその権利関係を明らかにする利益を否定すべきものではない。」「他に特段の事情が認められない本件では、本件不動産は原、被告の共有に属すると判断するのを相当とする。しかし

56　　第3章　清算的財産分与

て共有者の持分は、相均しいと推定されているから、以上の認定以外に
他に特段の事情の存することのなんら認められない本件においては、原
告は、本件不動産につき、それぞれ2分の1の共有持分を有するといわざ
るをえない。以上のとおりであるとすれば、本件不動産についてした被
告名義の前記登記は、そのいずれもが権利の実態関係に合致しないもの
であつて原告は被告に対し、これを真実の権利関係に合致させるため、
共有持分権にもとづく登記請求権を有する」とした。

【裁判例17】　東京地判平24・12・27判時2179・78
　原告（元夫）が、本件建物は自己の単独所有であるにもかかわらず、
これを被告（元妻）が占有しているとして、被告に対し、所有権に基づ
き、本件建物の明渡し及び使用料相当損害金の支払を求めた事例である。
原告と被告は、元夫婦であり、婚姻中に本件土地を購入し、本件土地上
に本件建物を新築したが、いずれも、原告名義に登記を了した。原告と
被告は、平成15年5月から、本件建物にその間の子らと共に居住してきた
が、その後、原告が、本件建物を出るに至り、平成22年9月、離婚と財産
分与として原告に約707万円の支払を命じる高裁判決が確定した。原告
は、その後、本件建物の鍵を壊して、これに居住し始めたが、被告から、
占有回収の訴えを提起され、敗訴して、平成24年5月、本件建物を被告に
引き渡したが、その後に、本権に基づいて、本件訴えを提起した。原告
は、前記高裁判決によって、本件建物の所有権は名義人である原告に帰
属した旨主張した。
　判決は、「夫婦間の財産分与は、夫婦共同生活中の共通の財産の清算で
あり、財産分与の対象とされた財産を金銭的に評価し、そこから負債を
控除し、なお積極財産が残る場合に、特段の事情がない限り、その2分の
1に相当する額を相互に分与しあうことで、夫婦間の実質的公平を図る
制度である。ところが、住宅ローン残高が不動産価値を上回るいわゆる
オーバーローンの不動産や、不動産の価値と住宅ローン残高がほぼ同程
度であるとして残余価値がないと評価された不動産は、積極財産として
金銭評価されることがないため、夫婦間の離婚訴訟の財産分与の手続に

おいては、清算の対象とはならない。その結果、夫婦共有財産と判断された不動産について清算が未了のままとなる事態が生じ得るが、この場合、不動産の購入にあたって自己の特有財産から出捐をした当事者は、かかる出捐をした金員につき、離婚訴訟においては、その清算につき判断がなされないまま財産分与額を定められてしまい、他方で、たまたま当該不動産の登記名義を有していた相手方当事者は、出捐者の損失のもとで不動産の財産的価値のすべてを保有し続けることができるという極めて不公平な事態を招来することになる。そこで、夫婦の一方がその特有財産から不動産売買代金を支出したような場合には、当該不動産が財産分与の計算においてオーバーローン又は残余価値なしと評価され、財産分与の対象財産から外されたとしても、離婚訴訟を担当した裁判所が特有財産から支出された金員につき何ら審理判断をしていない以上、離婚の際の財産分与とは別に、当該不動産の共有関係について審理判断がされるべきである。」とし、前記控訴審判決は、「本件不動産に関して残余価値は0円と評価するのが相当である旨判断し、財産分与額の計算に際し、本件不動産をその対象から外し、原告名義の預金のみを財産分与の対象としており、そのため、本件不動産については、原告被告間の離婚訴訟における財産分与の規律において処理がされていないことが認められるから、離婚訴訟の財産分与とは別個に権利関係を確定し、その清算に関する処理がされるべきである。」そして、本件不動産を購入・建築する際の原被告が出捐した額、住宅ローンの返済は原告の原資等を考慮して、本件不動産のうち少なくとも持分3分の1については、被告の持分に属するものであることが認められるとし、持分がある以上、当然には、本件建物の明渡しを求めることはできないとした。

2　清算的財産分与の方法

(1)　清算的財産分与の考え方

　実質的共有説の考え方からすると、夫婦の一方が、その名義で取得した財産であっても、夫婦の有形・無形の協力によって得られたもの

は実質的には夫婦の共有であるから、婚姻関係が解消した場合に、清算することとなる。ここから、清算の対象とすべき財産は、①夫婦が婚姻中にその協力によって取得した財産であり、②夫婦の協力関係が終わった時に存在する財産であり、③清算の割合は、協力の割合、すなわち財産形成に対する貢献度（寄与度）によると一応いうことができる。以下に詳論する。

(2)　清算の基準時

　ア　分与対象財産確定の基準時

　　▶財産分与は、いつの時点の財産関係を基準に判断されるか

　　▶別居期間が著しく長い場合でも別居時が基準時となるか

　　▶別居後も、財産形成に寄与したといえる場合は、基準時はいつとなるか

　　▶別居後に、幼児の監護養育を一方が全面的にしている場合でも、別居時が基準となるか

　分与対象財産を確定するための基準時は、原則として、別居時である。清算は、夫婦が婚姻中にその協力によって取得した財産について行うものであるところ、別居時には、その協力関係が終了すると考えられるから、原則として、別居時が基準時となる（⇒【裁判例18】）。

　基準時後に取得したものは、離婚前に取得したものであっても、財産分与対象財産とならない。取得の原資が、婚姻中に形成した預貯金であっても同様である。この場合、取得した物件は、対象財産とならないが、取得のために費消した預貯金はなお存在するものとして対象財産とすることとなる。ただし、合意の上で取得した場合は、対象財産とする余地はある。

　なお、【裁判例19】は、口頭弁論終結時が基準となる旨を判示するが、その事案は、清算的財産分与と扶養の財産分与を区別せず、一体的に判断したものであり、清算的財産分与自体について、裁判時説を積極

的に採用したものではないというのが、近時の理解である（大津126頁、山本27頁）。

　なお、裁判例には、裁判時説を採ったものも多数ある。これは分与の判断過程の問題であり、具体的な事案において合理的な方法を採ればよい問題であるから、どの方法を採るかは裁判官の裁量の範囲といい得るが（山本27頁）、清算という視点から、上記の別居時を基準時とする説が実務の主流となっている。

　別居期間が、一方が有責配偶者である場合などで著しく長く、その別居期間中、妻は子の養育のために苦労し、夫は、別居時には財産を有しなかったが、別居後にかなりの蓄財をした場合であっても、やはり、別居時を基準とすることになろう。このような事例では、婚姻費用の清算、扶養的財産分与を考慮する。

　ただし、公平の見地から、事情により、基準時後の財産の変動を考慮することはある（大津125頁）。別居後、幼い未成熟子の監護を一方に任せっきりにした場合、監護を他方に委ねた者は、その経済活動を子の監護によって制約されることはない。平たくいえば、一方の親が子を監護しているから、労働者であれば休まずに勤務を続けることができるわけで、反面、子を監護する側は、その監護のために、経済活動の制約を受ける。監護費用の支払をしているとしても、その監護費用は、子の生活費が主な内容であって、現実に子の身の回りの世話をする費用までは含むものではない。監護をしない親にも、他の親と同等の監護義務があるはずであり、これを他方に委ねた場合、その経済活動によって得た収入には、他方の貢献があるといえ、子の監護状況や婚姻費用の分担の程度によっては、この点を全く考慮しないことは、公平に反する場合がある。別居後に他方配偶者の財産形成に寄与した場合は、別居時を基準時とした上で、別居時の寄与を考慮する方法をとることとなるが、財産形成への寄与が大きいときは、協力関係が終

わっていないとして基準時をずらすことも考えられる。

　別居後に婚姻費用を適正に分担していない場合に、これが財産の維持形成に寄与しておれば、考慮を必要とする。例えば、義務者の負担する住宅ローンの支払を考慮して婚姻費用が減額されている場合は、これを考慮することになる。

　ただ、基準時後の事情は、これを明確に計数化できないことが多く、「その他一切の事情」として考慮するほかない場合が多いであろう。

【裁判例18】　名古屋高判平21・5・28判時2069・50（後掲【裁判例95】参照）
　「清算的財産分与は、夫婦の共同生活により形成した財産を、その寄与の度合いに応じて分配することを、内容とするものであるから、離婚前に夫婦が別居した場合には、特段の事情がない限り、別居時の財産を基準にしてこれを行なうべきであり、また夫婦の同居期間を超えて継続的に取得した財産が存在する場合には、月割計算その他の適切な按分等によって、同居期間中に取得した財産額を推認する方法によって、別居時の財産額を確定するのが相当である。」

【裁判例19】　最判昭34・2・19民集13・2・174
　原被告が、昭和26年10月に別居したという事例で、第一審（広島地呉支判昭30・1・17民集13・2・179）は、「原被告の協力によつて得た全財産の額と原被告双方の今後の生活能力その他一切の事情を考慮すると被告は原告に対し別紙目録記載の不動産を原告に分与するを相当と認める」とし、控訴審は、昭和32年現在、上告人が300万円を下らない資産を有することなどを理由に、控訴を棄却したので、上告人は、財産分与は、別居当時の財産を基本とすべきであると主張した。
　判決は、「民法771条によつて裁判上の離婚に準用される同法768条3項は当事者双方がその協力によつて得た財産の額その他一切の事情を考慮

第3章　清算的財産分与　　61

して、財産分与の額及び方法を定めると規定しているのであつて、右に
いう一切の事情とは当該訴訟の最終口頭弁論当時における当事者双方の
財産状態の如きものも包含する趣旨と解するを相当とする」として、そ
の主張を退けた。

イ　婚姻関係破綻との関係

▶家庭内別居が続いていた場合、基準時はいつになるか

　別居前に婚姻関係が破綻していたと主張される場合もあるが、婚姻
関係の破綻と財産形成に対する協力関係終了とは同じではなく、破綻
していたとしても、同居している限りは、経済的にそれぞれが独立し
ているといえないから、多くの場合、協力関係が終了しているといえ
ず、破綻時を基準時とすることはできない（⇒【裁判例20】）。家庭内
別居であっても、同居している場合には、経済的協力関係が実質的にな
くなったとまで評価できる場合はほとんどないといえる（蓮井110頁）。

【裁判例20】　東京家審平22・6・23家月63・2・159
　申立人（妻、昭和34年生まれ）及び相手方（夫、昭和30年生まれ）は、
昭和58年○月○日、婚姻したが、双方の関係は、平成15年頃には険悪な
ものとなり、申立人において離婚あるいは別居を申し出たが、相手方の
同意を得ることはできず、平成18年○月頃、離婚調停を申し立てたが、
協議が調わず、平成19年○月○日に離婚訴訟を提起し、相手方も、反訴
を提起した。しかし、同居のままで、平成20年○月○日に至って相手方
が家を出て別居するに至った。相手方は、平成19年○月頃には婚姻関係
が破綻していたから、退職金の分与の算定の基準となる期間は、婚姻時
から平成19年○月までとすべきであると主張した。審判は、「確かに、本
件離婚事件の判決において判示されているとおり、申立人及び相手方の
婚姻関係は遅くとも平成19年○月ころには破綻していたことが認められ
るが、それ以後も双方は従前どおり同居生活を送っていたのであるから、

退職金の分与の算定の基準となる期間はその同居期間を基準とするのが相当である。」とした。

ウ　同居と別居が繰り返される場合

　同居と別居が繰り返されることがあるが、通常は、最終的な別居時が基準となる（⇒【裁判例21】）。ただし、帰宅が一時的なものである場合は、その前の別居を基準とすることになる。一時的な帰宅かどうかは、帰宅した期間、その前の別居期間等を総合して判断することになる。

　帰宅後、わずかな期間で別居した場合などは、一時的な帰宅といえ、また、かなりの長期間（数年）の別居後、帰宅したが、1か月程度で別居に至った場合などは、別居の理由、同居の経緯、最終的な別居の理由等にもよるが、最後の1か月が財産形成に寄与することは少ないであろうから、最後の同居期間は一時的なものと評価することもあり得よう。

【裁判例21】　広島高岡山支判平16・6・18判時1902・61
　一審原告（妻）と一審被告（夫）は、昭和48年11月に婚姻した夫婦であり、四人の子をもうけたが、婚姻当初から諍いは多く、一審原告は、平成9年3月中旬、一審被告の不貞問題などで口論の末、家を出て、実家に戻り、同月下旬、帰宅したが、同年11月13日、夫婦喧嘩の結果、再度別居したという事例であり、判決は、同年11月の時点における夫婦共同財産が財産分与の対象となるとした。

エ　単身赴任中・出稼ぎ中の破綻
　▶夫が単身赴任中に離婚問題が発生した場合、基準時はいつになるか

第3章　清算的財産分与　　　63

　▶夫が出稼ぎ中に帰宅しなくなった場合、基準時はいつとなる
　か

　単身赴任そのものは、別居と区別されるので、単身赴任の開始をも
って清算の基準時とすることはできない。清算という趣旨では、実質
的に経済的協力関係がなくなった時点を検討することになり、家計管
理の在り方に変更があれば、これが指標となるといえるが、これも明
確でないことが多い。多くの事例では、当事者が離婚を申し出た日、
配偶者が最後に自宅を出た日が基準とされ、海外赴任の場合に帰国後
同居しなかった場合には、帰国時とする場合が多いとされている（蓮
井110頁）。

　例えば、単身赴任中に、夫又は妻が離婚を申し出たが、生活費の交
付などの経済的な事情に変化がない場合、①離婚申出の時、②その後
に一時帰宅しておれば、最後に自宅を出た日、③単身赴任期間終了時
が考えられる。基準時は、財産関係を視点にするから、①又は②の時
点と③の時点で財産関係にほとんど変化がないのであれば（財産分与
対象財産にほとんど変動がない場合）、③を基準時とするとの考え方
も成り立つ。しかし、生活費の支払そのものは婚姻費用の分担の問題
であり、その支払は一般に基準時の判断に影響を及ぼさないといえる。
離婚の申出が、明確で、これによって離婚の話合いに発展していると
いう場合であれば、①が基準となるし、①又は②後に、婚姻費用の支
払を止めたり、減額したりすれば、財産関係に影響を及ぼすので、①
又は②を基準時とすることになる。①又は②後に、財産形成や財産を
費消する行為がある場合、離婚を考慮しての行為である場合もあり、
基準時としては、①又は②とすることになろう。離婚申出時を基準と
することは、清算の基準時と破綻とは異なるとの上記の記述と矛盾す
るかのようであるが、当事者が離婚を意識すれば、その経済活動や財
産形成に影響が出ると考えられるからであり、破綻時を基準とするも

のではない。

　長期の単身赴任や出稼ぎ等で、帰省する機会が次第に少なくなり、特に離婚等の申出をすることもなく、終には帰宅しなくなった場合、実質的に、最後に自宅を出た日を基準日とすることになろう。ただし、帰省はその実質があるものを基準とすることになろう。生活費の送金等をしている場合でも、帰宅しなくなった理由にもよるが、やはり最後に家を出た日が基準になろうし、事案によっては、その送金を止めた時点を基準とすることもあり得る。

　出稼ぎ中、生活費は送金しているが、一度も帰宅しない場合、離婚が問題となった時点、生活費の送金を止めた時点が基準となろう。

　裁判例には、基準時を明確にせずに判断するものも少なくないが（東京家判平26・5・27（平23（家ホ）1179）、宇都宮地真岡支判昭62・5・25判タ651・192）、妥当とはいえない。

　　オ　評価の基準時

　清算の基準時は、原則として別居時であっても、財産分与の対象となる財産の評価は、分割時（裁判時）となる。

　基準時には存在したが、その後、滅失した財産は、滅失の理由に双方とも責任がない場合は、財産分与の対象財産から逸出すると考えればよい。また、一方に責任がある場合は、そのまま存在するとして扱うことになろう。

　(3)　清算の割合

　　ア　清算の割合についての考え方

　　　▶財産分与の割合はどのように決まるか

　　　▶財産分与の割合は2分の1か

　　　▶財産分与の割合が2分の1でない場合があるか

　　　▶共働き型、専業主婦型、家業従事型などで差があるか

　清算の割合については、寄与度説のほか、平等説、平等推定説がある。

第3章　清算的財産分与

（ア）　寄与度説

寄与度説は、夫婦の協力により形成された財産は、具体的にその形成に寄与した内容を検討し、その具体的な寄与度に応じて清算されるべきであるとする（我妻栄ほか編『判例コンメンタールⅦ　親族法』144頁（日本評論社、1970））。その寄与度は、個別に検討することになるが、普通の平均的な家庭においては、特段の事情がない限り、双方の寄与は平等であるとする。これは、平等推定説と一致する。

（イ）　平等説

平等説は、夫婦の協力により形成された財産は、これに対する寄与度が経済的に同じでなくても、法的に平等と評価すべきであり、平等の割合で清算されるべきであるとする（青山道夫編『注釈民法(20)』330頁〔黒木三郎〕・410頁〔有地亨〕（有斐閣、1966）、二宮周平編『新注釈民法(17)』416頁〔犬伏由子〕（有斐閣、2017）、本沢237頁）。

（ウ）　平等推定説

平等推定説は、夫婦の協力により形成された財産は、実質的に夫婦の共有であり、その持分も一応平等と推定され、具体的な寄与割合が証明された場合に初めてその割合によって清算されるべきであるとする（沼辺愛一「家族法上の妻の地位に関する婦人青少年問題審議会の意見書について」ジュリ344号42頁（1966））。

なぜに平等と推定されるかについては、共有持分の推定（民250）を根拠とするようであるが、実質的には、夫婦の一方の名で取得された収入も、生活保持義務により、夫婦の生計の資とすべきものであるから、その夫婦の生計の資とすべき資金を原資にして形成された財産についての寄与は、原則として相等しいものと推定されるものと考える。

なお、平成8年民法改正案要綱は、夫婦の協力により形成された財産について、「各当事者の寄与の程度は、その異なることが明らかでないときは、相等しいものとする」との、いわゆる2分の1ルールを規定し

ていたが、採用されなかった。

　イ　実　務

　実務は、寄与度を、特段の事情がない限り平等を原則として、寄与度の差が大きく、これを考慮しないと実質的に公平といえない場合を例外としている（東京家庭裁判所家事第6部編『東京家庭裁判所における人事訴訟の審理の実情〔第3版〕』28頁（判例タイムズ社、2012））。すなわち、一般的な夫婦がその収入に見合った程度の財産形成をしている場合は、その寄与度は平等と扱われている。実務は、原則として2分の1ルールを採用しているといえる。

　経済活動に対する協同態勢から、①共働き型、②専業主婦型、③家業従事型などに分けられるが、上記の考え方は、共通である。

　（ア）　共働き型

　共働きの場合、原則として平等であり、夫婦の収入に多少の差はあっても、特段の考慮はしない（収入比によったものとして⇒【裁判例22】）。ただし、業態の収入の格差が大きい場合は、その収入の比を考慮する場合もあり得るが、家事労働を主としてどちらがしていたかは、考慮しなければならない。なお、妻が共働きであるにもかかわらず、家事・育児のほとんどを担当している場合について、後記ウ（エ）を参照。

【裁判例22】　岐阜家審昭38・5・31家月15・9・197

　申立人（元妻）と相手方（元夫）とは、昭和19年に婚姻し、昭和37年に調停離婚した者であり、申立人、相手方とも教員として勤務してきた。家事一切は、同居していた相手方の母が行ってきた。財産分与の対象となる財産は、婚姻中に取得した不動産、預貯金、債権などである。審判は、「相手方の資産は総額4、064、066円となるが、申立人の寄与の程度を、申立人の相手方に提供した俸給額と相手方の取得した全収入額と対比して計算すると、上記資産に対し約43％であるということができるの

第3章　清算的財産分与　　67

で、これを上記資産に従つて計算すると、その額約175万円となる。これが分与額の一応の基準価額となる。しかし、家事については申立人が殆んど関与せず、相手方の母がこれを処理していたという家庭生活の実態に照すと、相手方の母の寄与を無視して分与額を定めることは妥当でない。この母の寄与をどの程度に評価するかは難しい問題であるが、家事労働の実体に即して10％程度とみるのが適当であろう。そしてこれは申立人と相手方との双方において、各自の寄与の程度に応じ負担すべきものであるから、申立人の寄与の程度もこれに応じて減ずることになり、前記基準額は約157万円ということになる。これが次に考えられる分与額の基準価額であるが、これより前記相手方よりの贈与額を差引き、なお本件に顕われた諸般の事情を参酌して、本件分与額は120万円をもつて相当であると認める。」とした。

　　（イ）　専業主婦型
　夫婦の一方のみに収入があり、他方は、専らあるいは主として家事・育児に携わるいわゆる専業主婦型の場合、稼働する夫婦の一方が収入を得られるのは、他方の家事労働や育児に支えられているからであり、かつ、夫婦の一方の名で取得された収入も、夫婦の生計の資とすべきものである。そこで、原則として、寄与割合は平等とされる。しかし、収入が非常に多く、その理由が稼働する一方の特別な資格や能力による場合には、平等とされない（後記ウ（ア）参照）。
　　（ウ）　家業従事型
　家業従事型は、一方が特有財産から家業用資産を提供して経営し、他方は、主として労務を提供するという形態が多く、ときには経営にも関与する場合もあるし、他方が家事一般を担当することも多い。これを民法上の組合が成立していると見る見解もあるが（高木積夫「財産分与の対象となる財産の範囲」中川善之助先生追悼現代家族法大系編集委員会編『現代家族法大系(2)』302頁（有斐閣、1980））、実質的共有説からは、あえ

てそのようにいう必要はない。ただ、組合とする説は、出資された特有財産も清算対象となって、これを出資した者以外に帰属させることができるとするもののようではある（高木・前掲302頁）。

家業については、その婚姻中に法人化する場合も多いが、夫婦双方がその経営や営業に携わっている場合は、家業従事型といってよい。

清算の際の分与割合は、家業の中での役割分担や貢献度によって、必ずしも2分の1とならないというのが従来の考え方であった。家業が、一方の特殊な技能や経験で成り立っており、他方の貢献が補助的なものに止まる場合は、寄与度に格差があるとするのである。

しかし、家業従事型でも、一方が必ずしも特殊な能力や技術を持つ場合とは限らないし、他方の役割が補助的なものであっても、その場合、家事育児を担当するのが一般であるから、原則平等とするのが妥当であろう。特殊な技能や経験により多大の財産を形成したのであれば、これを特段の事情として考慮すればよい。皮製袋物加工業につき、これが夫の技術によって成り立っており、妻の貢献は経理、集金、配達、注文取り等で、家事労働も行っているという事例について、夫6割、妻4割としたものがあるが（⇒【裁判例23】）、形成した財産の額や家事労働等を考慮すれば、5割でもよかったと思われる。

家業の性質が、特殊な技能等によらない場合に、双方が相応の貢献をしていれば、寄与割合は5割とされる。妻が料亭の女将として稼働した事例（⇒【裁判例24】）、自動車販売業及び不動産管理業の経理、自動車販売、不動産管理の業務に従事しながら家事育児を担当した事例（⇒【裁判例25】）などがある。

家業従事型では、夫が、家業に従事し、妻は、他に勤務しているという態様もあるが、共働き型との複合型ともいえ、この場合も、原則平等と推定することで足りる。

なお、家業従事型では、夫婦の一方の両親等もこれに従事する場合

があり、この場合は、財産分与対象財産を判断するについて、両親等の寄与も考慮される（⇒【裁判例26】）。

　さらに、家業従事型では、夫婦双方が単に一方配偶者の父等の家業を手伝っていたにすぎない場合があり、その間に分与すべき財産がないと、財産分与は困難ということになる（富山家審昭40・10・22家月18・4・96）（この場合、後記4(1)イ（イ）参照）。

【裁判例23】　大阪家審昭41・4・12家月18・11・60

　相手方（元夫）は、皮製袋物加工の職人をしていたが、頭が切れ腕が立つので昭和34年5月頃独立した。事業の内容は皮製ケースを動力ミシンで縫い上げその加工賃を獲るものであるが、独立当初は、申立人（元妻）が集金、配達、伝票の整理、ミシンがけの一部等を、相手方は力仕事の全部を担当、夫婦二人だけで経営し、昭和37年Ａを雇い入れてからは加工はＡと相手方とが行い、申立人は経理のほか、集金、金融、注文取り等の外廻りの仕事を行ってきた。申立人は、そのほか家事労働も担当した。審判は、申立人の寄与割合につき、「上記申立人と相手方との働きぶりの外、上記事業が、相手方の習得した技術と獲得した信用とを基礎として成り立っている点をも考慮した結果、右の割合を4割と判定」し、財産分与対象財産の約74万円のうち30万円を分与するとした。

【裁判例24】　長野地判昭38・7・5家月16・4・138

　原告（妻）と被告（夫）とは昭和12年に婚姻したが、当時、被告は、料亭Ｓ荘の営業を建物残代金1万円を含め約4万円の営業上の債務とともに引き継ぎ、他の料理店の女中をしていた原告の女将としての才能を見込んで妻に迎えたもので、原告は、婚姻とともに、女将として被告を助けてＳ荘の経営に当たり、被告の3度合計約5年を超える応召中は、直接一人でＳ荘経営に当たり、被告が昭和20年9月に復員した頃には、前記債務4万円も全額完済し、終戦後は、Ｓ荘を急激に発展させ、昭和23年6月いわゆる税金対策のため被告を代表取締役とする株式会社Ｓ荘（その後、

株式会社O商事と商号変更）が設立された。そして、昭和32年5月16日、
被告の不貞が原因で別居するに至るまで終始女将として直接座敷に出て
使用人を指揮して客の応接に当たった。財産分与の対象となる財産は、
被告名義の財産のほか、株式会社O商事の有する財産も相手方の潜在的
な財産であるとして、特有財産からの取得分や債務を控除した後の2033
万3873円である。判決は、「前認定の事実によれば、原告は終始女将とし
て直接座敷に出て使用人を指揮監督して客の応接に当つていたこと、被
告の応召不在中は被告の指示、助言を受けながらも一人で直接料理店の
経営に当つたこと、被告の営業が終戦後急激に発展したのは主として原
告が被告の意を受けて終戦まで長野市内唯一の料理店として営業を続け
たことに起因すること、被告は結婚当時約金4万円の債務を負担してい
たことが明かであるので、これらの事情を考慮すれば被告が婚姻後取得
した財産の2分の1は原告の協力と寄与によるものであるといわねばなら
い。」とし、扶養的財産分与1割を加えた約6割の1200万円を原告に分与
するとした。

【裁判例25】　広島高岡山支判平16・6・18判時1902・61
　一審原告（妻）は、昭和48年に一審被告（夫）と婚姻し、四人の子を
もうけた。一審被告は、自動車整備士資格を有し、婚姻前から自動車修
理業を営み、昭和56、7年頃自動車販売業に事業拡大し、昭和61年1月に
自動車販売会社を設立し、平成5年には不動産管理会社を設立し、一審原
被告又は会社名義で不動産ほか多額の資産を形成した。一審原告は、家
事や子の育児に従事しながら一審被告の仕事を手伝い、経理事務担当、
自動車販売、不動産管理の業務に従事するなどして、資産形成に大きく
貢献した。一審被告は、平成9年頃から、他女と不貞関係を持ち、これが
原因で、夫婦は、同年11月13日頃、別居となり、一審原告において、離
婚とともに財産分与を求めた事例である。財産分与の対象となる財産
は、不動産や株式などで、債務等を控除した額は、6億5278万7137円に及
ぶ。判決は、「先に認定したとおり、一審原告が家事や4名の子の育児に
従事しながら、一審被告の事業に協力し続け、資産形成に大きく貢献し

第3章　清算的財産分与　　71

たことに徴すると、一審原告の寄与率は5割と解され、一審原告は財産分与として金3億2639万3568円（1円未満切り捨て）相当の財産を取得するのが相当である。」とした。

【裁判例26】　札幌高決昭44・1・10家月21・7・80
　抗告人（夫）と相手方（妻）は、昭和27年以降、抗告人の養父Aの住居に、養母Bと共に居住し、Aが始めた毛糸店に携わってきた。当初、A、抗告人は勤務に出て、相手方は一家全員の炊事等家事を担当し、毛糸店の業務は主としてBが当たったが、昭和31年に至りAも抗告人も相次いで勤務先を退職し、同時にAが資金を出して新聞販売店を併せて開業し、一家は挙げて毛糸店及び新聞販売店の業務に専念し、昭和34年2月には税金対策上右二つの営業を目的とする有限会社○○毛糸店を設立した。決定は、同会社は、会社組織とは程遠い実態をもって運営され、実質が家族経営の域を出ず、会社名義の財産も、その家族である養父母並びに抗告人ら夫婦の共働きによって形成された共有財産と判断し、形成された共有財産としては総計400万円を下らないとした上で、「右共有財産の持分はAが5分の2、他の3名は各5分の1である。してみると抗告人と相手方はその協力によつて右400万円の合計5分の2、すなわち少なくとも160万円に相当する共有財産を形成したものとみるべきものである。そして以上認定して来たところに右財産形成に対する辛苦の程度、婚姻の期間（18年間）、離婚に至つた経過・原因、相手方の呉服等購入の事実・原因、双方の年齢、離婚後の生活状態、その他本件記録に顕れたすべての資料ならびに財産分与の請求がなされてからすでに満4年を経過している事実を斟酌すると、相手方が抗告人から分与を受けるべき財産の額は金70万円をもって相当と認める。」とした。

　　ウ　寄与度に差が認められる類型
　　　　▶どのような場合に寄与割合が異なるのか
　　　　▶特別な資格や能力による収入も寄与割合は平等か

第3章　清算的財産分与

- ▶危険な業務で収入を得ている場合でも寄与割合は平等か
- ▶家事労働はどのように評価されるか
- ▶共働きの場合、寄与割合は収入の比か
- ▶共働きで収入は変わらないが、夫は家事を全く手伝わなかった場合でも寄与割合は同じか
- ▶夫婦の一方がギャンブルで収入を家計に入れない場合でも寄与割合は同じか
- ▶夫婦の一方が無駄遣いをしていたため、預金が大幅に減っている場合でも寄与割合は同じか
- ▶婚姻前の預金で生活をしてきた場合に、財産分与においてこれを考慮できるか

（ア）　特別な資格や能力による格差

　形成された財産が非常に多く、夫婦の一方に特別な資格や能力があり、これによって高収入が得られており、その財産形成がこれによるといえる場合には、その財産は義務者の固有の能力に基づいて形成された部分が大きいとして、寄与割合を変更する場合が多い（⇒【裁判例27】）。

　義務者に特別な資格や能力がある場合としては、医師（⇒【裁判例27】）、弁護士、スポーツ選手などが挙げられているが、経営者としての能力もこれに加えられる場合もある（⇒【裁判例28】）。

　ただし、格差が認められるのは、資格等がなくても可能な程度を相当超える蓄財をした場合であって、資格等がなくても可能の程度の蓄財では、2分の1ルールを適用することになろう。

【裁判例27】　大阪高判平26・3・13判タ1411・177
　夫が医師で、同居期間17年。財産分与対象財産は約3億円であり、妻の分与割合について、夫は3割と主張し、妻は5割と主張した事例である。妻は、診療所の経理も一部担当していた。判決は次のようにいう。「民

法768条3項は、当事者双方がその協力によって得た財産の額その他一切の事情を考慮して分与額を定めるべき旨を規定しているところ、離婚並びに婚姻に関する事項に関しては、法律は、個人の尊厳と両性の本質的平等に立脚して制定されなければならないものとされていること（憲法24条2項）に照らせば、原則として、夫婦の寄与割合は各2分の1と解するのが相当であるが、例えば、ⅰ　夫婦の一方が、スポーツ選手などのように、特殊な技能によって多額の収入を得る時期もあるが、加齢によって一定の時期以降は同一の職業遂行や高額な収入を維持し得なくなり、通常の労働者と比べて厳しい経済生活を余儀なくされるおそれのある職業に就いている場合など、高額の収入に将来の生活費を考慮したベースの賃金を前倒しで支払うことによって一定の生涯賃金を保障するような意味合いが含まれるなどの事情がある場合、ⅱ　高額な収入の基礎となる特殊な技能が、婚姻届出前の本人の個人的な努力によっても形成されて、婚姻後もその才能や労力によって多額の財産が形成されたような場合などには、そうした事情を考慮して寄与割合を加算することをも許容しなければ、財産分与額の算定に際して個人の尊厳が確保されたことになるとはいいがたい。そうすると、控訴人が医師の資格を獲得するまでの勉学等について婚姻届出前から個人的な努力をしてきたことや、医師の資格を有し、婚姻後にこれを活用し多くの労力を費やして高額の収入を得ていることを考慮して、控訴人の寄与割合を6割、被控訴人の寄与割合を4割とすることは合理性を有するが、被控訴人も家事や育児だけでなく診療所の経理も一部担当していたことを考えると、被控訴人の寄与割合をこれ以上減ずることは、上記の両性の本質的平等に照らして許容しがたい。」

【裁判例28】　東京地判平15・9・26（平13（タ）304・平13（タ）668）

　原告（夫、昭和6年生まれ）と被告（妻、昭和16年生まれ）は、昭和55年頃、継続的に同居するようになり、昭和58年4月22日、婚姻し、平成9年12月1日以降、別居し、平成13年に至って、原告が、離婚を求め、被告がこれに反訴を提起し、離婚及び慰謝料を含めた財産分与を求めた事例

である。原告は、原被告が継続的に同居するようになった頃には、既に成功した経営者であって、数社の取締役等を務め、特有財産を多数有しており、財産分与対象財産は、約220億円であったが、かなりの部分が、特有財産を原資とした。裁判所は、財産分与について、次のとおり判断した。

「前記認定のとおり、被告は、Ａ社、Ｂ社を初めとする多くの会社の代表者であって、社団法人、財団法人等の多くの理事等を占める、成功した経営者、財界人である原告の、公私に渡る交際を昭和58年頃から平成9年頃までの約15年に亘り妻として支え、また、精神的に原告を支えたことからすると、間接的には、共有財産の形成や特有財産の維持に寄与したことは否定できない。」「しかし、他方、前記認定のとおり共有財産の原資はほとんどが原告の特有財産であったこと、その運用、管理に携わったのも原告であること、被告が、具体的に、共有財産の取得に寄与したり、Ａ社の経営に直接的、具体的に寄与し、特有財産の維持に協力した場面を認めるに足りる証拠はないことからすると、被告が原告の共有財産の形成や特有財産の維持に寄与した割合は必ずしも高いと言い難い。」「そうすると、原被告の婚姻が破綻したのは、主として原告の責任によるものであること、被告の経歴からして、職業に携わることは期待できず、今後の扶養的な要素も加味すべきことを考慮にいれると、財産分与額は、共有物財産の価格合計約220億円の5%である10億円を相当と認める。」

（イ）　就労の態様による格差

　収入を得る一方の就労態様が特殊で、その就労形態から見て財産形成に差を認めることが公平といえる場合がある。航海士、海技士など（一級海技士について⇒【裁判例29】）、1年の大半を海洋上で過ごすような就労態様が挙げられるが、単に、海洋上で過ごすという点では、単身赴任と同様であり、格差を設ける理由とならない。格差が生じるのは、仕事の内容の方であって、非常な過酷な環境に身を置くことによって高収入を得たという点に意味がある。

第3章　清算的財産分与　　　　75

　同様の職業としては、海外での危険な勤務に就いていた自衛官など
が該当すると思われる。
　ただし、格差が認められるのは、そのような職務につかなくても可
能な程度を相当超える蓄財をした場合に限られるのは、（ア）と同様で
ある。

【裁判例29】　　大阪高判平12・3・8判時1744・91
　被控訴人（夫）が控訴人（妻）に対し、離婚請求し、控訴人が反訴と
して、被控訴人に対し、離婚、慰謝料、財産分与を請求した事例である。
控訴人と被控訴人は、昭和46年4月7日婚姻した夫婦であり、被控訴人は、
船員であり、1年に6か月ないし11か月の海上勤務があったが、控訴人の
留守中の家事育児等に不満を持ち、平成7年3月には、夫婦喧嘩のあげく
被控訴人に暴力を振るって鎖骨骨折等の障害を負わせるなどして、離婚
訴訟に至ったもので、財産分与対象財産は、不動産、退職金、ゴルフ会
員権など合計約7600万円であった。控訴審は、「右財産の形成は、被控訴
人が、一級海技士の資格をもち、1年に6か月ないし11か月の海上勤務を
するなど海上勤務が多かったことから多額の収入を得られたことが大き
く寄与しており、他方控訴人は主として家庭にあり、留守を守って一人
で家事、育児をしたものであり、これらの点に本件に現れた一切の事情
を勘案すると、被控訴人から控訴人に対し、財産分与として形成財産の
約3割に当たる2300万円の支払を命ずるのが相当である。控訴人は、被
控訴人の有する右資格をもってその寄与度を高く評価するのは相当でな
いと主張するが、資格を取得したのは被控訴人の努力によるものという
べきであり、右資格を活用した結果及び海上での不自由な生活に耐えた
うえでの高収入であれば、被控訴人の寄与割合を高く判断することが相
当であるというべきである。」

　　（ウ）　就労の程度による格差
　夫婦の双方が就労しているが、その就労の程度に一方の責任によっ
て差がある場合は、寄与度に差があってしかるべきである。一方が、
怠惰やその他の責められるべき事情によって極端に就労期間に差があ

76 第3章 清算的財産分与

る場合がこれに当たる（⇒【裁判例30】）。反社会集団に属して就労せ
ず、妻だけを働かせてきた夫や、服役期間が長い者など寄与割合が低
くてもやむを得ない。

　他方、疾病で就労できない場合は、他方に生活保持義務があるので、
就労しなかったことを理由に寄与割合を低くすることはできないであ
ろう。ただ、この点は、扶養的財産分与の問題とする見解もあろう。

```
【裁判例30】　東京家判平23・4・26（平22（家ホ）761）
　原告（妻）と被告（夫）は、平成7年1月6日に婚姻した者で、当初共働
きであったが、被告が平成9年7月には退職し、その後就職するも、平成
10年秋には退職し、平成11年11月頃、派遣の工員として就労したが1年程
度で失職し、その後、うつ病の症状等もあり、就労していない。原告は、
自らも適応障害と診断されながらも、継続的に就労し、他方で、粗暴な
被告の言動に耐え、家事は全面的に行うなどしてきたという事例である。
判決は、「被告が必ずしも十分な就労意欲を有しない一方で、原告は、家
事を行いつつ継続的に就労して家計を支えていたのであるから、上記財
産分与対象財産の維持・形成に当たっての原告の寄与度は60パーセント
とするのが相当である。」
```

　　　（エ）　一方のみがする家事労働の評価
　家事労働そのものも、財産形成に寄与しているといえるから、これ
を夫婦の一方のみが行った場合には、専業主婦型でなくても、寄与割
合で評価する必要がある。収入がほぼ等しい夫婦において、一方のみ
が家事育児等の家事労働を行っている場合、この家事労働を財産形成
に関して評価しないと公平とはいえないからである（⇒【裁判例31】）。

```
【裁判例31】　東京家審平6・5・31家月47・5・52
　申立人（元妻）と相手方（元夫）とは、昭和37年1月6日に婚姻し、そ
の間に子一人をもうけたが、昭和55年頃から、家庭内別居の状態が続き、
```

第3章　清算的財産分与　　77

平成2年4月30日、申立人が別居し、平成3年6月10日協議離婚した。その後、申立人が共有となっている不動産についてその持分移転登記手続等を求める財産分与を申し立て、相手方も同様に同不動産について持分移転登記手続等を求める財産分与を申し立てた。申立人と相手方は、婚姻後、それぞれの収入をそれぞれで管理し、共同生活の支出の負担についての明確な取り決めはなかったが、概ね住居の固定資産税、銀行ローン、光熱費、火災保険料、長女の私立高校から大学（短大）までの学費等は相手方がその収入によって負担し、食費、共用部分の什器備品、長女のベビーシッター代、長女の幼稚園から、小学校、私立中学校までの学費、長女の被服費、家族の海外旅行費用、長女の成人式、結婚式の費用等は申立人がその収入によって負担した。家事労働、育児については、相手方が長女の乳児期に世話をしたことがあるものの、家庭内別居に至るまでは、申立人がほぼ全面的に担当した。「本件清算的財産分与の清算割合は、本来、夫婦は基本的理念として対等な関係であり、財産分与は婚姻生活中の夫婦の協力によって形成された実質上の共有財産の清算と解するのが相当であるから、原則的に平等であると解すべきである。しかし、前記認定の申立人と相手方の婚姻生活の実態によれば、申立人と相手方は芸術家としてそれぞれの活動に従事するとともに、申立人は家庭内別居の約9年間を除き約18年間専ら家事労働に従事してきたこと、及び、当事者双方の共同生活について費用の負担割合、収入等を総合考慮すると、前記の割合を修正し、申立人の寄与割合を6、相手方のそれを4とするのが相当である。」

（オ）　負の貢献

　夫婦の一方が財産を浪費した場合に、これを寄与度に反映させる場合がある。夫が収入のほとんどをギャンブルに費消し、家計には全く入れなかった場合などが例である。妻の浪費についても主張されることがあるが、浪費として寄与割合に影響を及ぼすかどうかは、その支出の目的が個人的なもので、かつ資産及び収入状況に比して常軌を逸したものであるかどうかに、その消費以外の寄与度を考慮することになろう。

なお、配偶者の一方が、病弱であって入院がちのため、医療費等が嵩んだ場合であっても、他方には、配偶者としての扶助義務があるから、これを負の貢献とすることはできない（東京家判平30・10・25（平28（家ホ）1079・平29（家ホ）345））。

夫婦の一方が他方の特有財産を浪費した場合も、この浪費の反面で、財産が形成されている場合は、考慮の余地がある。浪費でなくても、特有財産が生活費や他の消費財産等に費消された場合、消費して存在しないものを財産分与の対象とはできないが、他の財産形成に寄与している場合は寄与度として考慮することはできる（⇒【裁判例37】）（沼田490頁）。特有財産を一旦費消したが、その後蓄財した場合、蓄財と特有財産費消との間に関連性がなければ、原則として費消された部分に相当する額を特有財産とすることはできないが、公平上考慮できる場合はあろう。

（カ）　特有財産の支出

婚姻前の預貯金などから財産を形成した場合は、寄与割合において考慮される。この場合は、個別の財産ごとに寄与度を検討する。婚姻してから購入取得した不動産について、その購入代金を、夫婦が特有財産から出捐している場合、その不動産については、その出捐した割合を寄与割合とする。ただし、この場合、その割合部分を、特有財産とすることも多い（後記3(2)キ参照）。婚姻前の預貯金を生活費等に支出したが、他方で、財産を形成した場合は、婚姻前の預貯金の支出が財産形成に寄与していると捉えられるから、この点を当該財産の形成への寄与と考慮することになる（前記(オ)参照）。

(4)　清算の方法

ア　一般的な清算の方法

清算の方法としては、一般的には、分与対象財産を特定してその評価を行い、次いで、寄与の割合（分与率）を確定してこれを上記評価に乗じて各当事者が取得すべき具体的な額を確定し、分与方法を決定

し、給付内容を特定する（沼田484頁）。申立人名義財産と相手方名義財産とを合計し、これに寄与割合を乗じたものが、取得分となる。考慮すべき債務があるときは、各自の負担すべきものを、各自の積極財産の取得分から控除したものが取得分となる。

　清算は、原則的には金銭給付の形をとるので、その場合、各自の名義財産及び名義債務は、そのままに、取得分から各自の名義の積極財産の価額を控除し、負担する債務を加算したものが、具体的な取得分（清算額）となる。現物分与がされる場合は、現物分与の結果により、各自の取得分から各自の取得する積極財産の価額を控除し、負担する債務の額を加算したものが、具体的な取得分（清算額）となる。

　基準時と分与時とで、対象財産の価額に変動がある場合には、分与時（訴訟の場合は口頭弁論終結時）の価額で分与することになる。考慮すべき債務については、その負担割合や控除すべき方法によって処理が異なるので、債務を考慮した分割方法は、債務の負担の項において述べる（後記6(3)ウ参照）。

　　イ　財産ごとに寄与度を算出する方法

　分与の対象となる財産が複数あり、その取得に対する寄与度が異なる場合に、財産ごとに寄与度を検討する場合がある。この場合、寄与度の異なる財産ごとに、その評価に基づいて、元夫又は元妻の取得分を計算し、各取得分の合計によって、全体の取得割合及び取得額が算出される。

　　ウ　分与の方法

　分与の方法としては、清算方法と現物分与方法がある。清算方法とは、対象財産の帰属はそのまま変動せず、他方に清算金の支払をさせる方法である。これが原則的方法である。現物分与は、その必要性があるときに用いられるが、対象財産の利用状況等を考慮して、その方法を選択することになる（具体的な分与の方法については、**第5章参照**）。

3 清算的財産分与の対象財産

(1) 夫婦が婚姻中にその協力によって取得した財産

　ア　婚姻中に取得した財産の意味

　　▶名義が夫婦の一方となっている場合であっても、財産分与の対象とすることができるか

　夫婦が婚姻中に取得した財産は、原則的に、対象財産となる。

　民法762条1項は、「夫婦の一方が……婚姻中自己の名で得た財産は、その特有財産（夫婦の一方が単独で有する財産をいう。）とする」と規定し、「自己の名で得た」かどうかは、財産法上の一般的な規律に従うといえるが、清算的財産分与は、夫婦が協同して形成した財産を公平の観点から清算するものであるから、その対象財産となるかどうかという点では、夫婦の一方の名義で取得された財産も、特有財産とは扱われない。

　取得について夫婦の具体的な協力は必要ない。本来の職業でなく、余暇に行ったアルバイトの収入や投資等によって取得した財産も、財産分与対象財産となる。また、財産の名義の如何を問わない。第三者名義の財産については、項を改めて述べる（後記4(1)参照）。

　イ　基準時において存在する財産

　　▶別居前に多額の預貯金を払い戻して、これを隠し持っていると思われる場合、その預貯金から払い戻した金額は財産分与の対象となるか

　　▶基準時後に財産が火災で焼失した場合、その財産は財産分与の対象となるか

　財産分与の対象となるためには、基準時において存在する財産であることを要する。

　基準時に存在しない財産は、財産分与の対象とならない。夫婦の一

方が基準時となる別居前に多額の預貯金を払い戻している場合、これを費消していないと認めることができれば、財産分与の対象とすることができるが、ギャンブル等に費消しており、既に存在しないのであれば、もはや財産分与対象財産とすることはできない。ただ、夫婦の一方が、形成された財産を浪費したといえる場合、この浪費を負の貢献として、寄与度を低くする余地はある。

他方、婚姻中に取得した財産は、基準時に存在すれば、その後滅失しても、清算の対象となるが、建物が類焼により焼失するなど当事者双方の責任なく滅失した場合は除外されるし、適正な額の婚姻費用として消費された場合などの正当な理由があるときも対象から除外される（後記ウ参照）。

分割払いにより購入した車両は、所有権が売主に留保されているが、条件付きの権利として財産分与の対象となる。

　ウ　別居の際に持ち出された財産
　　▶夫婦の一方が別居の際に持ち出した財産の返還を求めることはできるか
　　▶夫婦の一方が別居の際に持ち出し、生活費や子の学費に費消したものは、財産分与の対象となるか

夫婦の一方が別居する際に、現金等を持ち出し、また、その後、他方名義の預貯金から払い戻しを受けることは、しばしばあり、他方が、不法行為による損害賠償請求又は不当利得請求の訴訟を提起することもある。別居の際の持ち出しは、特段の事情がない限り、不法行為（⇒【裁判例32】・【裁判例33】）や不当利得（⇒【裁判例34】）とならないが、その持ち出された財産は、財産分与の対象となる財産となる。ただし、これが婚姻費用として費消された場合、その額が適正であれば、財産分与の対象財産から除外することになる。

【裁判例32】　東京地判平4・8・26家月45・12・102

　原告と被告とは、昭和36年婚姻した夫婦であり、その間に長男長女の二子を儲けたが、その後、夫婦仲が悪化し、被告は、昭和60年3月、離婚を決意して原告と別居した。その際、被告は、原告が自宅の鞄に入れて保管していた国債等を持ち出した。原告が、これを不法行為として損害賠償を求め、被告は、国債等は被告の父から被告や子供に贈与されたもので被告らの特有財産であると争った。

　判決は、「民法762条1項によれば、婚姻中一方の名で得た財産はその特有財産であるとされているが、夫婦の一方が婚姻中に他方の協力の下に稼働して得た収入で取得した財産は、実質的には夫婦の共有財産であって、性質上特に一方のみが管理するような財産を除いては、婚姻継続中は夫婦共同で右財産を管理するのが通常であり、婚姻関係が破綻して離婚に至った場合には、その実質的共有関係を清算するためには、財産分与が予定されているなどの事実を考慮すると、婚姻関係が悪化して、夫婦の一方が別居決意して家を出る際、夫婦の実質的共有に属する財産の一部を持ち出したとしても、その持ち出した財産が将来の財産分与として考えられる対象、範囲を著しく逸脱するとか、他方を困惑させる等不当な目的をもって持ち出したなどの特段の事情がない限り違法性はなく、不法行為とならないものと解するのが相当である。そして、被告は婚姻関係が悪化して離婚を決意して別居したものであり、被告が離婚及び財産分与を提起して訴訟中であって、被告が別居に際し持ち出した債券等が財産分与として考えられる対象、範囲を著しく逸脱するものでないことは、当裁判所に顕著な事実である。また、被告が不当な目的で債券を持ち出したことを認めるに足りる証拠はないから、被告がこれらの債券を持ち出したことに違法性はなく、不法行為は成立しないというべきである。」とした。

【裁判例33】　東京地判平26・4・23（平25（ワ）7328）

　離婚訴訟中の原告（夫）が、原告の特有財産である銀行預金を被告（妻）が無断で引き出したなどと主張して、被告に対し、不法行為による損害

第3章　清算的財産分与　　83

賠償請求権に基づいて、被告が引き出した預金額に相当する1830万6000円の支払を求めた事例である。原告は、平成20年10月6日頃、家計管理のために被告に渡していた原告の給与が振り込まれる信用金庫の口座のキャッシュカードを被告から取り上げ、同年11月過ぎ頃、自宅に帰らず、別居した。被告は、原告に話をすることなく、自宅において管理していた原告の預金口座から、その後37回にわたり、上記金額を引き出した。

　判決は、「本件預金債権が原告と被告の共有財産であることは被告も自認しているところ、（中略）本件引出行為は、被告が原告との別居に際して行ったものと認めることができるが、別居をしたからといって必然的に離婚に至るわけではなく、別居期間中の生活費等も必要となるし、離婚に至るとしても、このような共有財産を清算するための手続として財産分与手続が予定されていることを踏まえると、夫婦の一方が別居に際して共有財産の一部を持ち出したとしても、特段の事情のない限り違法性はないと解される。」とし、「財産分与手続を経ないで本件預金債権を独占しようという目的で本件引出行為を行った」とまでは認められないとして、請求を棄却した。

【裁判例34】　東京地判平27・12・25（平27（ワ）5373）

　原告と被告は、平成12年11月11日、婚姻し、平成26年3月27日、裁判上の離婚をした者であるが、被告は、婚姻中、原告名義の預金口座のキャッシュカードを管理しており、別居後の平成22年11月8日以後平成23年6月末までの間、同キャッシュカードを利用して、本件預金口座から出金した。原告は、被告が出金した額のうち、婚姻費用分担分を超える額である約70万円は、不当利得に当たると主張して、その返還を、他の不当利得金の請求に併せて求めた事例である。

　判決は、「夫婦の一方は、夫婦共有財産について、当事者間で協議がされるなど、具体的な権利内容が形成されない限り、相手方に主張することのできる具体的な権利を有しているものではないと解すべきであるから、被告が、平成22年11月8日から平成23年6月末までの間に、いわゆる算定表に従って計算した額の婚姻費用の原告負担分を超える額を本件預

金口座から払い戻していたとしても、その行為によって、原告に具体的な損失が生じたということはできない。よって、原告は、被告に対し、不当利得に基づく返還請求をすることはできず、これに反する原告の主張は採用できない。」とした。

(2) 特有財産

ア 特有財産の意味

▶婚姻後、相続によって取得した財産は、財産分与の対象となるか

▶婚姻前から所有している不動産でも、財産分与の対象となることがあるか

▶婚姻期間20年を超える配偶者の贈与税免除の制度を利用して贈与がされたが、その財産は、受贈配偶者の特有財産となるか

▶障害年金による給付金が原資の預貯金は特有財産ではないか

（ア）　夫婦の一方が名実ともに単独で有する財産を特有財産といい、夫婦が協力して取得したものではないから、財産分与の対象とはならない。これは、概ね3種、すなわち、①夫婦の一方が、婚姻前から有していた財産、②婚姻後であってもその親族からの贈与、相続などによって取得した財産、③夫婦の合意により特有財産とした専用財産がある。夫婦の一方が、婚姻前に取得した財産は、そのローンを婚姻後に支払ってきたとしても、本来的には、特有財産であるが、婚姻後の支払が、夫婦の収入でされたものであれば、その不動産全部が、夫婦の協力によって維持された特有財産となり、夫婦の婚姻後の支払によって取得した割合は、実質的共有財産と扱うこととなる。

障害年金は、受給権者の一定の障害等が要件となって給付されるも

のであるが、その給付額には配偶者の生計維持を考慮した加給がされる場合もあり、配偶者を含めた家族の生活費等として使われることが予定されたものであるから、その給付額を受給権者の特有財産ということはできない。

特有財産か否か争いがある場合は、特有財産と主張する者が、これを立証することになり、立証できない場合は、共有財産として分与対象財産と扱うことになる（我妻栄『親族法　法律学全集23』103頁（有斐閣、1961）、蓮井114頁）。

　（イ）　当事者が合意によって、その名義の財産を特有財産であると合意することは妨げられない。

専用財産はこれに当たる。夫婦のそれぞれに相当の収入があり、それぞれがこれを管理している場合に、それぞれの名義の預貯金については、明示又は黙示により、特有財産とする合意があったと認めることができる場合がある（⇒【裁判例35】）。

また、夫婦の円満を図る趣旨や、紛争の調整の過程で合意されたものも、特有財産と考えられる場合もある。夫婦間の贈与が、婚姻期間20年を超える配偶者の贈与税免除の制度（相税21の6）を利用してされた贈与については、節税目的のみでなされた場合は、その贈与は、受贈者の特有財産とする合意とはいえないであろうが、他の目的がある場合は別である（⇒【裁判例36】）。

【裁判例35】　東京家審平6・5・31家月47・5・52
申立人（元妻）と相手方（元夫）は、昭和37年に婚姻し、一人の子を儲けたが、昭和55年頃から、家庭内別居となり、平成2年に別居し、平成3年6月、協議離婚した。申立人は、童話作家で、相手方は画家であり、それぞれに収入があり、その収入や著作権等は、各自が管理してきた。

申立人から財産分与の申立てがされた事例である。審判は、預貯金について、次のように述べた。「申立人と相手方は、婚姻前からそれぞれが作家、画家として活動しており、婚姻後もそれぞれが各自の収入、預貯金を管理し、それぞれが必要な時に夫婦の生活費用を支出するという形態をとっていたことが認められ、一方が収入を管理するという形態、あるいは夫婦共通の財布というものがないので、婚姻中から、それぞれの名義の預貯金、著作物の著作権についてはそれぞれの名義人に帰属する旨の合意があったと解するのが相当であり、各個人名義の預貯金、著作権は清算的財産分与の対象とならない。」

【裁判例36】　大阪高決平23・2・14家月64・1・80
　相手方と抗告人は、昭和26年〇月〇日婚姻し、昭和29年〇月〇日、長女Cを、昭和32年〇月〇日、二女Bを儲けたが、平成21年〇月〇日、協議離婚し、相手方から財産分与の申立てがされた。夫婦が形成した財産は、本件各不動産のうち、かつて長女Cの元夫Dの共有部分を除く部分である。本件各不動産は、平成15年〇月、婚姻期間が20年を超えたことから、居住用不動産の配偶者の贈与税免除の制度を利用して、抗告人に贈与されている。この不動産が財産分与の対象から除外される特有財産か否かが争われた。決定は、「抗告人は、本件贈与により本件各不動産の所有権を取得したことが認められるところ、（中略）、Dがかつて有していた共有持分以外の持分は、夫婦で形成してきた共有財産といえるが、本件贈与は、Dが有していた部分も含めて抗告人に移転し、本件各不動産の全持分を抗告人の所有としたもので、抗告人が相手方による不貞行為を疑い、現に相手方による不貞行為を疑われてもやむを得ない状況が存在した中で、Cの提案により、抗告人の不満を抑える目的でされたものであることからすると、婚姻継続中ではあるものの、確定的にその帰属を決めたもので、清算的要素をもち、そのような場合の当事者の意思は尊重すべきであるから、本件贈与により本件各不動産はDの有した部分を含め抗告人の特有財産になったと認めるべきである。」とした。

第3章　清算的財産分与　　87

　　イ　夫婦の協力によって維持された特有財産

　夫婦の一方の特有財産であっても、夫婦の協力があったことにより、喪失せずに維持されてきたものは、財産分与の対象となる（賃貸マンションについて、入居者の募集をしたり、修繕をしたり、入居者からの苦情に対応したりするなどの維持管理を続けた例として、東京地判平15・4・11（平12（タ）831））。

　ただし、単なる維持管理だけでは、財産分与の対象とすることはできない（蓮井117頁）。

　なお、夫婦の一方が婚姻前に取得した不動産のローンを婚姻後の収入（夫婦の共同財産）で支払った場合、その返済は不動産の夫婦の一方の特有財産に相当する部分についてもその維持に寄与しているとする裁判例がある（⇒【裁判例39】）。

　また、特有財産であっても、夫婦の生活維持のために拠出された財産は、特有財産としての性質を失い、これによって形成された財産は、財産分与の対象となる。

　　ウ　特有財産の代償財産

　　▶婚姻後に持参金で買った物は、財産分与の対象となるか

　特有財産の代償財産は（例えば、特有財産が失火により焼失した場合、失火者から得た損害賠償金）は、特有財産である。なお、代償財産が保険金である場合、掛金を夫婦共有財産から支出している場合は全部を特有財産とすることはできない。

　特有財産によって取得した財産（例えば、持参金によって購入した自動車）は、特有財産となる。特有財産を売却してその代金で取得した財産も特有財産と同視できる（東京高判昭57・2・16判時1041・73）。

　特有財産である預貯金（持参金）が、預け替えられて現存するときは特有財産でよい。

エ　特有財産の果実

▶婚姻前から有していた株式の配当金は財産分与の対象となるか

　特有財産の果実は、原則として、特有財産である。例えば、特有財産である預貯金の利息金、有価証券の配当金は、特有財産である。

オ　特有財産を運用して得た財産

▶収入が夫婦の一方が相続した不動産の賃料収入だけの場合、その収入で購入した財産は財産分与の対象となるか

▶収入が、夫婦の一方の特有財産からの配当収入だけの場合、財産分与対象財産は存在しないか

▶夫婦の一方の特有財産である個人会社を夫婦で協力して大きくした場合に、その会社の株式等は、財産分与の対象となるか

　（ア）　婚姻後に特有財産を運用して利益を得た場合、単なる果実と異なり、運用という経済活動によって得られる利益であるから、運用という活動に夫婦の協力がある場合は、その利益には、夫婦双方の寄与が肯定される。寄与はもちろん無形の寄与でもよい。

　（イ）　運用が、生計の手段である場合は、運用による利益は、特有財産ではない。

　例えば、大地主が賃料収入で生計を立てている場合、その収入は、不動産賃貸業による利益ということができ、単なる果実ではなく、これによる収入は、妻が専業主婦であっても、夫婦が婚姻中にその協力によって取得した財産となる。夫が、その業務を行うこと自体に妻の貢献があると考えられるからである。ただし、寄与割合において、特有財産が寄与する点を考慮する場合はある。

　（ウ）　なお、無職で相続した有価証券の配当金のみで夫婦が生活している場合、配当金は職業による収入ではないが、夫婦間に、こ

第3章　清算的財産分与　　89

の中からその収入額や地位等を考慮して合理的といえる一定額を生計に充てるという合意があるものと認めることができ、その一定額から形成されたもの、例えば、夫婦の住居として購入された不動産は、財産分与の対象となると考えられる。

　　（エ）　また、夫婦の一方の特有財産が他方の寄与によって増加したとき、例えば、夫が妻の持参金を運用して、その額が増加すれば、その増加部分は、夫婦が婚姻中に取得した財産として、財産分与対象財産ということができる。しかし、妻が、第三者に依頼して運用して増加したのであれば、財産分与対象財産ではなく、第三者への委託に夫が関与しても、それだけではその運用に対する寄与を肯定できず、財産分与対象財産とはならない。

　　（オ）　夫が相続した小規模の会社（非上場、全株式を夫が所有）を夫婦で協力して大きくしてきた場合、株式の価値は、夫婦の婚姻時より大きく増加しているが、この増加に、妻の寄与があるとして株式を財産分与の対象財産とすることが可能か。妻の寄与の態様にもよるが、原則的には、対象とすることはできないであろう。会社の業績や規模の拡大は、経営者の会社に対する貢献によるものであり、妻の寄与は、内助的なものであれば、夫個人への貢献であって、その寄与は、夫の収入（報酬）に反映するだけで、会社の収入に対するものではない。

　会社そのものに対する寄与があるのであれば、それは会社から報酬を受けるべきで、財産分与として夫が支払うという関係ではないといえるからである。ただし、会社の規模等によっては、個人営業の場合と比較して、不公平な結果となる場合がないではない。この場合は、一切の事情として考慮することになろう。

　なお、夫婦で形成した財産が、一方の特有財産である会社の資金等につぎ込まれた場合や会社への貢献に対し会社からそれに見合う報酬

の支払がされていない場合には、それが債権としての形をとっている
のであれば、その債権を財産分与の対象とできるし、そうでない場合
は、会社が個人会社である場合には、その寄与によって、特有財産が
失われずに、あるいは減少せずに維持されてきた（夫婦の協力によっ
て維持された特有財産）と評価することが可能であり、また、特有財
産を運用して得た財産として、寄与により増加ないし維持された部分
を財産分与の対象とする余地はある。実質的な夫婦財産を法人名義と
したことが明確な場合には、これを算定の基礎となる財産に加えると
の説もある（沼田494頁）。

　　カ　特有財産と婚姻中に取得した財産が混在する場合
　　　▶婚姻後の収入による預金の口座に婚姻前から有する株式の配
　　　　当金が入金されている場合、預金残額全額が財産分与の対象
　　　　となるか
　　（ア）　婚姻前から有する預貯金に婚姻中に取得した収入が混じ
り合っている場合、考え方としては二つある。
　　一つは、基準時における額から、婚姻時又は内縁開始時における額
を控除したものを対象となる預金とするものである（⇒【裁判例40】）。
預貯金残額が婚姻時の残額から増減を繰り返し、最低額が婚姻時の残
額より少なくなった後に、最終的に基準時には婚姻時の残額より多額
となった場合、特有財産は基準時に存在していなければならないとの
原則からは、控除する額は婚姻中の残額の最低額とするとの考え方も
ある。しかし、特有財産が婚姻中に払い戻されていたとしても、これ
が存在しなくなったか否かは、取引履歴等を詳細に検討しなければ結
論が出ないし、これを調べることは訴訟不経済といえるから、明確に
存在しなくなったといえない限りは、基準時の額から婚姻時の額を控
除した額とするのが実務的である。
　　二つ目は、特有財産である預貯金と婚姻中に取得した収入が混じり

合った場合、その時点で、特有財産は存在しなくなった（蓮井115頁注12）、あるいは夫婦財産形成のために全額が費消された（山本35頁）と考える見解である。この場合は、婚姻時の特有財産の額を、寄与で考慮することになる（山本35頁）。

　上記二つの考え方は、どちらでなければならないということはない。混在した預貯金の預金期間が長期で家計の支払に供されてきたものであるとか、増減が甚だしい場合には後説によることになろうが、減少したことは一度もなく、増加しただけの場合は、前説が妥当ともいえ、事案に応じて処理すれば足りる。

　　（イ）　婚姻中の収入による預貯金に、特有財産の果実や実家からの贈与金が混入している場合、その具体的な額が認定される必要があるが、これが認められる場合の処理は、前記（ア）と同様に、特有財産からの入金額の合計を特有財産と扱ってその額を控除したものを財産分与対象財産とする扱いと全額を対象財産として特有財産からの入金額を寄与で考慮する扱いがある。

　　キ　特有財産と婚姻中の収入とを併せて不動産を取得した場合
　　　▶婚姻後の住宅購入のために実家から援助を受けたが、その住宅不動産は、全部が財産分与の対象となるか
　　　▶特有財産を頭金とし、その余をローンとして夫婦で支払ってきた場合、特有財産部分と夫婦共同で取得した部分の割合を決めるについて、ローンの金利や、仲介手数料は考慮されるか

　　（ア）　特有財産と婚姻中の収入とを併せて不動産を取得した場合は、概ね三つの考え方がある。

　第1は、特有財産によって取得した財産（代償財産という。）は特有財産であるとのルールから、特有財産を原資とする部分を出捐者の共有持分とする考え方である。

例えば、妻が、不動産取得代金の半分を持参金から出捐したとすれば、2分の1は、妻の特有財産であると考えるものである。この方法を貫くと、財産分与の対象となるものは、妻の持分を除いた残りの2分の1の持分だけである。この考え方の欠点は、妻の特有財産である持分2分の1を、財産分与の対象とできない、つまり、これについて名義を変更できないということである。

また、特有財産からの出捐額が明確でない場合は共有持分が判断できず、この方法は利用できない。

なお、不動産の場合、特有財産を頭金にして、ローン部分を夫婦の収入で支払うという場合も多いが、特有財産部分は購入価格に対する割合として考慮する。取得のために要した費用には、代金部分のほか、仲介手数料、登記手続のための費用等が生じるが、この費用の出捐は、特有財産と実質共有部分の割合を決定する場合には、考慮しないのが通常である。

第2は、実質的な共有部分は、特有財産からの出捐部分（特有財産割合という。）を除く部分であるが、不動産全体を財産分与の対象とする。これにより、上記の例で妻が特有財産により取得した持分2分の1についての名義を財産分与を理由に変更できることとなる。

第3は、財産全体を財産分与の対象とし、特有財産からの出捐は寄与割合で考慮するとの考え方である（⇒【裁判例37】。実家からの援助を寄与割合で考慮したものとして東京地裁平成11年9月3日判決（判時1700・79）（【裁判例51】と同事例））。上記の例で2分の1ルールが適用できる場合、この財産に対する妻の寄与割合は4分の3とすることになろう。この方法では、仲介手数料や現実に支払った金利をも考慮することも不可能ではないが、寄与の判断が複雑となる場合があり、定型の財産一覧表が利用できない場合がある。

実務は、これらの考え方を事案に応じて使い分けている。

第3章　清算的財産分与　　93

　　（イ）　婚姻前に婚姻後の住居とするために不動産を取得し、そのローンは婚姻後に支払ってきた場合、取得の時点では、当該財産及び住宅ローンとも特有財産及び特有（固有）債務であるが、婚姻後、ローンの支払がされると、その支払によって得られた部分は、婚姻後夫婦の協力によって取得された実質的共有財産となり、特有財産と婚姻中に形成した預貯金とを併せて不動産を取得した場合と同じ関係となる（⇒【裁判例38】）。財産分与における実質的共有は物権法上の共有とは異なるものであって、夫婦の寄与によって共有となるものであり、婚姻後に夫婦の一方がその名義で取得した場合、物権法上は、その一方の単独所有であるが、代金の一部を夫婦の財産から支払えばその夫婦の財産で支払った部分が実質的共有とされるわけで、婚姻前に取得された場合であっても、異なる考えをとる必要はない。

　裁判例では、婚姻前に取得された特有財産部分も、その後のローンが婚姻後に支払われることによって、夫婦の協力によって維持された特有財産として、財産分与の対象財産となると考えるものもある（⇒【裁判例39】）。

　なお、婚姻前に取得された財産は夫婦の一方の特有の財産であるから、婚姻中のローンの支払によってその持分が実質的にも移転することはないとして、ローン支払は寄与として考慮するほかないと考えるものもあるが、この場合、他に財産がなければ、財産分与は認められないこととなり、妥当な結論とは思えない。少なくとも、維持に貢献したとして、財産分与の対象とする必要がある。

【裁判例37】　東京高判平7・4・27家月48・4・24
　「婚姻期間中に得られた収入等により夫婦のいずれかの名義又は子供名義で取得した財産は、夫婦の共有財産に当たるもので、財産分与の対

象となることは明らかである。また、特有財産の換価代金と婚姻中に蓄えられた預金等を併せて取得した財産も夫婦の共有財産に当たるもので、財産分与の対象となるものであり、ただ、財産分与の判断をするに当たって、その財産形成に特有財産が寄与したことを斟酌すれば足りるものと言うべきである。（中略）これまで認定した婚姻中の双方の生活状態、特に、被控訴人（筆者注：妻）が控訴人（筆者注：夫）の特有財産及び夫婦共有財産の維持管理に当たって貢献を果たしているものの、（筆者注：控訴人は、）ゴルフ等の遊興に多額の支出をしていて、夫婦財産の形成及び増加にさほどの貢献をしていないこと、夫婦共有財産形成には控訴人の特有財産が大きく貢献していること（中略）等本件の諸事情を考慮すると、財産分与の対象となる金額の約3割6分に相当する2510万円を被控訴人に分与し、その余を控訴人に分与するのが相当である。」

【裁判例38】　さいたま家川越支審平29・4・28（平28（家）380）
　申立人（元夫）と相手方（元妻）は、平成13年婚姻し、平成27年別居し、同年、調停離婚し、その後、申立人が財産分与を求めた事例である。申立人は、相手方との婚姻前の平成8年に自宅建物を1500万円で購入したが、その代金は、600万円を自己資金により、残り900万円（全体の6割）はローンとして、毎月、支払ってきた。その支払額は、①申立人が婚姻前に特有財産で合計約759万円を、②申立人と相手方が婚姻中に共同して合計約620万円を、③相手方がその後に特有財産から合計327万円を返済した。①～③の合計は約1396万円であり、②の共同返済額は全ローン返済額の約5割を占める。審判は、「自宅建物の取得資金のうち住宅ローンの割合（6割）に、全ローン返済額のうち共同で返済した上記②の割合（5割）を乗じると、自宅建物の約3割が夫婦共同財産ということができる。自宅建物の平成28年度の固定資産評価額は282万7305円であるから、その3割である84万8000円が夫婦共同財産である（千円未満四捨五入（中略））。」とし、他の財産と合計の上、その2分の1を分与額とした。

第3章　清算的財産分与　　95

【裁判例39】　東京高決平29・7・20（平29（ラ）1077）

　財産分与が問題となった自宅建物は、抗告人が住宅ローン付きで婚姻前に購入し、その支払を継続してきたものであった。別居後に、抗告人は、特有財産によって残債務を一括返済した。抗告人は、住宅ローンの額はその家賃と同程度にすぎず、ローン返済元金以上に建物価値が下落しているから、婚姻後の住宅ローンの返済は自宅建物の維持に貢献していないと主張した。

　決定は、「当事者の同居期間中の分の住宅ローンの返済は、当事者の夫婦としての経済的協力関係に基づいて行われたものと推認されるから、自宅建物のうち当事者の同居期間中の住宅ローンの返済分に相当する部分は、夫婦の実質的共有財産に当たるものであるし、自宅建物のうち抗告人の特有財産に相当する部分についても、当事者の同居期間中の住宅ローンの返済がその維持に寄与しているというべきである。また、自宅建物の維持とは、不動産としての物理的な効用を保持した場合に限らず、住宅ローンの返済によって名義人である抗告人が担保権の負担のない所有権を取得するのに寄与したことも含まれると解するのが相当であるから、自宅建物について、不動産としての客観的な価値の下落が住宅ローンの返済額を上回ったとしても、そのことのみで住宅ローンの返済が自宅建物の維持に寄与しなかったことになるわけではない。」とした。

【裁判例40】　名古屋家審平10・6・26判タ1009・241

　申立人と相手方は、離婚後、昭和61年7月頃、再度同棲して内縁関係となったが、その後、平成4年2月7日、また別居し、申立人から財産分与の申立てがされた事例である。審判は、預貯金の清算的財産分与について、「本件記録によれば、相手方は、○○信用金庫○○支店に、相手方名義のほか申立人、長男A及び長女Bの各名義の預金を有しており、その残高は、昭和61年7月31日時点で、相手方名義分1619万0249円、申立人名義分1006万0471円、長男A名義分60万円、長女B名義分71万8297円であったが、平成4年1月31日時点では、相手方名義分9709万3277円、申立人名

義分2961万4898円、長男Ａ名義分260万0732円、長女Ｂ名義分283万6395円となったこと、したがって、相手方の預金は、上記二つの時点の間に、相手方名義分で8090万3028円、申立人名義分で1955万4427円、長男Ａ名義分で200万0732円、長女Ｂ分で211万8098円増加したこととなり、増加額の合計は1億0457万6285円となること、他方、相手方は、○○信用金庫に、平成4年1月31日時点で手形貸付債務を6680万円負っていたこと、上記手形貸付は、預金を担保としてなされたこと、以上の事実が認められる。なお、相手方が、昭和61年7月31日時点において負債を負っていたことを認めるに足りる資料はない。これらの事実によれば、上記手形貸付債務は、預金を担保としてなされていることに照らすと、実質的には預金の減少と見るべきであるから、その使途にかかわらず、清算すべき負の資産として、預金の増加額から控除すべきものと解する。したがって、上記の預金の増加額1億0457万6285円から負債額6680万円を控除した3777万6285円が、本件内縁期間中に実質的に増加した相手方の預金であるということができる。」とし、この額を財産分与の対象財産とした。

4　問題となる対象財産

(1)　第三者名義の財産

　第三者名義の財産であっても、実質的に夫婦の協力によって得られた財産は、財産分与の対象となる財産である。ただし、これを、審判において、分与の対象として名義の変更をすることには、執行法上の問題がある。

　　ア　法人名義の財産

　　　▶法人名義の財産は財産分与の対象となるか

　　　▶法人の実態が個人企業と変わらない場合、法人の財産を財産分与の対象とできるか

　　　▶医療法人の出資持分を財産分与の対象にできるか

　　　▶非営利法人の出資持分を財産分与の対象にできるか

第3章　清算的財産分与　　　　　　　　　　　97

　　（ア）　法人名義の財産は、法人の株式や持分権が対象財産とな
っても、個々の財産が対象となるものではない（⇒【裁判例41】・【裁
判例42】）。婚姻後に、法人が設立され、あるいは、その持分権や株式
が取得されれば、その持分権や株式が財産分与の対象であって、その
法人名義の財産は、法人の持分権や株式の評価において考慮される関
係にあり、その意味では間接的に財産分与の対象となるといい得るが、
財産分与の対象はあくまでも持分権や株式であって、法人名義の財産
の帰属を財産分与において変更することはできない。

　　（イ）　ただし、法人の実態が個人経営の域を出ず、実質上夫婦
の一方又は双方の資産と同視できる場合、公平の観点から、法人格否
認の法理の要件を問題とすることなく、法人の資産を夫婦の一方又は
双方の資産として評価して分与の対象に含めるとの説もある（⇒【裁
判例43】）（大津116頁、大阪地判昭48・1・30判時722・84）。

　また、法人格否認の法理の要件を充足する場合に限り、法人名義の
財産をも分与対象財産とする説もある（高木・前掲303頁、福岡高判昭44・
12・24判時595・69）。このほか、夫婦の実質的共有財産を法人名義の資
産としたことが明確な場合に限って、その価額を財産分与の基礎財産
に算入するとの方法も説かれている（沼田493頁）。

　　（ウ）　医療法人は、平成18年法律84号による医療法改正によっ
て、出資持分のある医療法人の設立はできなくなった。そして、医療
法人は、剰余金の配当をしてはならないし（医療54）、解散の際の残余
財産についても、その帰属すべき者は、国若しくは地方公共団体又は
医療法人その他の医療を提供する者であって厚生労働省令で定めるも
ののうちから選定されるようにしなければならない（医療44⑤）ので、
同改正後に設立された医療法人及びその後定款を変更して持分を解消
した医療法人は、出資持分やその社員たる地位を財産分与の対象とす
ることはできないといえよう。

　しかし、同改正前の医療法は、医療法人の剰余金配当を禁じる（医療

54) 一方で、解散した医療法人の残余財産は、定款又は寄附行為の定めるところにより帰属させるとしており（医療56①）、医療法人内に蓄積されてきた剰余金が解散時に残余財産として社員間で分配されることを禁じてはおらず、また退社時に出資の払戻しをすることを禁じる定めも置いていなかったので、同改正前に設立された医療法人（以下「旧医療法人」という。）については、出資持分があり、退社時の持分払戻請求権と解散時の残余財産分配請求権が認められる（医療平18法84改正附則10②）。そこで、この出資持分は、財産分与の対象となる（⇒【裁判例42】）。

　ただし、評価については、性質上考慮すべき点がある（後記5(2)ウ(ウ)参照）。

　　（エ）　非営利法人は、出資持分があり、退社時に出資の払戻しをすることができ、解散の際に、残余財産を社員間で分配するとされている場合には、その持分に財産的価値があり、財産分与の対象となる。

【裁判例41】　東京高判昭57・2・16判時1041・73

　第一審原告（妻）が第一審被告（夫）に対し、離婚と共に財産分与を求めた事例である。第一審原告は婚姻以来専ら家庭にあり、昭和28年頃、第一審被告が自動車整備工場を始めてからは、集金の伝票処理、外注先に対する小切手の発行など経理事務の一部を担当して業務を助けていたが、主として家庭の主婦として家事に従事していたもので、離婚後において生計を維持できる収入の道はなく、現在61歳で十二指腸潰瘍、甲状腺機能低下症等のある病弱な身体である。第一審被告は、自動車整備工場を法人化し、甲野自動車株式会社を設立して、同会社の代表取締役として従前と変わらず同一業務に従事しているが、現在68歳の高齢で病身である。生活は右会社の代表取締役としての報酬月額27万円と所有建物を右会社に賃貸して得られる賃料によっている。なお会社は、昭和54年頃から、不振である。判決は「第一審被告が甲野自動車株式会社の代表

第３章　清算的財産分与　　99

取締役であることは前認定のとおりであるが、同会社が第一審被告と別人格の法人である以上それが如何に第一審被告の個人企業と実質的に異らないものとしても、同会社の資産及び営業利益が法律上当然に第一審被告個人の資産及び利益となるものではないから、これらのものは本件財産分与の対象外というべきである」とした。

【裁判例42】　大阪高判平26・3・13判タ1411・177
　控訴人（夫）は、婚姻届出前から医師免許を有し、婚姻後開業医になり、その後旧医療法人（医療法（平成18年法律84号による改正前のもの）に基づいて設立された医療法人）を設立したが、その後、婚姻共同生活が破綻して別居した。同法人の3000口の出資のうち2900口が夫、50口が妻、50口が夫の母の名義である。医療法人の定款は、退社を可能とし、「社員資格を喪失した者は、その出資額に応じて払戻しを請求することができる」「解散した場合の残余財産は、払込済出資額に応じて分配する」との規定を置く。被控訴人（妻）は、財産分与を求め、本件医療法人の保有資産そのものが財産分与の対象財産になると主張した。これに対し、判決は「本件医療法人は、法人としての実体を有する医療法人であって、多数の通院患者を擁し、従業員を雇用するなどして対外的な活動をしていることが認められるところ、医療法（中略）が、医療法人がその業務を行うに必要な資産を有しなければならない旨を定め（同法41条1項）、医療法人の資産に関して必要な事項を厚生労働省令で定めることとするとともに（同条2項）、剰余金の配当をしてはならないものと定めており（同法54条）、同法41条2項に基づいて制定された医療法施行規則30条の34が、医療法人は、その開設する病院、診療所又は介護老人保健施設の業務を行うために必要な施設、設備又は資金を有しなければならないとしていることを考慮すれば、本件医療法人の保有資産を控訴人と被控訴人という個人間ですべて清算して分配するかのごとき取扱いをすることは相当とはいえない。したがって、被控訴人の上記主張は、採用することができない。」として、その出資口数を、財産分与の対象とした。

第3章　清算的財産分与

【裁判例43】　広島高岡山支判平16・6・18判時1902・61

　一審原告（妻）が一審被告（夫）に対し、離婚、慰謝料、財産分与を求めた事例である。一審原告と一審被告とは、昭和48年に婚姻し、平成9年11月、別居した。一審被告は、昭和44年頃からA自動車の名称で自動車の修理・車検業務等の仕事をし、昭和56、7年頃、自動車販売を中心とする事業をB社の屋号で開始し、昭和61年1月、B社を設立して、一審原告を代表取締役に就任させるなどし、また、平成5年には、不動産管理会社としてC社を設立し、一審原告、一審被告、その子らが取締役等に就任してきた。一審原告は、育児や家事をこなしながら、一審被告の事業を手伝い、その経理事務を担当してきた。控訴審判決は、財産分与に関し、「別紙財産目録記載の各財産は、（中略）、いずれも一審原告と一審被告が本件婚姻中に共同して形成した財産である。なお、（中略）、同目録第1の（番号省略）記載の各不動産はB社名義、同目録第1のその余の各不動産は一審被告名義であり、また、同目録第2の8記載の郵便貯金はB社名義、同目録第2の9記載の郵便貯金は、C社名義のものであったが、B社及びC社は、いずれも閉鎖的な同族会社であり、上記各会社名義の財産の取得原資は一審原告と一審被告の協働によって得られたものであるから、名義にかかわらずこれらも財産分与額算定の基礎財産とすべきである。」とした。

　　イ　家族名義の財産
　　　▶子名義の預貯金は財産分与の対象となるか
　　　▶夫婦の収入が夫の父名義の財産となっている場合に、これを財産分与の対象にできるか
　　（ア）　子名義の財産
　家族名義の財産で、その対象性が問題となるのは、夫婦間の子の名義の財産である。実質的に子に帰属したものは、当然財産分与の対象とはならない。子への贈与の意思が明確であれば、子の財産であるが、

不明確な場合、実質的に夫婦に帰属するかどうかは、その形成の趣旨・目的、管理状況等に照らして判断することとなる。

子の将来の進学に備えてした預貯金は、実質的に夫婦の共有財産といえる（山本8頁）。

また、非常に経済的に余裕のある家庭においては、借名預金であることが具体的に立証されない限り、子名義の預金は財産分与の対象財産ではないとした裁判例がある（大阪高判平26・3・13判タ1411・177（【裁判例42】と同事例））。

　　（イ）　夫婦の協力により取得された財産が、夫婦でなく、その
　　　　　父などの名義の財産とされている場合

例えば、夫婦が、夫の父の家業を手伝っていたにすぎず、その間に分与すべき財産がない場合には、財産分与の対象財産がないから、財産分与の申立ては不適法となる（富山家審昭40・10・22家月18・4・96）。家業に関わる場合であっても、通常は、労働等に対する対価の支払がされているであろうから、そのような場合には他に勤務しているのと同様であり、この結論で差し支えない。

しかし、ほとんど無償で家業に従事した場合、これでは不都合な感がないではない。そこで、夫婦の稼働分は全て夫の父の収入となり、婚姻中夫婦の協力で得た夫婦名義の財産は存しない場合に、「財産分与の対象となる財産は、（中略）法律上は第三者に属する財産であっても右財産が婚姻後の夫婦の労働によって形成もしくは取得されたものであって、かつ、将来夫婦の双方もしくは一方の財産となる見込の十分な財産も含まれると解するのが相当である」とし、夫婦が別居するまでの間に夫の父名義で形成取得した財産中の夫婦の労働による寄与分は夫の父の死亡による相続等で将来夫の財産となる見込みが十分な財産であるから、右財産部分は本件離婚における清算の対象となるとして、その寄与分を賃金センサスにより計算して、財産分与を認めた

裁判例があるが（熊本地八代支判昭52・7・5判時890・109）、相続の際の寄与
分は相続開始前には期待権でさえないので、この論理で財産分与を認
めるのは無理であろう。家業への貢献の態様によって、第三者名義の
財産に対する実体的な持分（物権上の持分）が肯定できる場合か、不
当利得等の請求権が肯定できる場合でなければ、財産分与の対象とす
ることは困難である。このような場合、他に財産分与対象財産があれ
ば、相続の際の寄与分となり得ることを一切の事情として考慮して加
算することができるに止まる。

(2)　専用財産

夫婦の一方の専用のものは、特有財産である。例えば、妻の宝石な
どがある（⇒【裁判例44】）。しかし、高価なものについては、対象財
産とした裁判例もある（ダイヤモンドの結婚指輪及びサファイヤの指輪で合
計80万円と評価されるものについて、東京高判平7・4・27家月48・4・24）。

装飾品や趣味の支出については、多くの場合、夫婦の双方がその収
入に応じた支出を重ねており、夫婦の一方だけが、取得しているとい
うことはない。宝石類など一部高価な物が夫婦の一方に残っていて
も、これのみを財産分与の対象とすることは公平を害することもある。
専用品は、原則として財産分与の対象とならないというべきである。

なお、ゴルフ会員権は、資産としての価値があり、専用財産とはさ
れない。

【裁判例44】　名古屋家審平10・6・26判タ1009・241（前掲【裁判
　　　　　　　例40】参照）

「内縁期間中に申立人が相手方から買い与えられた宝石類は、ネック
レス1点、指輪3点であり、その購入価格は、指輪1点が約80万円、他の指
輪1点が約30万円であったことが認められ、なお、その余の価額は不明で

第3章 清算的財産分与 103

ある。これらの宝石類は、社会通念に従えば申立人の専用品と見られるから、申立人の特有財産であるというべきであり、したがって、本件財産分与の対象とはならない。」

(3) 交通事故の賠償金等

▶交通事故によって得た賠償金は財産分与の対象財産か

▶交通事故によって得た損害保険金は財産分与の対象財産か

交通事故の被害者となり、加害者から損害賠償を受け、あるいは損害保険金の給付を受けた場合は、その給付のうちには、①積極損害、②消極損害、③慰謝料がある。そのうち、③慰謝料については、特有財産と考えられ、②のうちの逸失利益額については、婚姻期間中の部分とそれ以外に分け、前者については、財産分与の対象財産となる（⇒【裁判例45】）。①は、代償財産という位置付けになろう。

【裁判例45】 大阪高決平17・6・9家月58・5・67

「財産分与の対象財産は、婚姻中に夫婦の協力により維持又は取得した財産であるところ、上記保険金のうち、傷害慰謝料、後遺障害慰謝料に対応する部分は、事故により受傷し、入通院治療を受け、後遺障害が残存したことにより相手方が被った精神的苦痛を慰謝するためのものであり、抗告人が上記取得に寄与したものではないから、相手方の特有財産というべきである。これに対し、逸失利益に対応する部分は、後遺障害がなかったとしたら得られたはずの症状固定時以後の将来における労働による対価を算出して現在の額に引き直したものであり、上記稼働期間中、配偶者の寄与がある以上、財産分与の対象となると解するのが相当である。本件においては、症状固定時（中略）から、離婚調停が成立した日の前日である平成15年9月○○日までの284日間の分につき財産分与の対象と認めるのが相当である。」

104 第3章 清算的財産分与

(4) 偶然の利益

ア 宝くじの当選金等

▶夫婦の一方が小遣いで買った宝くじによる当選金は財産分与の対象となるか

▶婚姻前から有していた株式について、株式分割等により無償で得た株式は、財産分与の対象となるか

婚姻後得た偶然の利益、例えば宝くじの当選金、競輪・競馬等の賞金なども、財産分与の対象財産となる（前掲『新注釈民法(17)』409頁〔犬伏〕）。

なお、これらの文献は、株式分割による株数の増加についても、偶然の利益とするが、株式の分割によって会社の資産が増加するわけではないし、通常、株価は分割によって減じるから、分割による株式数の増加は、原則としては、新たに財産を形成したということはできない。特有財産である株式が分割されたなら、分割後の株式は特有財産である。

【裁判例46】は、夫が自分の小遣いで行っていた競馬による利益で購入した不動産について、夫の特有財産ではないがその寄与は大きいとして、妻の生活扶助的要素を加えて売却代金の3分の1を妻に分与した例であり、【裁判例47】は、夫が小遣いで購入した宝くじの当選金を原資として取得した資産について、これを財産分与の対象財産として、夫の寄与が大きいとして、夫6、妻4の割合で分与した例である。【裁判例47】は、宝くじの当選金を原資として取得した資産が、夫の特有財産ではないとした理由として、宝くじの購入代金が夫婦が婚姻後に得た収入の一部である小遣いから拠出されたこと、本件当選金の使途も、毎月、当選金を原資として生活費相当分を拠出したこと等を挙げるところ、宝くじの購入代金は、購入時既に夫の特有財産であったから、

第3章　清算的財産分与　　　　105

これが婚姻後の収入から出ていることは、根拠とならない。その購入
代金を、夫が第三者から得たものであっても結論が変わるとはいえな
い。購入代金はわずかな額であり、購入代金と取得した利益との間に
対価性はないから、全額を無償で得た偶然の利益と考えるべきである。
無償で得た利益は、相続や贈与ではなく、特有財産によって得た利益
でもないから、特有財産にならない。

　そして、夫婦間では、相互に、同等の生活を維持するための生活保
持義務があるという点、また、公平という観点からも、夫婦間の経済
状態等にもよるが、偶然の利益を、これを得た夫婦の一方が独占する
ことは許されず、その利益が夫婦（家族）の生計のために使われるこ
とが求められる関係にあるといえる。このように家族の生計のために
使われるべき収入は、特有財産とはいえないであろう。

　前記決定の理由中に認定されている当選金が生活費として拠出され
てきた等の事実は、本件当選金について、この相当部分が、家族の生
活のために使用されることが求められる関係にあることを示す事情と
いえる。

　なお、偶然の利益を原資として取得した資産について財産分与をす
る場合、取得には、取得した者の寄与があるといえることは多いであ
ろうから、その場合、その寄与を考慮した分割となるが、【裁判例47】
の場合、取得者は、宝くじの当選前、収入の1割程度を小遣いとしてい
たことからすると、宝くじの当選金についても、これを生活のために
費消するにしても、1〜2割は、取得者が取得することも許されよう。
そうすると、分割割合を6対4とした結論は、妥当といえる。

　　イ　拾得した現金等
　夫婦の一方が多額の現金等を拾い、遺失物法によって取得した現金
等を原資とする資産も、宝くじの当選金等と同様に、全部が財産分与
の対象となり、夫婦間の経済状態等から、その取得した利益が家族の

ために費消されることが求められる部分は、財産分与の対象となるといえる。

【裁判例46】 奈良家審平13・7・24家月54・3・85

申立人（元妻）と相手方（元夫）は、昭和51年12月4日に婚姻届をし、平成11年11月22日、協議離婚した元夫婦であり、その間には長女○子、長男○○がある。申立人は、現在肩書地のマンションで子供二人と同居し、現在ホームヘルパーをして月収約15万円を得ている。長女は会社員で月収約10万円を得ているが、長男は学生でしばらく学費の援助が必要である。相手方は、大学卒業後、株式会社○○建設に入社し、昭和57年から昭和61年までの間香港に勤務したが、昭和60年頃、香港で購入した馬券が偶然当たって万馬券となり、日本円で1億9000万円もの利益を得た。相手方は、この一部を寄付したりしたが、莫大な資産が残ったため、昭和62年9月頃、その一部を利用して、申立人ら家族の居住用に本件物件を約8000万円の即金で購入した。

「本件で財産分与の対象となる財産は本件物件のみである。相手方は、本件物件は相手方が自分の小遣いで購入した万馬券を換金して得られた資産が原資であるから、相手方の特有財産として財産分与の対象にならないと主張するが、この万馬券は夫婦の婚姻中に購入されたものであるし、本件物件はもともと夫婦及び家族の居住用財産として購入され、現に12年もの間夫婦の生活の本拠として使用されてきたものであること、万馬券というのは射倖性の高い財産で必ずしも相手方の固有の才覚だけで取得されたものともいえないこと、万馬券が相手方の小遣いで購入されたものであるとしても、小遣いは生活費の一部として家計に含まれると考えることができること、これらの理由から本件物件を相手方の特有財産とみるのは相当ではない。しかしながら、本件物件を相手方の特有財産とみることはできないとしても、万馬券という射倖性の高い臨時の収入については相手方の運によるところが大きいので、本件物件取得については相手方の寄与が大きいことを認めるべきである。他方、本件物件での夫婦の共同生活が約12年に及んでおり、その間に申立人が専業主婦として本件物件の維持、管理について一定の寄与をしたことも否

第3章　清算的財産分与　　107

定できない。また、前記（中略）のとおり、申立人は今後自分の生活の
みならず長男の面倒も見なければならないのに、婚姻中ずっと相手方の
希望により専業主婦であったため、相手方に比し収入を得る方法が限ら
れていることは否定できず、現在もホームヘルパーとして稼働している
が、その収入は月額約15万円にとどまっていることを考えると、ある程
度申立人の生活扶助的な要素を考慮する必要もある。これらの事情、そ
の他本件に現れた一切の事情を総合すれば、申立人に対し本件物件の3
分の1を分与するのが相当である。」とした。

【裁判例47】　東京高決平29・3・2判時2360・8
　原審相手方（夫）は、病院に勤務し、毎月の収入約35万円のうち2ない
し3万円程度を小遣いとし、このうち、毎月2000円程度を宝くじの購入に
充てていたが、その宝くじの当選により約2億円を得た。その後、原審相
手方は、婚姻後に取得した自宅建物の住宅ローン約2000万円を本件当選
金により完済し、平成20年頃には、勤務先の病院を退職し、トレーダー
として本件当選金の運用を図ったものの、資産運用による利益が生じな
かったため、原審申立人には本件当選金を原資として毎月30万円と年2
回50万円を交付し、これにより家族の家計を賄ってきた。その後、原審
相手方は、再度病院に勤務するなどし、毎月の給料約25万円と本件当選
金から毎月5万円を原審申立人に交付し、これにより家族の家計を賄っ
てきた。決定は「これらの事実によれば、本件当選金を得たC（筆者注：
宝くじ）の購入資金は、原審申立人と原審相手方の婚姻後に得られた収
入の一部である小遣いから拠出されたこと、本件当選金の使途も、同人
ら家族が自宅として使用していた本件土地建物の借入金約2000万円の返
済に充て、原審相手方が勤務先を退職してからは、毎月、本件当選金を
原資として生活費相当分を拠出したこと等が認められる。そうすると、
Cの購入資金は夫婦の協力によって得られた収入の一部から拠出され、
本件当選金も家族の住居費や生活費に充てられたのだから、本件当選金
を原資とする資産は、夫婦の共有財産と認めるのが相当である。（中略）
原審相手方名義の預貯金、保険、不動産、前渡金等、対象財産のほぼ全

部について、本件当選金が原資となっているところ（中略）これらの事情に鑑みれば、対象財産の資産形成については、原審申立人より原審相手方の寄与が大きかったというべきであり、分与割合については、原審申立人4、原審相手方6の割合とするのが相当である。」

(5)　将来給付される退職金等

　ア　将来給付される退職金が財産分与の対象財産となる理由

　退職金、退職手当が財産分与の対象財産となるのは、退職金が労働の事後的対価、賃金の後払いであるという点に求められている。労働の対価、賃金である以上、財産分与の対象となり得る（⇒【裁判例51】）（水戸家竜ケ崎支審平9・10・7家月50・11・86）。退職金が、報償的性格、生活保障的性格を併せ持つとしても、この点は、退職金の財産分与対象性を否定することにはならない。

　理事、会社役員等の退職慰労金については、委任契約によるものであるが、委任事務の処理等に対する報酬であるから、財産分与の対象となり得る。ただし、これについては、労働の対価と違い、基準時現在で蓄積された額があるとはいえず、支給自体も会社の業績が影響したり、理事会、取締役会等の承認や議決を要することが多いので、将来の支給時の額を認定できないことが多い（⇒【裁判例54】）。

　他方、退職時に支給される金員についても、退職後の生活保障のための給付については、労働の対価ではないと評価されることもあるが（⇒【裁判例49】）、早期退職のための加算金や整理解雇に伴う退職金の増額部分も、これに婚姻中の寄与が肯定できる場合には、必ずしも、対象とならないとはいえない。

　イ　財産分与の対象となる退職金

　　▶どのような退職金が財産分与の対象となるか

第3章　清算的財産分与　　　　　　　109

　▶退職が10年以上先でも、その退職金は財産分与の対象となる
　　か

　▶将来、勤務先が倒産する可能性がないではないのに退職金が
　　財産分与の対象となるか

　（ア）　退職金、退職手当など退職の際に支給される給付金につ
いては、支給の蓋然性が高い場合に、財産分与の対象となる（⇒【裁
判例48】）。なお、既に支給されたものは、基準時に存在すれば、現金、
預貯金等として、財産分与の対象となる。

　どのような場合に蓋然性が高いかは、勤務先の性質、支給根拠の有
無等を考慮して判断される。就業規則（賃金規定）等に支給の規定が
あれば、原則としては、清算の対象とすることができる。この場合、
減給、解雇、勤務先の倒産といった将来の不確定要素をどのように考
慮すべきか問題となるところ、将来の不確定要素があることを理由に、
分与額を確定せず、これを現実の受領額の一定割合とする裁判例もあ
るが（⇒【裁判例53】）、最近の実務は、将来の不確定要素は、その蓋
然性が高い場合を除き考慮する必要はないとする。また、懲戒解雇の
ように本人の責任によるものは、基準時後に自らの行為によってその
権利を喪失したものであるから、考慮する必要はない（懲戒免職の可能
性は原則考慮するに及ばないとするものとして、松倉耕作「判批」判時1715号198
頁（2000）、蓮井124頁注23ほか）。

　　（イ）　支給までに相当の期間（10年以上）がある場合、特に私
企業の場合には、支給の蓋然性が低くなるとして、財産分与の対象と
できないという見解が従前は有力であったが、最近の実務は、支給が
相当先であっても、退職金が賃金の後払い的性質を有するものとすれ
ば、勤務期間に応じてその額が累積していると考え（蓮井124頁注23）、
対象財産とする。

　　（ウ）　退職慰労金については、支給規定により額を算出できれ

ば、これによる額を対象とすることができる。理事会、取締役会等の議決が要件となっていることが多いが、これにより減額ないし不支給となる蓋然性は、義務者の方で立証することとなる。

　ウ　対象となる退職金の額の算定
　　▶財産分与の対象となる退職金の額はどのように計算されるか
　　▶退職金は別居時より将来の支給時の方が、算出の基準額や支給率が高くなるが、この点は財産分与の対象となる額を算出する上でどのように考慮されるか

　（ア）　退職金給付額算出の型
　退職金には、退職時における額が、あらかじめ確定している確定給付型と、企業が拠出する額のみ確定していて、退職時に支払われる額は、運用実績に従うものとされ、確定していない確定拠出型がある。前者には、①基本給連動方式（退職時の基本給に勤続年数に応じて定められた支給率を乗じる方式）、②定額方式（基本給に関係なく勤続年数に応じた額に、退職事由に応じた係数を乗じる方式。これにさらに、貢献度を加味した係数を乗じる場合もある。）、③ポイント方式（基本給に関係なく、資格等級や役職に滞在した年数等を、ポイントとして累積し、退職時にそのポイントに1ポイント当たりの単価を乗じる方式）があり、後者には、④基本給連動方式（基本給の一定割合を拠出金に上乗せし、その累積額に運用率を乗じる方式）、⑤定額方式（役職にかかわりなく、拠出額が定額の方式）、⑥資格等級若しくは役職別定額方式（資格等級若しくは役職ごとに拠出額が定額の方式）等がある（小島妙子『Ｑ＆Ａ　財産分与と離婚時年金分割の法律実務―離婚相談の初動対応から裁判手続まで』85頁以下（民事法研究会、2018））。確定拠出型は、拠出額に運用率を乗じて算出することになる。

　（イ）　算定の時点
　算定の時点は、基準時である。

第3章　清算的財産分与　　111

　基準時における退職金の額のうち、その婚姻期間（又は同居期間）に対応する額が財産分与の対象となる部分である。財産分与の対象となるのは、基準時までに累積された退職金であるからである。

　具体的な算定方法は、基準時に自己都合で退職したと仮定した場合の退職金の額から婚姻時までに蓄積された額（婚姻時に退職したと仮定した場合の退職金の額）を控除した額である（⇒【裁判例48】）。勤続年数によって退職金の算定の率が変わらない場合は、基準時までの在職期間における婚姻期間の割合となる（在職期間の割合によって算出した例として⇒【裁判例50】）。

　将来の退職時点の額しか判明しない場合は、その額の婚姻期間に対応する額から中間利息を控除した額とする。

　なお、退職時における退職金見込額を基準とする方法もある。退職金は、勤続期間が長ければ支給率が上がるとされることも多いので、これを考慮した方法と考えられる。しかし、基準時以降の勤続には配偶者の寄与はないし、基準時における清算という点からは、ここまで考慮する必要はないのではないかと思われる。この方法による場合、退職時までの在職期間のうち、その婚姻期間（又は同居期間）に対応する額が対象となる。この場合、支払時期を即時とする場合、実際に支給されるであろう時期までの中間利息を控除することとなる（⇒【裁判例51】）。

> **【裁判例48】**　東京高決平10・3・13家月50・11・81
> 　相手方（元妻）からした財産分与申立事件である。抗告人（元夫、婚姻時27歳）と相手方は、昭和47年2月1日婚姻し、平成7年8月23日、協議離婚した。抗告人は、18歳の時から、○○株式会社（元国営企業）に勤務し、離婚時において、勤続33年であった。決定は、「将来支給を受ける退職金であっても、その支給を受ける高度の蓋然性が認められるときには、これを財産分与の対象とすることができるものと解するのが相当で

ある。そして、本件においては、抗告人の勤務する企業の規模等に照らして、抗告人が退職時に退職金の支給を受けることはほぼ確実であると考えられる。抗告人は、退職時期は、不確定であり、死亡する可能性もあると主張するが、退職金のうち財産分与の対象となるのは、婚姻期間に対応する部分であって、離婚後のどの時点で退職しようと、財産分与の対象となる退職金の金額は変わらないのであるから、抗告人が主張するような事情は考慮する必要はない。」とし、退職金規程による計算、月額基本給40万円×（離婚までの勤続年数33年の支給率54－婚姻以前の勤続年数10年の支給率15）による1560万円から所得税及び市町村民税の概算合計額30万円を控除し、これに相手方の寄与率40％を乗じて、612万円と計算し、「抗告人は、相手方に対し、抗告人が○○株式会社から退職金を支給されたときは、612万円及びこれに対する同支給日の翌日から支払済みまで年5分の割合による金員を支払え。」と命じた。

【裁判例49】 東京家八王子支審平11・5・18家月51・11・109

　申立人（元妻）から、平成9年1月31日の協議離婚後、財産分与を求めた事例である。相手方（元夫）は、C株式会社の代表取締役であったが、同社が平成7年5月にB株式会社に合併されて部長待遇となったため、従前の相手方の給与額を維持する趣旨で毎月35万円の給与の補填を受けていたところ、離婚後の平成10年1月5日に、B株式会社がD株式会社に合併され、B株式会社が解散することとなった。その結果、相手方が従前に受けていた給与の補填がなくなることになり、その調整のため、同日付けで向こう2年間分の給与の補填として、D株式会社から相手方の銀行口座に914万4000円が振り込まれた。この振込金が、財産分与の対象となるかどうかが争われた。

　審判は、「相手方が914万4000円を取得したのは、離婚後約1年を経過した時点であり、かつ離婚時にはその支給が決定されていなかったものであり、しかも支給の趣旨は勤務先の合供に伴う相手方の爾後2年間の生活補償というものであるから、この支給時期、態様及び趣旨からして、

第3章　清算的財産分与　　113

同金員が財産分与の対象となる退職金あるいは功労金に該当すると認めることはできない。」とした。

【裁判例50】　東京家審平22・6・23家月63・2・159

　夫（相手方、審判時56歳）は、信用金庫職員で、定年は満60歳（定年に達した日の翌日）という事例である。審判は、「財産分与の可能な相手方の管理する財産の有無、分与の方法、割合について検討するに、上記認定事実によれば、相手方は○○信用金庫に30年以上勤務していることが認められ、相手方が同金庫を退職した場合は退職金の支給を受ける蓋然性が高いということができる。したがって、相手方の受給する退職金は、財産分与の対象となる夫婦の共同財産に当たると解される。（中略）したがって、本件においては、別居時に自己都合退職した場合の退職金額（平成20年○月○日に自己都合退職した場合の退職金額983万6500円）に同居期間（昭和58年○月から平成20年○月までの294か月）を乗じ、それを別居時までの在職期間（昭和53年○月から平成20年○月までの362か月）で除し、更に50％の割合を乗じるのが相当と解される。

　　別居時自己都合退職金額×同居期間÷別居時までの在職期間×0.5

　　9,836,500×294÷362×0.5＝3,994,379

　以上によるならば、相手方は、申立人に対し、○○信用金庫から退職金の支給を受けたときは、そのうちの399万4379円を分与すべきである。」とし、「相手方が○○信用金庫から退職金を支給されたときは、399万4379円を支払え」と命じた。

【裁判例51】　東京地判平11・9・3判時1700・79（後掲【裁判例101】
　　　　　　　参照）

　原告（夫）と被告（妻）は、昭和48年5月8日に婚姻した夫婦であり、平成7年5月3日、被告が、当時家族で住んでいたマンションを出て、単身で実家に身を寄せ、別居した。原告が離婚を請求し、原被告双方が、財

産分与を求めた事例である。退職金が財産分与の対象となるか否かが争われた。原告は、昭和58年3月に現在勤務しているA株式会社に入社した者で、平成17年9月29日には定年退職の予定であるが、原告の定年退職時の予想される退職金額（ただし、昇給分は未算定、勤続年数分のみ加算）は929万円となる。判決は、「思うに、いわゆる退職金には賃金の後払いとしての性格があることは否定できず、夫が取得する退職金には妻が夫婦としての共同生活を営んでいた際の貢献が反映されているとみるべきであって、退職金自体が清算的財産分与の対象となることは明かというべきである。問題は将来受け取るべき退職金が清算の対象となるか否かであるが、将来退職金を受け取れる蓋然性が高い場合には、将来受給するであろう退職金のうち、夫婦の婚姻期間に対応する分を算出し、これを現在の額に引き直したうえ、清算の対象とすることができると解すべきである。

これを本件についてみると、原告は昭和58年3月に現在の勤務先に入社し平成17年9月に定年退職予定であるところ、前記認定の事実によっても、右入社当初から別居に至った平成7年5月までは、原告と被告の夫婦としての婚姻生活が継続していたと認めるべきである（中略）。また、原告は平成11年2月時点で退職した場合でも、すでに699万円の退職金を受け取れるとされているし、原告の供述及び弁論の全趣旨によれば、原告が現在の勤務先の会社に6年後の定年時まで勤務し、退職金の支給を受けるであろう蓋然性は十分に認められる。そうであるとすれば、原告としては、退職時までの勤務期間総数271か月（昭和58年3月から平成17年9月まで）のうちの実質的婚姻期間147か月（昭和58年3月から平成7年5月）に対応する退職金につき、中間利息（法定利率5パーセント）を複利計算で控除して現在の額に引き直し、その5割に相当する額を被告に分与すべきである。」として、188万円が分与されるべきであるとした。

エ　分与の時期
▶退職金が支払われるのは将来であるが、これを分与する場合の財産分与の支払はいつか

第3章　清算的財産分与　　115

▶分与時期を将来と決めたときに考慮するべきことは何か

（ア）　退職金は将来支給されるものであるから、義務者がこれを支払う時期が問題となるが、原則としては、離婚に当たっての清算であるから、即時に支払うべきものである。義務者に支払能力があるときは、これによるのが相当である。

（イ）　他方、支給を受けた時点での支払を命じるものもある（⇒【裁判例48】・【裁判例50】）（広島高判平19・4・17家月59・11・162）。相手方の支払能力が十分でない場合や、支払時期が相当先である場合、支給の有無が明確でない場合に利用される。ただ、この方法による場合は、退職時期が明確でない場合や義務者が中途退職した場合に、権利者がその時期を覚知できない場合があり得る。その保全のためには、退職前にこれを条件付き権利として、仮差押えを考慮することになろうか（民保20②）。

なお、支給を受けた時点での支払を命じる場合、実際に支給される額が勤続年数の増加によって増額することになる点を捉えて、額を増額する例もある（⇒【裁判例52】）。

（ウ）　ところで、支給を受けた時点での支払を命じる場合に、その支給額を確定的に予測をすることが困難であるとして、「あらかじめ特定の額を定めるのではなく、実際に支給された退職手当の額（退職手当に係る所得税及び住民税の徴収額を控除した額）を基礎として、退職時までの勤続期間に基づいて定まる割合を乗じて得られる額とすべきである」とし、退職手当支給額（手取額）に乗じるべき退職時期を変数とする計算式を定め、これにより定まる金額を退職時に支払うよう命じた事例がある（⇒【裁判例53】。他に、【裁判例54】も、「退職金を受領したとき、その受領金額の2分の1を支払え」との主文である。）。この判決による強制執行について、同判決の無署名コメントは、「退職の事実と退職金手取額の支払の事実とが、民事執行法27条1項

にいう『債権者の証明すべき事実』に当たると解されるから、同項に基づき、退職日及び退職金手取額を明記した条件成就執行文を付与すべきことになる」というが、他方「退職時の金額がいくらになるのか分からないので、任意の支払がされない場合、直ちに強制執行することはできず、改めて確定金額で債務名義を取得する必要が生じる」と評釈されており（大塚正之「判批」別冊判タ25号114頁（2009））、後者の解釈が一般的であろう。

【裁判例52】　名古屋高判平12・12・20判タ1095・233
　控訴人は、税務職員であり、被控訴人と別居した平成8年11月までの勤続年数は23年であり、退職した場合、国家公務員退職手当法によって、退職手当が支給されるが、別居時の控訴人の俸給額を基にして、同法に従って試算してみると、その額は2785万7610円となる。控訴人の定年は、平成21年3月31日であるという事例である。判決は「控訴人への退職手当給付は、控訴人の退職時になされるものであるから、控訴人指摘の支給制限事由の存在、さらには、将来退職したときに受給する退職手当を離婚時に現実に清算させることとしたときには、控訴人にその支払のための資金調達の不利益を強いることにもなりかねないことも勘案すると、被控訴人に対する控訴人の右退職手当に由来する財産分与金の支払は、控訴人が将来退職手当を受給したときとするのが相当である。」とし、その上で、「控訴人が将来定年により受給する退職手当額についても、控訴人が被控訴人と婚姻して別居するまでの間の勤続分が含まれ、右勤続の間に被控訴人の妻としての協力（いわゆる内助の功）があったことは前記のとおりであるところ、控訴人が将来定年退職した時に受給できる退職手当額のうち被控訴人との別居までの婚姻期間である15年に対応する額1160万7337円は、控訴人が現在自己都合により退職したときに受理できる退職手当額のうち右婚姻期間分に対応する額である907万1124円に比べて相当に増額となる関係にあるので、右のことは、民法766条3項の「その他一切の事情」として、控訴人が退職手当を受領するときに被控訴人に対して支払うべき財産分与の額を定めるに当たって、これを考

第3章　清算的財産分与　　117

慮することとする。」とし、その分与額を増額し、主文で、控訴人に対し、「国家公務員退職手当法（昭和28年法律第182号）に基づく退職手当の支給を受けたとき、550万円を支払え。」と命じた。

【裁判例53】　大阪高判平19・1・23判タ1272・217

　控訴人（妻）と被控訴人（夫）との間の離婚請求事件において、控訴人から財産分与が請求され、その対象財産として被控訴人の退職手当が問題となった事例である。被控訴人は、○○公庫の職員であり、30年8か月勤続し、定年まで勤務したとしても5年以内に退職することが見込まれている。判決は、「被控訴人が○○公庫を退職したときは、被控訴人に対し、規程に基づく退職手当が支給されることには、ほぼ確実な見込みがあるといえる。そして、退職手当には勤労の対価の後払いの性質があり、かつ、婚姻から別居までの期間は、15年5か月余りで、控訴人が、その間、専業主婦として、被控訴人の勤務の継続に寄与してきたと認められることからすると、被控訴人が支給を受ける退職手当には、少なくともその一部には、夫婦が共同して形成した財産としての性質があり、これを考慮して、退職手当の支給額の一部を財産分与することが相当と認められる。しかし、実際に支給される退職手当の額は、なお、定年まで5年程度の期間があることを考えると、それまでの間に退職手当の算定基礎である本俸が変動することにより、あるいは退職事由の如何により、相当程度変動する可能性が残されている。ちなみに、規程では、自己都合退職の場合、定年退職の場合の2分の1程度に減額される可能性もある。更には、退職手当に関する制度自体に変更が生ずる可能性もないとはいえない。そうすると、本件の場合において退職手当を財産分与するについては、あらかじめ特定の額を定めるのではなく、実際に支給された退職手当の額（退職手当に係る所得税及び住民税の徴収額を控除した額）を基礎として、退職時までの勤続期間に基づいて定まる割合を乗じて得られる額とすべきである。そして、この割合は、（中略）実際の支給額のうち勤続期間30年に対応する額に、勤続期間30年分の退職手当額についての控訴人の寄与割合4分の1を乗じた金額とすべきである。」とした。

第3章　清算的財産分与

【裁判例54】　横浜地判平9・1・22判時1618・109

　原告は、昭和58年10月、○○市内にある乙山学園高等学校に就職し、同年12月、理事となり、昭和61年4月からは常任理事に昇格し、平成6年12月末日に常任理事を辞めて理事となった。同学園においては、常任理事を退職した際に退職金が支給されるが、その具体的金額の計算と支給自体は、常任理事退職後理事に止まった場合には、理事を退職した時点で最終的に金額を計算した上、理事会の承認のもとに支給される扱いとされていた。原告の場合、特段の事情のない限り、右理事会の承認のあることを前提として、2191万7500円が支給される可能性が高い。被告の財産分与請求について、判決は、「退職金の持つ性質や右に見た同学園の常任理事在職期間と婚姻期間との関係等に徴すると、将来原告が取得する退職金は二人の共有財産であって、被告はその2分の1を原告から分与を受けるのが相当と認められる。しかし、原告が同学園から退職金を確実に取得できるかは未確定なことであり、その金額も確定されてはいないから、現時点では原告から被告への確定金額の支払を命じることは相当でない。そこで、本件においては、『将来原告に乙山学園からの退職金が支給されたとき、原告は被告に対し、その2分の1を支払え。』と命ずるのが相当と認められる。」とした。

(6)　保険金

　　▶生命保険金は財産分与の対象となるか

　生命保険については、基準時における解約返戻金の額を対象財産とする。婚姻前の保険料の支払がある場合は、婚姻時の解約返戻金の額が判明すれば、これを控除する方法によるが、これが不明の場合は、契約期間の内の同居期間で按分する。

　なお、保険からの借入金がある場合、返戻金はこれを控除したものとなるが、その借入れが、債務者の個人的なものである場合は、財産分与において考慮すべき債務でないので、借入れの目的を確認し、考

慮できないと判断される場合は、借入額を加算した額を財産分与の対象とする。

学資保険についても、基準時における解約返戻金の額を対象財産とする（山本8頁）。

(7)　年　金

▶年金は財産分与の対象となるか

ア　厚生年金・共済年金

厚生年金は、主として被用者が加入する厚生年金保険法に基づく公的年金である。共済年金は、国家公務員、地方公務員、私立学校教職員が加入する公的年金であり、平成27年、厚生年金に一元化された。

厚生年金、共済年金については、年金分割制度が設けられたので、これを財産分与の対象として考慮する必要はなくなった。

イ　確定給付企業年金

確定給付企業年金法に基づき設置された企業年金である。給付額があらかじめ確定しており、企業が運用の責任を負い、運用結果が悪ければ、企業が不足分を保障する。規約型と基金型があり、規約型は、企業が、生命保険会社若しくは信託銀行と契約をし、規約に基づいて定期的に掛金を拠出し、生命保険会社・信託銀行が運用から給付までの管理を担当する。基金型の確定給付企業年金は、企業年金基金と称する特別法人を設立し、法人格を持った基金が、管理・運用・給付を行う。掛金は、原則として、企業が全額負担する。給付は、年金又はこれに代わる一時金として支給される。定年前に中途退職した場合は、脱退一時金が支給される。

退職金の分割払と見ることができ、財産分与の対象となる（蓮井125頁、小島・前掲99頁）。具体的に対象となる額は、基準時における脱退一時金又は年金に代わる一時金の婚姻期間に対応する額である。

ウ　確定拠出年金

　確定拠出年金法に基づく私的年金であり、個人又は事業主が拠出した資金を個人が自己の責任において運用の指図を行う（確定拠出1）。支給額は、運用実績によるので、事前には確定しない。

　企業型年金と個人型年金がある。企業型年金は、企業が、単独で又は共同して実施する年金制度である。掛金は、企業は、年1回以上、定期的に拠出し、加入者も年1回以上、定期的に自ら掛金を拠出することができる（確定拠出19）。運用は、確定拠出年金運営管理機関が政令で定められた複数の方法で運用し（確定拠出23）、加入者等は、個人別管理資産について運用の指図を行う（確定拠出25）。給付には、老齢給付金、障害給付金、死亡一時金の3種類があり（確定拠出28）、老齢給付金は、年金として支給されるが、企業型年金規約でその全部又は一部を一時金として支給することができることを定めた場合には、一時金として支給されることができる（確定拠出35）。

　この年金は、個人別に管理される資産であり、退職金の前払の性質を有するものであり、財産分与の対象となる（蓮井125頁、小島・前掲104頁）。具体的に対象となる額は、基準時における年金資産残高（評価額）の婚姻期間に対応する額である。その額は、確定拠出年金運営管理機関に照会すれば分かる。

　個人型年金は、個人が掛金を拠出したものであり、預貯金と同様に財産分与の対象となる。

エ　個人年金

　個人年金は、保険会社や銀行、証券会社等が販売する保険商品・金融商品であり、その内容は、貯蓄的なものから、老後保障的なものまで、様々なものがある。これらは、一般の保険契約の場合と同様に、基準時における解約返戻金を分与対象財産とすればよい。

第3章　清算的財産分与　　121

　(8)　資格・地位

　　▶夫が医師や弁護士等の専門資格を取得するに際して妻がその
　　　労働収入等によってこれを支えたことは、財産分与において
　　　考慮可能か

　資格、地位、例えば、医師や弁護士等の専門資格を無形の財産とし
て、財産分与の対象とできるかどうかについては、一般的に否定され
る（東京地判平19・3・28（平15（タ）987・平18（タ）1））。その資格や地位を
財産として評価することは困難だからである。夫婦の一方が専門資格
を取得するために要した期間中、他方がその収入で生活を支えた場合、
この点は、形成した財産に対する寄与として考慮されることになるが、
形成した財産がないときは、分与の対象たる財産がないのであるから、
考慮できない。事情により、扶養的財産分与が可能となるにすぎない
であろう（アメリカ合衆国の例について、棚村政行「専門資格と離婚給付」判タ
臨時増刊656号152頁（1988）参照）。

5　対象財産の評価

　(1)　評価の基準時

　確定された分与対象財産の評価は、原則としては、分割時、裁判に
よるときは分割に最も近い時期である裁判時（口頭弁論終結時又は審
判時）となる。

　(2)　評価の方法

　通常の財産評価の方法によることとなるが、問題になるものを、以
下に述べる。

　　ア　不動産

　不動産の時価は、固定資産評価証明書や不動産業者の査定書等によ
ることが多い（山本28頁）。基準時後、分与までに処分された不動産に
ついては、不当廉売の場合を除き、売却代金から手数料等を控除した

手取額とすることが多い（山本29頁）。

建物の場合、敷地利用権（借地権）付きであれば、この価額を加えることとなる。敷地が一方配偶者の親族の所有地であって、これを好意で使用している場合、婚姻中に夫婦が協力して取得した財産ということはできないとして敷地利用権は分与対象財産に含まれないとする裁判例がある（東京地判平5・2・26判タ849・235）。これは、敷地利用権は、一方の特有財産としたものである（山本33頁）。

住宅ローンの返済が終わっていない不動産については、残額を控除したものを評価額とすることも多い（山本34頁、本沢241頁）。ただし、実務では、当該不動産が債務の担保となっていないこともあるし、債務者が物件の名義人と一致しないこともあるので、債務額を控除した額を不動産の評価額とするのではなく、物件と債務は別に扱う（それぞれを財産一覧表に掲げる）のが一般である。

　イ　預貯金

基準時の残額による。その後の入金や払戻しは考慮しないのが原則である。ただし、分与時の評価としては、金利が付された額（分与時の残高）とすることが多い。

基準時である別居時以降の婚姻費用等に支出されたものは、婚姻費用の清算として考慮することになる。この趣旨で、婚姻費用として払い戻された額を控除した額を財産分与の対象とする場合もある。

基準時の前に多額が払い戻されている場合があるが、その場合、その使途を合理的に説明できなければ、存在するものと扱う。ただし、その時期が相当前であれば、額にもよるが、別居の準備として隠匿しているなどの事情がない限り、費消されずに存在しているとは認めにくい。

また、預貯金が、夫婦が負担する債務の担保となっている場合、その債務を控除した額を財産分与の対象財産とすることになる（⇒【裁判例55】・【裁判例59】）。

第3章　清算的財産分与　　123

【裁判例55】　東京高決平29・6・30判時2372・20

協議離婚後、原審申立人（元夫）から相手方（元妻）に財産分与を求めた事例である。財産分与の対象となる財産は、夫婦共有名義の不動産（評価額4073万円）があるが、これには、住宅ローン5630万8895円があり、これを担保とする抵当権が設定されているほか、相手方名義の預金5659万8826円がその担保となっていた。決定は「上記預金は担保とされ、その預金額と住宅ローン債務額はほぼ同じであるから、離婚時の財産分与の対象となる資産としては、これらを併せて評価し、預金、債務とも0とする。」とし、その上で、上記不動産及び他の財産分与対象財産の評価額合計を折半した額を双方の分与額とした。

　　ウ　株式、法人の持分等

　　　▶非上場の株式はどのように評価するか

　　　▶医療法人の出資持分は財産分与の対象となるか

　　　▶医療法人の出資持分の評価はどのようにするか

　　　▶中小企業協同組合法による企業組合の持分の評価はどのようにするか

　　　▶農業協同組合の持分の評価はどのようにするか

　　（ア）　市場価格のある株式

　株式の市場価格のあるものは、その口頭弁論終結時又は裁判時の時価による。

　　（イ）　取引相場のない株式

　その評価が争われるときは、これを明らかにする方法としては、公認会計士による鑑定があるが、その費用が低くないことから、財産分与の手続では、余り用いられない。

　評価の方式としては、①純資産方式（会社の総資産価額から債務と

法人税などを控除した純資産価額を発行済株式数で除した額とする。）、②配当還元方式（会社の配当金額を基準として、これを発行済株式数で除した額とする。）、③類似業種比準方式（会社と類似する業種の事業を営む会社群の株式に比準して評価する。）、④収益還元方式（将来の予想年間税引後利益を資本還元率で除したものを発行済株式数で除して評価する。）があり、これを会社の性質や規模で使い分ける。

相続税務上は、当該相続人がいわゆる同族株主になる場合、大会社は類似業種比準方式（選択により純資産方式も認める。）、中会社は類似業種比準方式と純資産方式との併用方式、小会社は純資産方式によるとされている。同族株主にならない場合は、配当還元方式によるとされている（評基通179参照）。これを参考にすることが多い。

（ウ）　医療法人等

前記4(1)ア(ウ)のとおり、平成18年の医療法改正前に設立された医療法人(旧医療法人という。)の出資持分は財産分与の対象となるので、その評価が必要となる。その評価は、原則的には、純資産価額によることとなるが（最判平22・7・16判時2097・28は、従業員100人以上の旧医療法人について、年利益金額及び純資産価額を類似業種のそれと所定の方法で比較した上、類似業種の株価に比準して評価する方法（類似業種比準方式）を採ることに合理性があるとしている。）、医療法は、医療法人は業務に必要な資産を有しなければならないと定め（医療41①）、剰余金の配当をしてはならないと定める（医療54）などしているから、社員には、退社時の持分払戻請求権と解散時の残余財産分配請求権しかないところ、社員が有する持分によっては、退社は容易でなく、これらの権利が具体化できるのは、かなり将来のことということができ、その評価に当たっては、この点を考慮する必要がある（⇒【裁判例56】）。

第3章　清算的財産分与　　　125

　　（エ）　企業組合等

　中小企業等協同組合法に基づき設立された企業組合の持分について
も、財産評価基本通達は、純資産価額（相続税評価額によって計算し
た金額）を基とし、出資の持分に応ずる価額によって評価するとして
いるが（評基通196）、これを参考にすることになると思われる（相続税課
税のための評価について名古屋地判平15・9・18判タ1160・131）。

　　（オ）　農業協同組合等

　農業協同組合等では、原則として、払込済出資金額によって評価す
る（評基通195参照）。

【裁判例56】　　大阪高判平26・3・13判タ1411・177（前掲【裁判例
　　　　　　　42】参照）

　被控訴人（妻）が控訴人（夫）に対して財産分与を求めた事例であり、
判決は、旧医療法人の出資持分が財産分与の対象となるとした上で、「控
訴人名義の出資持分2900口のほか、形式上控訴人の母が保有する出資持
分50口及び被控訴人名義の出資持分50口の合計3000口が財産分与の対象
財産になるものとしてその評価額を算定し、控訴人が被控訴人名義の出
資持分について財産分与を原因として控訴人に対する名義変更を求める
旨の附帯処分の申立てをしていないことを考慮して、対象財産の総額に
被控訴人の寄与割合を乗じて得た金額から、被控訴人名義の出資持分の
評価額を控除する方法によって最終的な財産分与額を算定するのが相当
である。」とし、「次に、本件医療法人の出資持分の評価額を算定するに
当たっては、収益還元法によって出資持分の評価額を算定し得るような
証拠が提出されているわけではなく、純資産価額を考慮して評価せざる
を得ない（最高裁平成22年7月判決参照）。もっとも、医療法（平成18年
法律第84号による改正前のもの）に基づいて設立された医療法人につい
ては、社団たる医療法人の財産の出資社員への分配については、収益又
は評価益を剰余金として社員に分配することを禁止する同法54条に反し
ない限り、基本的に当該医療法人が自律的に定めるところに委ねており、

本件医療法人のように医療法人の定款に当該法人の解散時にはその残余財産を払込出資額に応じて分配する旨の規定がある場合においては、同定款中の退社した社員はその出資額に応じて返還を請求することができる旨の規定は、出資した社員は、退職時に、当該医療法人に対し、同時点における当該法人の財産の評価額に、同時点における総出資額中の当該社員の出資額が占める割合を乗じて算出される額の返還を請求することができることを規定したものと解されるところ、こうした返還請求権の行使が具体的な事実関係の下においては権利を濫用するものとして制限されることもあり得る（最高裁平成22年4月判決参照）。また、弁論の全趣旨によれば、控訴人は、当分の間、本件医療法人において医師として稼働する意思を有していることが認められ、形式上も96.66パーセントの出資持分を保有する控訴人が、現時点において本件医療法人に対して退社した上出資持分の払戻を請求するとは考えられない。さらに、将来出資持分の払戻請求や残余財産分配請求がされるまでに本件医療法人についてどのような事業運営上の変化などが生じるかについて確実な予想をすることが困難な面がある。こうしたことを考慮すれば、本件医療法人の純資産評価額の7割相当額をもって出資持分3000口の評価額とするのが相当である。」

エ　無体財産権

　無形財産については、その収益力を基本に評価することになる。その5年分を対象とした例がある（著作権の印税収入について⇒【裁判例57】）。無体財産権そのものを収益還元方式等で算出する方法であろう。

【裁判例57】　名古屋高決平18・5・31家月59・2・134
　抗告人（妻）が相手方（夫）に財産分与を求めた事例である。決定は、「本件各記録によれば、相手方は、平成5年から平成11年までの間6冊の著作物を出版しており、その印税として少なくとも月額2万円程度の収入を得ていたこと、抗告人は、上記各書物の出版にあたり、語句の訂正

第3章　清算的財産分与　　127

等の作業を手伝うなどしたことが認められる。上記各書物の出版は、婚姻中に相手方の執筆によってされたものであるから、離婚時までに婚姻費用として費消された分はともかく、離婚後の印税収入は、婚姻中の労働による収入として本来財産分与の対象となるとするのが相当である。そして、相手方が将来にわたってどの程度の印税収入を得るのかは不明であることを考慮し、抗告人の寄与割合を2分の1として、上記印税額を前提とした離婚後5年間の印税収入120万円の半額である60万円を相手方から抗告人に分与するのが相当である。」とした。

6　財産分与における債務の扱い

(1)　債務の財産分与対象性

ア　財産分与の対象性

　債務は、これを負担する行為をしたものが負担するのが原則であり、日常家事債務のように、法律が特に規定するもの以外は、夫が負担した債務は夫の債務であって妻の債務ではない。しかし、夫婦の一方が負担した債務についても、離婚の際に清算すべきかどうかが問題となる。説は分かれている。

　清算的財産分与は、離婚時ないし婚姻関係破綻時に存在する財産を清算する制度であるから、債務を財産分与の対象とするものではないというのが多数説である（惣脇美奈子「離婚と債務の清算」判タ臨時増刊1100号54頁（2002）、本沢241頁、松谷5頁）。これに対し、債務も財産分与の対象とすべきとする積極説も有力である。実務は、積極説の裁判例も散見されるが（東京地判平11・9・3判時1700・79は、債務の帰属を主文に掲げていることから、積極説とうかがえる。）、大勢は債務は財産分与の対象としない消極説に与している。

　しかし、消極説も、債務を独立して財産分与の対象としないというだけで、債務を全く考慮しないということではない。財産分与の対象

となる積極財産の形成のために負担した債務などについては、これを考慮する。

　　イ　積極財産が皆無である場合

　財産分与は夫婦が形成した積極財産を分割する制度であるという立場からは、夫婦で形成した積極財産が存在せず、債務だけの場合には、財産分与の対象財産がないから、財産分与の申立ては理由がなく、不適法であり、財産分与は認められないということになる。このような申立ては、審判手続には載せることができない。

　しかし、積極財産と消極財産がある場合は、全体としてマイナスであっても、積極財産は、その帰属を決める必要がある場合など財産分与の対象とすることができる場合はあり、その場合、分与の過程で消極財産を考慮することとなる。

　なお、調停手続では、公平という観点から、柔軟な運用が求められ、債務の負担を決めるという財産分与も認めることができよう。

　　ウ　固有債務の弁済に対する貢献

　　　▶夫婦の一方が婚姻前に負担していた債務など固有の債務を婚姻後に弁済した額は財産分与で考慮されるか

　夫婦の一方が婚姻中に負担した個人的な債務について、夫婦が共同して弁済をした場合、これを財産分与において清算した例はある（⇒【裁判例58】）。

　しかし、弁済額そのものは債務として残っているものでさえなく、財産分与の対象となるものではない。これは一般的には、形成された財産に対する寄与として考慮されるべきものというべきである（山本24頁注65）。ただし、積極財産がない場合には、考慮のしようがない。

【裁判例58】　名古屋地判昭49・10・1判時786・68

　原告（妻）が被告（夫）に、離婚と共に離婚慰謝料、財産分与を求め

第3章　清算的財産分与　　129

た事例である。被告は、昭和45年2月頃から同年5月頃にかけて勤務会社の旅客誘致員として集金した金額263万2950円を、会社に入金せず自己の賭事等の遊興費として費消した。原告は被告と協力してその返済を行い、その額は、遅延損害金を加え合計230万8195円であった。財産分与の対象となる積極財産はない。原告は、財産分与として、弁済した額の2分の1に相当する115万円の支払を求めた。判決は、原告の財産分与の主張について、「その主張の趣旨に照らし、これは民法第768条所定の財産分与請求のうちの夫婦財産の清算たる内容をもつものと解すべきところ、この額については、前記認定のような被告において費消した約230万円を原被告双方が協力して完済した経緯、前記説示の慰藉料の額、その他本件における一切の事情を考慮し、これを115万円と定めるのが相当である。」として、被告に対し、慰謝料100万円を加えた215万円の支払を命じた。

(2)　財産分与において債務を考慮すべき場合

　通説、実務も、財産分与において考慮すべき債務があることを認める。3種類がある。

　ア　資産形成のために生じた債務

　　▶夫婦の一方が投資で失敗して作った借金は、財産分与で考慮されるか

　考慮される債務としては、まず、積極財産を形成するために負担した債務が挙げられる（松谷7頁、山本14頁）。その例としては、居住用不動産を取得するについて負担した住宅ローンが典型的であるが、増改築費用として負担した債務も考慮される。積極財産が家業によって形成された事例では、その家業のために負担した債務も考慮すべきである。投資用財産など何らかの財産を取得するために融資を受けたような場合は、その財産を対象とするならば、そのために負った債務も考慮する（秋武＝岡182頁）。ただ、投資に失敗して債務のみとなっている場合は、考慮できない。

イ　家計維持のための債務

▶夫婦の一方がギャンブルで作った借金は、財産分与で考慮されるか

　家計を維持するために負担した債務は、夫婦が共同で負担したものであり（山本14頁）、また、家計の維持は資産形成に優先すべきものであるから、これも考慮することになる（松谷7頁）。医療費などの不時の出費のためにした借金、生活費が不足したことによってした借金や子の教育資金を捻出するために借りた教育ローンなどがその例である。他方、ギャンブルによる借金、趣味のために生じた借金、身内や友人に融資するための借金、相続債務など個人的な債務は考慮されない（山本14頁、秋武＝岡182頁）。

　家計を維持する債務は、婚姻維持のための債務（秋武＝岡182頁）、共同生活を営む上で生じた債務（二宮周平『新法学ライブラリー9　家族法』96頁（新世社、第4版、2013））と言われる場合もあるが、概ね同じ内容を示していると思われる。これらの債務は、日常家事債務を超えるものであってもよい（秋武＝岡182頁、二宮・前掲96頁）。

ウ　預金を担保とする債務

　預金を担保とする債務は、その債務名や使途にかかわらず、預金の減少として扱われる（⇒【裁判例59】）。

【裁判例59】　名古屋家審平10・6・26判タ1009・241（前掲【裁判例40】参照）

　「手形貸付債務は、預金を担保としてなされていることに照らすと、実質的には預金の減少と見るべきであるから、その使途にかかわらず、清算すべき負の資産として、預金の増加額から控除すべきものと解する。」

第3章　清算的財産分与　　131

(3)　債務の負担割合

　ア　夫婦の一方の債務を他方が負担する根拠

　日常家事債務については夫婦の連帯責任とされているので（民761）、夫婦の一方が負担した債務が、日常家事債務である場合には、他方もその責任を負うが、それ以外は責任を負わない（大津123頁）。

　債務を清算の対象とすることができるとする根拠は、債務も財産分与の対象となるとの立場からは財産分与の規定を根拠とすることができる。そうでない立場は、この規定を類推するほかないが、債務は財産分与の対象とならないという立場を貫く以上は、類推も否定するのが筋であろう。他に、夫婦間の財産関係を組合類似の関係とみると、清算に組合理論を適用できるが、婚姻関係を財産関係に限っても組合に類すると見ることは無理がある。

　債務は財産分与の対象とならないという立場からは、清算を理由に、一方の債務を他方に負担させる理由はない。

　しかし、現実には、公平な結論を導くためには、債務の帰属や負担割合を考慮せざるを得ない場合がある。審判手続では、財産分与は裁判所がこれを裁量によって決定し得る制度であるから、債務の性質によって、財産分与において考慮する必要がある債務については、公平の見地から裁量によって負担者及び負担割合を決めることができよう。

　イ　負担割合

　▶婚姻中に負担した債務は、離婚の際、平等に負担することになるか

　（ア）　債務の負担割合については、清算という視点からは、基本的には、寄与度（責任度）によって決めるということになるが、債務自体は財産分与の対象とはせず、財産分与に当たって、公平の見地

から考慮するので、負担割合は、債務の性質を考慮した上での債務負担の原因、経緯等をも考慮して決めるべきである。負担割合は、財産形成に対する寄与の場合と同様、特段の事情がない限り平等とするべきであるとの裁判例があるが（東京地判平11・9・3判時1700・79（【裁判例51】と同事例））、賛成できない。夫婦別産制の下では、原則は、あくまで債務の名義人以外は責任を負わないというべきである。

　　　（イ）　家計維持のための債務は、夫婦が共同で負担したということができるものであり、夫婦ともに利益を得ていることから、原則として平等負担と考える説がある。しかし、その内容は婚姻費用というべきものがほとんどであるから、婚姻費用の清算という意味で双方が分担するものと考えられる。その分担割合は、婚姻費用が、その資産、収入その他一切の事情を考慮して決められることからすると（民760）、必ずしも平等負担となるものではない。

　そこで、収入ないし、必要経費ということができる公租公課や職業費等を控除した基礎収入の比が具体的な基準となろう。債務は、収入を超えた部分に生じるものであるからその分担は収入の比にはならないという反論もあろうが、債務は弁済が予定されており、その弁済は、収入によるのであるから、収入を基準にすることは不合理とはいえない。もちろん、債務の生じた原因には様々なものがあるから、常に収入ないし基礎収入の比になるというわけではなく、資産、収入にその債務が生じた原因等を考慮して負担割合を決めることとなる。日常家事債務は、夫婦の連帯責任であるが、これは内部分担まで規律するものではない。

　債務の分担割合について、妻が夫に無断でサラ金からした借金について、妻の責任が大きいとした例がある（⇒【裁判例60】）。

　　　（ウ）　資産形成のために生じた債務については、日常家事債務ではないから、その責任を負う者は、債務の名義人だけである。しか

し、その債務が資産形成の対価である場合は、資産と共に考慮すべきである。例えば、住宅ローンにより不動産を購入し、住宅ローンが残っている場合、不動産の価額から住宅ローンを控除したものを財産分与の対象とする（本沢241頁、秋武＝岡182頁）。この点は、控除の考え方、仕方について学説によって違いはあるが、いわゆるオーバーローンでない場合については、結論としては一致している。債務を控除したものを当該不動産の評価とする考え方からは、当然に控除することとなるが、実務は、物件と債務は別に扱い、その上で、売買物件の対価は取得者（買主）が支払うのが当然であり、当該財産を夫婦の実質的共有とする以上は、その対価であるローンは夫婦の共同負担となるという意味で控除することになると考える。

　債務がオーバーローンとなっている場合については、後記(4)を参照のこと。

　　（エ）　夫が自営業を営み、妻が主として専業主婦であった場合に、その形成した財産には、その額がそれほど多額でなければ、積極財産から債務を控除した残額に2分の1ルールが適用されるのであるが、事業が振るわず、マイナスとなった場合、そのマイナス部分の負担割合は必ずしも折半ではない。積極財産に2分の1ルールが認められるのは、専業主婦であっても家事労働等を含む有形無形の貢献があったことによるのであるが、債務のみ残っている場合に、その債務が生じたことに専業主婦であった妻の責任があったとは必ずしもいえないからである。

　　（オ）　調停における合意の場合も原則は同様である。夫婦間に債務しかない場合には、財産分与の余地はないが、この場合でも、調停においては、合意により、債務を清算することがあり得る。夫婦別産制からは、一方の債務について他方が支払義務を負うのは、日常家事債務しかないが、公平の見地から、清算して然るべき場合はある。

その負担の基準については、財産分与において考慮すべき債務の負担の基準と変わるものではない。

家計維持のための債務は、婚姻費用の清算という意味で、その資産、収入その他一切の事情を考慮して（民760）、負担する。収入の比が具体的な基準となろう（上記（イ）参照）。

資産形成のための債務は、その不動産を取得する者が全額を負担する。処分した場合は、原則として名義人が負担する。

家業従事型で債務のみ残った場合は、経営に関与した者が全額負担すべきである（上記（エ）参照）。

個人的な債務は、その債務を負担した者が負担すべきである。

調整的基準として、その債務によって利益を得た者は、その利益に応じてある程度の負担はすべきである。

【裁判例60】　東京家審昭61・6・13家月38・10・33

協議離婚した申立人（元妻）から相手方（元夫）に対する財産分与請求の事例である。申立人は、昭和51年頃から、相手方に無断でいわゆるサラ金等から借金をするようになり、返済に窮し、次第にサラ金等からの借金が増加し、親族からも金員を借り受け、昭和58年夏頃になって、序々にこれらの借金の存在が相手方の知るところとなり、他から借り入れるなどして、夫婦でその返済を続けてきたが、離婚時において、夫婦で責任を持つべき債務として、585万円が残っている。審判は、「これらの借金の原因について、申立人は、相手方の収入が少なかつたこと及び相手方が家計を省ず自動車や付合いに多額の費用を支出したためと主張している。しかし、一件記録によると、相手方の収入が高くないことは明らかであるが、当時の標準生計費と比較してもサラ金等から借金をしていかなければ生活できない額であつたとは認められない。また、相手方が、家計に対する認識が甘く、自己の収入の割に自動車や付合いに金をかけたと思われるふしもあるが、これとても、サラ金等から借金をしなければ家計が成り立たないという事情がわかりさえすれば容易にその

是正を図つたであろうと推測できる。しかるに、申立人は、昭和48年こそ相手方に対し給料が足りない旨を話した程度で、サラ金等から借金をしなければ生活が成り立つていかないというような説明はおろか、家計が苦しいといつたことも以後相手方に一切説明することなく、相手方に無断で慢然とサラ金等から借金を重ねたものである。したがつて、膨大化した借金については、家計に無関心であつた相手方にも責任はあるものの、申立人の責任の方が大きく、その責任の割合は、申立人7、相手方3と考えるのが相当である。」とし、「残債務額585万円のうち、7割の410万円については、申立人が責任を負つてしかるべきものである」として、夫婦が婚姻期間中に協力して得た積極財産の半額から申立人が負担すべき額を控除した150万円を申立人に分与するとした。

ウ　債務の考慮の仕方

債務を財産分与において考慮する場合、前記のように債務の負担割合が積極財産の寄与割合と必ずしも同じでないことからすると、これを考慮して、それぞれが財産分与によって取得すべき額を算出する必要がある。

（ア）　積極財産に対する寄与割合と考慮すべき債務の負担割合が同じ場合には、債務の総額を積極財産の合計から控除する方法となる（大津124頁、松谷7頁、山本15頁）。

申立人が分与を受ける額
＝ ｛（申立人名義財産の合計－申立人名義の債務の合計）＋（相手方名義財産の合計－相手方名義の債務の合計)｝×申立人の寄与割合－申立人が取得する財産＋申立人が負担する債務

（イ）　積極財産に対する寄与割合と考慮すべき債務の負担割合が異なる場合には、当事者ごとに積極財産の取得分と債務の負担分を算出して前者から後者を控除する方法となる。

申立人が分与を受ける額
＝（申立人名義財産の合計＋相手方名義財産の合計）×申立人の寄与

割合－（申立人名義の債務の合計＋相手方名義の債務の合計）×申立人の負担割合－申立人が取得する財産＋申立人が負担する債務

（ウ）　財産や債務が複数であって、財産や債務ごとに寄与割合、負担割合が異なるときは、財産ごとにその形成のために生じた債務を控除するなどの方法をとることとなる。

積極財産の合計に寄与割合を乗じてそれぞれの積極財産から取得すべき額を算出し、他方で債務総額に責任割合を乗じて各自が負担すべき債務の額を算出し、それぞれ積極財産から取得すべき額から負担すべき債務の額を控除したものをその取得額とした例として【裁判例60】がある。

（エ）　債務が分割債務であって、基準時（原則別居時）後も弁済が続けられて、債務残額が減少している場合、考慮する債務は、積極財産と同様に基準時における債務である。基準時後の支払は、通常特有財産からの弁済となるが、当該不動産を取得する者が支払う場合は、特に考慮する必要は生じない。支払った者以外の者が当該不動産を取得する場合は基準時後の支払額を清算する。基準時後の弁済により取得した部分を特有財産として処理することも考えられるが、この場合、不動産価額が取得時より低くなっているのが通常であるので、清算される額が実際の支払額より低くなる。

住宅ローン付きの不動産が複数あって、不動産ごとに、持分の割合や債務の負担割合が異なる場合などは、それぞれの不動産ごとの純資産額を算出し、これを合計するという方法もあり得る。

(4)　いわゆるオーバーローンの財産の財産分与

ア　財産分与申立ての可否

夫婦の実質的に共有である唯一不動産がいわゆるオーバーローン状態にある場合、結局、夫婦が形成した財産は皆無であるから、金員の支払を求める財産分与の申立ては認められない（本沢241頁ほか）。返済

第3章　清算的財産分与　　　137

したローンの額の一部分担を求める場合や、残存債務の分担を求める場合などがあるが、いずれも、その申立ては不適法となる（⇒【裁判例61】・【裁判例62】）。不動産の名義がいずれにあっても同様である。

　しかし、不動産が共有名義である場合などに、財産分与として、登記を一方の単独名義に移転するなど、積極財産の帰属を求める場合は、必ずしも不適法となるわけではない。これが認められる理由としては、どちらかが当該不動産を利用する必要がある点を捉えて、扶養的財産分与と考える見解もあるが、利用を必要とする者に扶養の必要性がない場合は、この理由では説明できない。債務は、例外的に考慮するわけであるから、積極財産がある場合にこの部分を財産分与の対象とすることは、清算的財産分与としても可能であろう。

【裁判例61】　東京高決平10・3・13家月50・11・81（前掲【裁判例48】参照）

　抗告人名義の借地上の建物（固定資産税評価額約800万円）があるが、これには2件の住宅ローン（合計約2900万円）の抵当権が設定され、その債務額は160万円程度しか減少していないという事例である。相手方は、上記建物について債務を差し引いても1000万円の価値はあるとして、これと将来取得する退職金の合計の2分の1の額の財産分与を求め、原審は、退職金について財産分与を認めたほか、上記建物の住宅ローンの返済金の2分の1の40万円と借地権取得のために出捐した費用の2分の1の30万円を財産分与として相手方への支払を命じた。これに対し、抗告審は、「夫婦の協力によって住宅ローンの一部を返済したとしても、本件においては、当該住宅の価値は負債を上回るものではなく、住宅の価値は零であって、右返済の結果は積極資産として存在していない。そうすると、清算すべき資産がないのであるから、返済した住宅ローンの一部を財産分与の対象とすることはできないといわざるをえない。」とした。

【裁判例62】 大阪高決平20・7・9（平20（ラ）569）

相手方が婚姻中自己所有地上にその名義で1500万円のローンを組んで居宅を建築したが、離婚時において、居宅の評価は609万円であり、ローン残額は1455万円であったという事例である。原審は、オーバーローンの場合、一方が専断的に負担したなどの特段の事情がない限り、債務も財産分与の対象となり、住宅ローンは夫婦双方が責任を持つべきであるとし、抗告人は、今後その全額の責任を負う相手方に対し、オーバーローン額の概ね3分の1に相当する280万円を支払うべきとし、その支払を命じたが、抗告審決定は、「本件居宅は、離婚時において、846万円程度のオーバーローン状態にあったことになる。このような場合、住宅の価値は零であって、積極財産として存在していないといわざるを得ない。そうすると、清算すべき資産がないのであるから、残存する住宅ローンの一部を財産分与の対象とすることはできないというべきである。」として、原審判を取り消し、相手方の財産分与申立てを却下した。

　イ　不動産の名義変更・引渡しを求める場合
　　▶オーバーローンの住宅を引き取る場合、オーバーローンも全額引き受けなければならないか

　夫婦が形成した唯一の財産がオーバーローンである場合であっても、財産分与として、その不動産の名義の変更を求めることは、許される（⇒【裁判例63】）。また、オーバーローンの不動産について、一方が占有している場合に、他方が、財産分与として当該不動産の分与を求め、その明渡しを求めることは可能である（⇒【裁判例65】）。

　オーバーローンの不動産を一方に帰属させる場合、そのオーバーローンの処理が問題となる。

　オーバーローンの不動産について、一方がその全持分を取得する場合、その取得のために負担した債務を、どのように負担すべきかは、考え方に争いがある。一つは、オーバーした部分は、夫婦双方が負担

第3章　清算的財産分与　　139

するという考え方であり、他は、債務の全額を当該財産を取得する者が負担するという考え方である。

　オーバーした部分は、夫婦双方が負担するという考え方は、清算という側面から、夫婦は、積極財産も消極財産も同じ割合で取得ないし負担しているものとして、差し引きして積極財産が残ればこれを分与割合で分割することになり、債務が残ればこれも同じ分与割合で負担すると考える。また、不動産全部を夫婦の実質的共有財産と扱う場合は、全部の対価を夫婦の資金で支払ったと扱うべきで、それは、残債務を夫婦共同の債務とすることとなるともいい得る。

　しかし、この考え方は、不動産購入後短期間で離婚が問題となった場合、不動産価額は既に中古品であって、多くは、オーバーローンとなるので、その不動産を取得しない者に不動産代金の一部を負担させることになって公平でない結果を招くことになり、採用できない。

　オーバーローンの場合は、資産ゼロであって、これを財産分与の対象としないのが原則であり、この場合は、代金を夫婦が共同で支払うものと扱う必要はなく、残代金債務は、その名義人が負担することになる。通常は、取得する不動産の名義人と債務の名義人は一致するので、不動産を取得する者がその代金の全部を支払うということになる。不動産の買主名義（登記名義）と債務の名義が異なる場合、代金を支払う者が実質的に所有権を取得するというべきであるから、事案により、どちらかを最終的な取得者として、その者に債務を負担させることになる。

　相手方の実質的持分を残債務の額で取得すると考えた場合、オーバーローンの場合には、その時点での評価以上の価額で取得することとなるが、財産分与における評価は、市場価格であるものの、特定の不動産を新たに取得する場合、必ずしも市場価格で取得できるものではないから、不動産を取得する者が、相手方持分の市場価格を超えた額

で取得するとしても、必ずしも不合理な負担を求めるものではない。その不動産と共に債務全額を負担したからといって、不動産を取得する以上、購入代金の支払をするだけであるから、不利益もない。不動産の取得を求める者にとっては、その取得に、現に利益があるからであり、かつ将来の利用利益等もある。他方、当該不動産を取得しない者にとっては、債務の負担を免れるだけで利益が残るものではない。

これらの点から、特段の事情がない限り、その物件の取得者がその形成のために負担した債務の全額を負担するとするのが、公平であると考える（⇒【裁判例64】・【裁判例65】）。

【裁判例63】　名古屋高決平18・5・31家月59・2・134

抗告人（元妻）から相手方（元夫）に対する財産分与申立てにおいて、財産分与の対象として、共有名義のマンション（本件マンション）と相手方名義の預貯金等合計311万8265円が存在するが、本件マンションは、評価額（固定資産評価額）2090万8143円であるものの、清算時点における相手方名義の住宅ローンの残額2383万4453円があり、約300万円のオーバーローンとなっているという事例である。決定は、「本件マンションは婚姻中に購入されたものであるから夫婦共有財産といえるが、本件マンションには、本件住宅ローンを被担保債務とする抵当権が設定されており、上記のとおり、清算時点における本件住宅ローンの残債務額は本件マンションの平成12年度の固定資産評価額を上回っており、結局、本件マンションの財産価値はないことになる。そして、前記（原審判）のとおり、本件マンションは、抗告人と相手方との共有であるところ、これをそのままにした場合には、将来、共有物分割の手続を残すことになることから、抗告人と相手方のいずれかに帰属させるのが相当であるところ、本件マンションについての本件住宅ローンがいずれも相手方名義であり、相手方が支払続けていること、その財産価値が上記のとおりであること、その他、抗告人の持分割合（6分の1）等を考慮すると、抗告人の上記共有持分全部を相手方に分与し、相手方に本件マンションの所

第3章　清算的財産分与　　　141

有権全部を帰属させるのが相当である（中略）。」とし、相手方名義の預貯金等合計311万8265円について、その2分の1である155万9132円（1円未満切捨て）を相手方から抗告人に分与するとした。

【裁判例64】　大阪高決平17・5・31（平16（ラ）854）

　協議離婚後に抗告人（元妻）と相手方（元夫）との間で財産分与が争われ、財産分与の対象財産として土地（相手方名義）及びその地上建物（抗告人名義、土地建物をあわせ「本件不動産」という）があるが、双方がその取得を求めた。本件不動産の評価は2300万円であるが、その取得のための債務の残額として金融機関A及び抗告人の父Bに対して合計4425万円があり、その内、金融機関からの債務には本件不動産に抵当権が設定されている。相手方には、本件不動産を住居とし、かつ自己の営業である建築事務所として使用しており、今後もその使用を継続する現実的利益があった。決定は、本件不動産を相手方に分与するものとし、「これらの債務は、対外的には、相手方を主たる債務者ないし単独債務者とするものであるが、抗告人との内部関係においてみれば、夫婦共同財産である本件不動産を取得するために負担した夫婦共同の債務とみることができる。ところで、相手方は、別居後、本件不動産の使用を単独で継続し、かつ、上記のとおり、本件財産分与の結果として、相手方が単独で本件不動産を取得し、その利益を独占することになるのであるから、上記債務については、別居後は勿論、今後においては、抗告人との関係においても、相手方が全て単独で負担すべきものとしなければ平仄が合わないものというべきであり、すなわち、これらに関する抗告人の責任は、全て解消されるべきものというべきである。そこで、相手方に本件不動産を取得させることの不可分の反面として、抗告人は、上記両債務につき、相手方との内部関係において一切の負担を免れるものとし、その旨を明示することとする。」とし、主文に、本件不動産に設定された抵当債務、Bに対して負担した貸金債務につき、それぞれ、「抗告人と相手方の間では、抗告人は一切責任を負わない」と掲げた。

【裁判例65】　大阪高決平21・2・20（平21（ラ）74）

　抗告人（元妻）が相手方（元夫）に、財産分与を求めた事例である。住宅である本件不動産以外に財産分与対象財産はない事例であり、本件不動産は、時価は約1450万円であるが、抗告人及び相手方の共有名義であり、かつ両名を債務者とする住宅ローン残額約2560万円がある。現在、相手方が居住している。相手方には、住宅ローンを支払い続ける資力、収入はなく、抗告人が、その取得を希望し、住宅ローンも自らが全部負担する旨を申し出ていた。決定は、「本件不動産は抗告人に分与し、かつ、住宅ローンについても抗告人の負担とするのが相当である。抗告人が、本件不動産の所有権を取得するとともにその債務を負担するとすれば、オーバーローンの部分を負担することになるが、本件不動産に居住を続けることができるという現実の利益があり、他方、相手方は、本件不動産から退去しなければならないという不利益が生じるもので、その均衡を考えれば、住宅ローンの全部を抗告人の負担としても不当なものではない。」とした。

　　ウ　オーバーローンの不動産の処分清算

　　▶処分後残った債務は平等負担か

　オーバーローンの不動産を処分した場合、債務しか残らないが、この債務そのものを財産分与の対象とすることはできない。しかし、調停の場では問題となることがしばしばある。

　このような債務について、夫名義の債務を専業主婦の妻に分担することを命じた判例はないといわれている（二宮・前掲99頁）。また、清算という観点から、理論的には、積極財産の分担だけでなく、消極財産の分担を認めるのが公平であるとの立場をとりながらも、処分した残債務の分担を妻に請求できるかについて、妻が専業主婦で離婚後債務を分担して生活することが難しい場合、負担が過重となる額を扶養的財産分与として考慮し、その結果として債務を分担しないとする見解もある（梶村太市ほか『家族法実務講義』155頁（有斐閣、2013））。

第3章　清算的財産分与　　143

　清算だからといって、夫婦平等とはしていないのが実務である。分担を認める場合にも、債務が形成された経緯のほか、双方の資産・収入状況をも考慮して処理している。

　オーバーローンの不動産を処分した場合、処分者（所有名義人）を取得者として債務全部を負担させることが考えられるが、処分清算の場合、取得者には取得による現実の利益があるなどの取得者が代金全額を支払うべきであるとする結論の妥当性がやや薄くなる。翻って考えると、住宅ローンには、住居確保の支出という側面がある。そうすると、処分して残った債務については、家族の生活のために生じた債務という側面を肯定できる。この点からは、家計維持のための債務と同様に、収入を基準とした分担が導かれる。この結論は、実務の処理と近いと思われる。

　オーバーローンの不動産を処分して、債務しか残らない場合の債務の分担については、家計維持のために生じた債務と同様に、その資産、収入等を考慮し、具体的には、収入の比を基準に分担するとの結論を採りたい。

　(5)　オーバーローン不動産以外の財産分与対象財産がある場合の
　　　通算の可否

　　ア　他の財産との通算の可否

　オーバーローンの不動産以外の財産分与対象財産があれば、当然財産分与は可能である。この場合の財産分与の方法として、オーバーローンをも通算するという考え方、すなわち、対象財産の合計価額を算出する際に、債務の全額を積極財産の価額から控除する（通算）という考え方（⇒【裁判例67】・【裁判例68】）と、通算せず、オーバーローンの財産は財産価値ゼロとし、他の財産のみを分割するという考え方とがある（⇒【裁判例61】・【裁判例63】・【裁判例66】）。

144　　第3章　清算的財産分与

　その物件の取得者がその形成のために負担した債務の全額を負担するという考え方をとると、通算しないとの考え方になる。しかし、当該物件のほかに相当の財産が形成されているような場合、債務を早期に弁済することが可能であったはずで、このような場合には通算するのが公平ともいえる。通算する方法は、積極財産及び消極財産（ただし、財産分与として考慮可能なものに限られる。）を財産一覧表に記載して、積極財産から消極財産を控除した額を寄与割合で分割するという実務の一般的な財産分与の方法に沿うものである。裁判例は分かれている。

【裁判例66】　大阪高決平19・5・31（平18（ラ）585）
　協議離婚した抗告人（元妻）から相手方（元夫）に財産分与を求めた事例である。財産分与の対象となることが検討される財産として本件土地建物（本件不動産）、預貯金、生命保険解約返戻金等があるが、本件不動産は、相手方名義であり、離婚後は、相手方が長女Aと共に居住しており、その評価額1904万5421円であり、他方相手方名義の住宅ローン残額が4548万3155円である。他の財産は預貯金等であり、合計評価額約950万円である。原審は、本件不動産と他の積極財産とを通算することに合理性があるとして通算処理をした上、財産分与の対象となり得る財産の価額より過大な住宅ローンがあることを理由に申立てを却下した。抗告審は、本件不動産はいわゆるオーバーローンの状態にあり、資産としての価値は存在しないとした上、相手方が今後も、本件住宅ローンの支払を継続し、本件居宅に居住を続けることを予定し、現時点において本件不動産の取得を希望していること、抗告人も、財産分与として、第一次的には金銭の分与を求めるが、これが無理な場合には本件不動産の取得を希望していることを認定し、「本件のような住宅ローンは、契約締結時においては、夫婦共同生活のための負担であるが、離婚時に住宅ローンの残債務がある場合において、直ちに当該不動産を処分して清算するのでなく、所有名義人である一方当事者が当該住宅を最終的に取得す

第3章　清算的財産分与　　　　　　　　　　145

ることを希望して、居住を続けると共に同ローンの支払を継続するとき
には、離婚後におけるその支払は、夫婦共同生活を維持するために共同
して負担するものというよりは、むしろ、離婚後に居住を続ける者のた
めの片面的負担となる面が否定できないのであって、他の共同生活中に
生じた債務とは異なる点があることに加え、これにより、当該支払当事
者にとっては、将来における資産形成につながるものであることから、
その者の主観においては、離婚時においても、これをマイナスに評価し
ているものではないことを考慮すると、当該不動産及び住宅ローンにつ
いては、これを総合的にみて零と評価するのが、公平の見地から相当と
いうべきである。」「上記の説示に加え、本件においては、当事者双方が
本件不動産の取得を希望している関係で、その帰属を定めるのが相当で
あること、相手方及びAが離婚後も本件居宅で生活しており、他方、抗
告人は再婚していて本件不動産を取得する客観的必要性は認められない
こと、相手方の本件住宅ローン支払に関する意向が上記のとおりである
ことを考慮すれば、現時点においては無価値と評価される本件不動産を
相手方に取得させ、その上で、本件住宅ローンは、相手方が外部的には
勿論、内部的にも全部負担することとし、当事者の相互間では、抗告人
の負担部分を零と定めるのが相当というべきである。（中略）相手方が
負う住宅ローンと積極財産を通算することが一概に不合理であるとは言
いがたい場合があるとしても、上記の点を考慮すると、本件の事実関係
の下においては、原審判の見解に賛同することはできない。」として、抗
告を容れ、本件不動産は相手方に帰属させるとともに、住宅ローンは外
部的にも内部的にも相手方に負担させるとし、その余の財産も相手方に
帰属させ、抗告人の寄与割合を4割として、相手方にその余の財産の価額
の4割に相当する金員から既払分を控除した額の支払を命じた。

【裁判例67】　東京高決平29・7・20（平29（ラ）1077）
　財産分与が問題となった自宅建物は、抗告人が住宅ローン付きで婚姻
前に購入し、婚姻後もその支払を継続してきたものであった。抗告人は、
財産分与の基準とすべき平成24年〇月時点で327万円の住宅ローンが残

っており、同月時点の自宅建物の価額282万円（固定資産評価額）を上回ってオーバーローンの状態にあったから、自宅建物は分与対象財産にならないと主張した。決定は、「財産分与は、離婚に伴い夫婦が婚姻中（本件では同居期間中）に形成した共有財産全体を清算するものであり、夫婦双方の全体の財産を比較する過程において債務を控除する方法、すなわち、積極財産の額を全部加算し、これから消極財産全部の額を控除していわゆるプラスになる場合に行うものであるから、仮に、抗告人の主張するように平成24年○月時点において住宅ローンの残額が自宅建物の評価額を上回っていたと措定しても、そのことによって、自宅建物のうち当事者の同居期間中の夫婦としての経済的協力関係に基づく住宅ローンの返済によって形成された夫婦の実質的共有部分及び同返済によって抗告人の特有部分の維持に寄与した部分につき財産分与の対象財産としての性格が失われるわけではない。」とした。

　イ　通算すべきでない場合

　不動産取得者がその形成のために負担した債務の全額を負担するという考え方をとれば、通算しないのは当然であるが、そのような立場でなくても、当該不動産を取得する経緯、利用状況、債務の弁済の状況等から、通算することが当事者間の公平を害する場合は、通算すべきでない。次のような場合は、通算しない例が多い。

①　当該物件の価額を取得価額（取得する者の主観的価値を考慮した価額）として評価した場合にオーバーローンとならない場合

　　取得を希望する者が将来のローンをも負担すると主張することが多いが、この場合は、取得価額としては、マイナスではないと考えていると思われる（当事者双方が取得を希望する場合に、マイナスではなくゼロの評価で処理し、通算しなかった例として⇒【裁判例66】）。当事者双方が取得を希望する物件は、オーバーローンであっても通算を要しないであろう。

② 当該物件が収益のために使用される物件である場合

そのオーバーローン部分は収益によって回収すべきであり、通算すべきでない（⇒【裁判例64】）。

③ 他の財産が、そのオーバーローンの返済に利用されることが想定されていない場合

他の財産が、将来の退職金のみで、借入金の担保となっていない場合などに、通算して分与対象財産がない結果となることは、公平な結果とはいえない（⇒【裁判例61】）。

④ 当該不動産が代金の一部を特有財産から出捐したもので、これを除く夫婦の実質的共有部分はオーバーローンであるが、不動産全体をみれば、オーバーローンではない場合

　ウ　通算すべき場合

原則非通算の立場からも、次のような場合は通算することになろう。

① オーバーローンの不動産以外の財産がオーバーローンの額を相当超えて存在する場合

基準時までに債務の完済が可能であり、これが期待できる場合には、債務を通算しても不公平とはいえない（債務額を超える相当の財産がある例として⇒【裁判例68】）。

② 他の財産が、当該オーバーローンの担保となっている場合

担保が設定された財産は、弁済に充てられることが予想されるものであるから、これは債務と相殺的に処理することになる（⇒【裁判例55】）。

③ 基準時までに本来弁済されていたはずの額が他の形で残っている場合

弁済が遅滞している場合に、他に預貯金があれば、本来これから支払われていたはずである。このような場合は、その支払われていたはずの債務は通算する。

第3章 清算的財産分与

【裁判例68】 大阪高決平16・3・19（平14（ラ）940）
元夫（相手方）から元妻（抗告人）に財産分与を求めた事例である。分与対象財産としての不動産は、共有名義で抗告人が居住する建物であり、その価額は6890万円で、ローンの残額が8938万余円あった。その他の財産として、預金、株式（概ね3300万円）があった。抗告審決定は、不動産は、抗告人が居住しているから抗告人に分与するのが相当であるとし、その差額の債務残額は2分の1に相当する1024万余円を相手方が抗告人に清算すべきであるとし、株式及び預金は名義どおりに帰属させて通算し、抗告人に相手方に対して600万円余りの支払を命じた。

　　エ　通算説の修正

　通算するとの見解をとった場合、一方が債務のみを負担するという計算になる場合がある。例えば、元夫名義の不動産の評価額が1000万円であり、その別居時の元夫名義の住宅ローン残額が1800万円の場合、他の財産として、元夫名義に200万円の預金、元妻名義に100万円の預金がある場合、通算して計算すると、全体が500万円のマイナスであるので、元夫婦ともに250万ずつの債務を負担すべきで、妻が夫に350万円を分与することとなる。

＜計算式＞
元夫が分与を受ける額＝ ｛（元夫名義財産1200万円－元夫名義債務1800
　　　　　　　　　　　万円）＋（元妻名義財産100万円）｝ ×1/2－（元
　　　　　　　　　　　夫名義財産1200万円－元夫名義債務1800万円）
　　　　　　　　　＝350万円

元妻が分与を受ける額＝ ｛（元夫名義財産1200万円－元夫名義債務1800
　　　　　　　　　　　万円）＋（元妻名義財産100万円）｝ ×1/2－元妻
　　　　　　　　　　　名義財産100万円
　　　　　　　　　＝－350万円

第3章　清算的財産分与　　149

　通算説では、この結果は、不当であるとして、分与額はその純資産の範囲に制限するとして、元妻が元夫に分与する額は、元妻名義預金の額である100万円とする。この根拠は、扶養的要素を考慮してのことと思われるので、元妻に特有財産がある場合には制限されないことになろう。

　なお、通算説では、通算の結果として、オーバーローンとなる場合は、資産ゼロであり、財産分与の申立ては不適法とする見解もある。

　非通算説では、逆に、元夫が元妻に50万円の分与をすることとなる。

　(6)　特有財産を加えて取得した財産の債務の清算

　　ア　債務が未だ残っている場合

　不動産を取得するについて代金の一部を特有財産から出捐し、残りをローンにした場合の債務の清算はどのように行うべきか。

　　　　(ア)　基準時において住宅ローンが残っている場合、当該不動産は、観念的には、特有財産によって取得した部分（特有財産部分という。）とそれ以外の部分（共同取得部分という。）に分けられる。一つ目の方法は、特有財産部分を清算の対象から外し、共同取得部分の評価額から残債務を控除し、残額があれば、これを分与の対象とする方法である。残額がなければ、ゼロと評価する。残債務は、不動産を取得する者が全額を負担する（前記(3)イ(ウ)・(4)イ参照）。

　不動産全体を処分した場合は、その代金を、特有財産部分と共同取得部分の比で分割し、共同取得部分に対応する代金は財産分与の対象とする。オーバーローンで債務のみ残った場合は、収入比で按分する（前記(4)ウ参照）。

　二つ目の方法は、不動産全体の評価額から債務を控除した額を、特有財産部分と共同取得部分の比で按分し、共同取得部分の割合を分与対象財産とする方法である。

特有財産部分を寄与として考慮する場合、通常は債務を控除する前にその出捐割合によって寄与割合を算出する。債務を控除した残額について寄与割合を算出することも考えられるが、この場合、債務は同じ寄与（負担）割合となる。

　（イ）　事例で説明すると次のとおりである。

① 　住宅ローンは残っているがオーバーローンではない場合

　　例えば、離婚訴訟の原告（夫）は、被告（妻）との婚姻後、特有財産から1000万円を支出し、原告名義の住宅ローン3000万円を組み、代金4000万円で自宅を購入し、その所有名義は原告としたが、自宅評価額は分与時において2000万円（財産分与の対象財産は基準時で特定するが、分与は分与時の評価で行う。）である場合、夫婦の財産形成に対する寄与は各2分の1とすると、特有財産部分は4分の1で評価額では、500万円が特有財産であり、夫婦の共有取得部分は4分の3の1500万円である。残債務が1000万円であれば、1500万円からこれを控除した残額500万円を折半する。結果は、原告は、特有財産部分を含めて不動産全部を取得し、債務残額を負担し、かつ財産分与として250万円を被告に支払う。

＜計算式1（債務を共同取得部分から控除する方法）＞

被告が分与を受ける額 ＝ ｛(原告名義財産1500万円 － 原告名義債務1000
　　　　　　　　　　　万円) ＋ (被告名義財産及び債務0円)｝× 1/2
　　　　　　　　　　＝ 250万円

＜計算式2（債務を控除してから共同取得部分を定める方法）＞

被告が分与を受ける額 ＝ ｛(2000万円 － 債務1000万円) ＋ (被告名義財産
　　　　　　　　　　　及び債務0円)｝× 3/4 × 1/2
　　　　　　　　　　＝ 375万円

第3章　清算的財産分与　　　151

② オーバーローンの場合

　残債務（金利を含む。）が1800万円であれば、マイナスであるから財産分与の対象となる財産はない。残債務は、不動産を取得する者が負担する。不動産全体を原告に帰属させる場合、原告が残債務をオーバーローンの場合でも負担する。

　債務を控除してから共同取得部分を定める方法では、不動産全体の評価額から債務を控除した額の共同取得部分の割合を分与の対象とするから、75万円が被告に対する分与額となる。

＜計算式（債務を控除してから共同取得部分を定める方法）＞
被告が分与を受ける額＝（2000万円－1800万円）×3/4×1/2
　　　　　　　　　　　＝75万円

　（ウ）　特有財産部分を寄与として考慮する場合、上記設例①の場合、原告の寄与割合は、4分の1＋4分の3×2分の1＝8分の5となる。

　債務は、8分の5の割合ではなく2分の1であるはずだから、計算は、積極財産と消極財産をそれぞれ計算して控除すべきである。上記設例で、残債務1000万円の場合、原告は、不動産全部を取得し、債務残額を負担し、かつ財産分与として250万円を被告に支払う。

＜計算式＞
原告が積極財産から分与を受ける額
　＝（原告名義財産2000万円＋被告名義財産0円）×5/8
　＝1250万円……①

被告が積極財産から分与を受ける額
　＝（原告名義財産2000万円＋被告名義財産0円）×3/8
　＝750万円……②

原告が負担すべき債務

＝（原告名義債務1000万円＋被告名義債務0円）×1/2

＝500万円……③

被告が負担すべき債務

＝（原告名義債務1000万円＋被告名義債務0円）×1/2

＝500万円……④

原告が分与を受ける額

＝①－③－不動産持分2000万円＋債務1000万円

＝－250万円

被告が分与を受ける額

＝②－④

＝250万円

　なお、設例②の場合、残債務額1800万円の2分の1の900万円を双方が負担する計算となり、その額は、被告が取得する額を超えるから、被告に分与するものはないとの結論となる。

　　イ　基準時後に残債務が支払われた場合

　基準時以降に支払がされた場合、この支払は、未払部分を取得する者がそのために取得するものであるから、考慮する必要がない。すなわち、対象財産及び債務は、いずれも基準時の時点で判断し、それまでに特有財産で支払われた部分のみを財産分与の対象財産から除外する。基準時後の支払によって残債務が減少しているので、財産分与対象財産の額から控除すべき額はこの額となるとの見解をとっても、その減少分は特有財産となるとして財産分与対象財産から控除するので（秋武348頁）、結局同じである。

第3章　清算的財産分与　　153

　ただし、基準時後に支払をした者以外の者に当該不動産を取得させる場合、基準時後の支払によってその者の特有財産となった部分を移転することになるからその清算を要する。

　なお、基準時以降に支払がされた部分を特有財産として、その割合で分与すると考えることも可能である。住宅ローンの支払については、金利が含まれるところ、その金利の額は、支払った時点で異なるから、住宅ローンのうちの夫婦共同財産での支払と特有財産からの支払の割合は、支払額で算出することもある（⇒【裁判例69】）。

【裁判例69】　さいたま家川越支審平29・4・28（平28（家）380）
　申立人（元夫）が、相手方（元妻）に対し、離婚に伴う財産分与を求めた事例であり、財産分与の対象財産は自宅住居である。これは、申立人が、婚姻前の平成8年○月、実父の土地上に、代金1500万円で新築した建物で、代金のうち600万円は申立人の自己資金、残りの900万円は住宅ローンとして、申立人の給与から返済し、その額は年間69万円（元利均等払い）である。申立人は、父から相続した土地の売却代金から、平成21年○月に260万円、平成24年○月に67万円を返済して、住宅ローンを完済した。自宅建物の平成28年度の固定資産評価額は282万7305円であった。審判は「自宅建物の取得資金1500万円のうち、申立人の自己資金600万円の分は特有財産であり、残りの住宅ローン900万円の分は全体の6割に相当する。この住宅ローンは、①申立人が婚姻前に特有財産で約4年半（年額69万円、合計約759万円）、②申立人と相手方が婚姻中に共同して約11年間（同、合計約620万円）、③相手方が終盤に特有財産から合計327万円を返済し、①～③の合計は約1396万円であった。上記②の共同返済額は全ローン返済額の約5割を占める（中略）。」「そこで、自宅建物の取得資金のうち住宅ローンの割合（6割）に、全ローン返済額のうち共同で返済した上記②の割合（5割）を乗じると、自宅建物の約3割が夫婦共同財産ということができる。自宅建物の平成28年度の固定資産評価額

は282万7305円であるから、その3割である84万8000円が夫婦共同財産である（千円未満四捨五入）」とした。

7 一切の事情の考慮

(1) 一切の事情を考慮する方法

　財産分与については、家庭裁判所は、分与をさせるべきかどうか並びに分与の額及び方法を定めるについて、当事者双方がその協力によって得た財産の額その他一切の事情を考慮することが認められている（民768③）。この「一切の事情」は、財産分与の諸要素に具体的な数値として反映できない事情を補完するための事情として考慮されている。その考慮の方法として、財産分与対象財産の認定及びその評価において考慮される場合と、寄与度の決定において考慮される場合、さらには、その後の、額の決定、財産分与の方法において考慮される場合がある。次のような場合が、論じられている。なお、婚姻費用の清算についても一切の事情として考慮されるものがあるが、これは次項で論じる（後記8参照）。

(2) 一切の事情が考慮される場面

　　ア　当事者が財産分与の対象財産の開示に協力的でない場合

　当事者が預貯金等の財産分与の対象財産の開示に協力的でない場合、いわゆる弁論の全趣旨によって認定することも考えられるが（第2章6(2)参照）、これとは別に、当事者の非協力のために財産分与対象財産の額等の認定が困難な場合、特段の事情がない限り、夫婦共有財産を隠匿するという事態は、いわば夫婦間における信義則に反するものとして「隠匿していると合理的に考えられるという事情」を「一切の事情」の一つとして財産分与の判断をすることが考えられるとされる（大門匡＝木納敏和「離婚訴訟における財産分与の審理・判断の在り方につい

第3章　清算的財産分与　　155

て（提言）」家庭の法と裁判10号15頁（2017））。

　　イ　財産分与対象財産の額に不確定要素が大きい場合

　将来支払われる退職金等が財産分与の対象財産である場合、その額に不確定要素が大きいときは、これを「その他一切の事情」として考慮する（秋武＝岡182頁）（前記4(5)ウ参照）。また、退職金の分与について、将来の支給後に支払を命じる場合に、基準時後の退職金算定の率等の上昇を一切の事情として考慮して増額した例がある（⇒【裁判例52】）。

　　ウ　夫婦が形成した財産が、夫婦以外の者の名義となっている場合

　家業に従事する態様の寄与では、形成した財産が夫婦以外の者（例えば、夫の父）等の名義となっている場合がある。この場合に、その財産に物権上の持分があるとしてその持分を夫婦の共有財産として財産分与の対象とすることは困難であろう。ただ、その者の相続において、相続人の寄与分として考慮される可能性はあるので、一切の事情の考慮として、ある程度の額を財産分与対象財産に加算することは考えられる。名義が法人の場合に、実質的な夫婦共有財産を法人名義としたことが明確な場合には、算定の基礎となる分与対象財産にこれを算入するとの見解も示されているが（沼田494頁）、これも一切の事情としての考慮であろう（前記4(1)ア参照）。

　　エ　夫婦の一方の特有財産及び固有債務減少への貢献等

　夫婦の一方が特有財産の維持に貢献した場合、その特有財産が財産分与の対象財産となるが、その特有財産の増加又は価値の増加に貢献しても、増加部分を特有財産と分離して取り扱うことができない場合には、その増加部分が財産分与の対象となることはない。この点は、一切の事情として考慮するほかない。

　また、夫婦の一方が固有債務の減少に貢献した場合、これによって

他に財産が形成されていれば、その形成した財産の寄与割合で考慮できるが、そうでない場合には、一切の事情として考慮するほかない。

夫婦の一方が専門的な資格を取得するのに貢献しても、その資格は財産分与の対象財産とならないが、資格取得までに多大な経済的支援をしてきたような事情によっては、これを一切の事情として考慮することは考えられる（前記4(8)参照）。

　オ　基準時以降の事情

基準時以降分割時までに、財産分与対象財産が変動する場合もあるからこれに対する考慮が必要となる場合もあり、また、基準時以降も実質的に一方が他方の財産形成に寄与しているといえる場合に、その考慮が必要となる場合もある。

例えば、別居期間中に、一方が幼子を養育し、そのため就労できないような場合に、婚姻費用の支払を受けていても、その間の他方の財産形成に寄与した面があるといえるし、婚姻費用の分担額が不十分な場合、義務者の財産形成の費用である住宅ローンなどの支払を考慮して婚姻費用が定められ、実質的に住宅ローンの支払をしたと言い得る場合など、これを考慮して財産分与すべきであるところ、これらは計数的に表すことが困難な場合もあり、その場合には、一切の事情として考慮することになる（前記2(2)ア参照）。

　カ　婚姻中の夫婦間の債権債務関係の清算

婚姻中の夫婦間の債権債務関係は、本来財産分与において処理するものではない。

しかし、少額の貸借関係などでこれを他の手続で請求することが困難である場合に、その貸借関係を財産分与で処理している例がないではないが、これは一切の事情として処理したものであろう（後記8(5)参照）。

第3章 清算的財産分与 157

8 過去の婚姻費用等の清算

(1) 過去の婚姻費用の清算の必要性

▶別居後婚姻費用の支払を受けていない場合に、その過去分を財産分与と共に請求できるか

過去の婚姻費用、特に別居後のものについては、別居の原因にもよるが、その支払がされないことも多い。このような場合、一方が婚姻費用を過当に負担することもあり、そのような場合には、公平の観点からは、その清算を必要とする。婚姻費用は、当事者間で協議することができない場合、これを求める者は、裁判所にその決定を求める必要がある。そして、婚姻費用は、原則的には、婚姻継続中、すなわち離婚前に請求すべきものであるから、離婚が争われている場合には、これに伴う財産分与において考慮することが、必要であるといえる。

過去の婚姻費用の清算を財産分与に含めて処理できるかどうかについては、争いがあった。しかし、最高裁が、裁判所が財産分与の額及び方法を定めるについては当事者双方の一切の事情を考慮すべきものであるから、過去の未払の婚姻費用についても、当事者の一方が過当に負担した婚姻費用の清算のための給付をも含めて財産分与の額及び方法を定めることができる（⇒【裁判例70】）と判断したことから、この問題は決着した。

【裁判例70】 最判昭53・11・14民集32・8・1529

被上告人（妻）は、上告人（夫）と婚姻して、その間に2児を儲けたが、離婚の訴えを提起し、財産分与及び慰謝料の支払を求め、原審において財産分与として、上告人名義の不動産の清算金1000万円と別居後の生活費及び教育関係費合計2000万円の支払を求めた。原審は、財産分与として、不動産の清算金のほか、離婚後の生活扶助料600万円、過去の婚姻費用である生活費・教育関係費の清算金400万円の合計1000万円を認容し

た。上告審判決は、「離婚訴訟において裁判所が財産分与の額及び方法を定めるについては当事者双方の一切の事情を考慮すべきものであることは民法771条、768条3項の規定上明らかであるところ、婚姻継続中における過去の婚姻費用の分担の態様は右事情のひとつにほかならないから、裁判所は、当事者の一方が過当に負担した婚姻費用の清算のための給付をも含めて財産分与の額及び方法を定めることができるものと解するのが、相当である。」とした。

(2) 対象となる過去の婚姻費用

▶婚姻後夫が生活費をほとんど入れていない場合、これを財産分与で清算できるか

▶婚姻費用の取決めをしたが、全く履行されていない場合、これを財産分与で清算できるか

▶婚姻費用の取決めをしたが、増額請求をしていなかった場合に、増額すべきであった分を請求できるか

　ア　原則として別居後のもの

夫婦関係が円満に推移している間に夫婦の一方が過当に負担した婚姻費用は、特段の事情がない限り、清算の対象とならない（⇒【裁判例71】）。ただし、同居中も婚姻費用を分担しなかった義務者に支払を命じたものもある（⇒【裁判例72】）。

【裁判例71】　高松高判平9・3・27家月49・10・79
　控訴人（夫）と被控訴人（妻）は、昭和48年5月に婚姻したもので、平成2年12月に別居し、双方が、離婚、慰謝料、財産分与を求めた。原審は、双方の離婚請求を認容し、財産分与は、被控訴人の申立ての一部850万円を認容した。控訴人は、控訴して、別居前を含めて、過当に負担した婚姻費用の清算を求めた。控訴審は、「夫婦関係が円満に推移している間に夫婦の一方が過当に負担する婚姻費用は、その清算を要する旨の夫婦

間の明示又は黙示の合意等の特段の事情のない限り、その過分な費用負担はいわば贈与の趣旨でなされ、その清算を要しないものと認めるのが相当である。しかるところ、右の特段の事情の認められない本件においては、夫婦関係が破綻にひんした後に控訴人が過当に負担した婚姻費用に限り、その清算を財産分与に際して求めることができるというべきである。」として、控訴を棄却した。

【裁判例72】　東京地判平14・10・11（平13（タ）209・平13（タ）868）

　「原告と被告の同居当時、原告が婚姻費用を分担していないことは原告自身認めるところである上、（中略）被告が原告から十分な生活費を受け取っていたとは考えられず、原告が被告との婚姻費用を分担していたと認めることはできない。（中略）財産分与の額としては、原告が、平成2年2月以降月額5万円の婚姻費用を被告に支払う調停が成立していることから、原告と被告が同居を始めた昭和53年6月20日から、平成2年1月分までの約11年6か月間の婚姻費用の清算分を考慮し、その額を600万円と認定するのが相当である（記録上、原告は婚姻費用の調停成立後、その一部について未払であることがうかがわれるが、これについては調停により別途債務名義が成立していることから、財産分与の額としては考慮しない）。」

　イ　未確定のもの

　既に婚姻費用の額等が調停等によって確定しており、債務名義がある場合には、それが未払であっても、これによる強制執行が可能であり、債務名義を重ねる必要はないので、これを考慮することはできない（⇒【裁判例72】の末尾）。ただし、調停等で合意する場合は、過去の調停等によって確定した部分も再確認の趣旨で重ねて合意する場合もある。この場合は、債務名義が重ならないように、重複部分の一方

について強制執行をしない合意を加える必要がある。

　なお、既に婚姻費用分担額が審判等により定まっている場合においても、その始期は、通常申立時とされているので、その始期以前の婚姻費用の分担を必要とする場合がある。この場合の清算額は、未払額や義務者の資力を考慮することになり、満額とはならないこともある。また、既に分担額が調停等で定まっている期間においても、その間に特別の支出があり、増額請求が可能であった婚姻費用については考慮が可能であろう。さらに、調停等の定めが、一方が収入を秘匿するなどして不当な額であって、一方が過当に婚姻費用を分担した場合にも、例外的であるが、考慮は可能であろう。

　(3)　考慮の方法

　過去の婚姻費用を考慮する場合、対象期間の未払婚姻費用の額を算出する。その上で、財産分与の請求者と支払義務者の資産、収入等を検討して、支払義務者の資力が十分であれば、全額を清算等による財産分与額に加算し、そうでない場合には一部を加算する（秋武356頁）。

　なお、過去の婚姻費用の考慮は、財産分与の一事情として考慮されるものであり、財産分与請求が可能である場合を前提としているので、清算すべき財産がない場合には、過去の婚姻費用の清算だけを求めることはできない。この場合は、別途、婚姻費用の分担を求めるべきである。

　また、財産分与は、夫婦が形成した財産の清算が主たる目的であり、過去の婚姻費用の考慮は、財産分与の一事情としての考慮にすぎないことから、清算額は、財産分与対象財産の範囲に止まるとの見解もあるが、多くの裁判例は、そのような限定はしていない（⇒【裁判例73】）。このような限定を加えることは、手続や分与額の算定方法を複雑にするだけで、意味がない。

第3章　清算的財産分与　　　161

【裁判例73】　東京地判平15・8・1（平13（タ）694）

　原告（妻）が被告（夫）に対し、離婚、親権者の指定、財産分与、慰謝料及び養育費の支払を求めた事例であり、財産分与の対象財産は、自宅不動産のみで、その価額は4088万円であるが、住宅ローン残額が3780万7256円ある。判決は、自宅不動産のローンを控除した残額の約2分の1の150万円を清算的財産分与として認めるとともに、婚姻費用の清算分について、

「ア　原告の従来の所得金額は約350万円であり、被告の従来の給与収入金額は約1300万円であること、子供たちは3人であり、口頭弁論終結時におけるそれぞれの年齢は、14歳、12歳、7歳であること、その他本件に表れた一切の事情を考慮すれば、従来の婚姻費用の清算分は1か月24万円とするのを相当とする（筆者注：標準的算定表による婚姻費用は、月額24〜26万円の下限に位置する。）。

イ　過去の婚姻費用の清算の期間としては、（中略）平成11年4月（筆者注：別居時）から認めるべきであり、口頭弁論終結時である平成15年5月までで50か月である。

ウ　したがって、財産分与に含めるべき婚姻費用の清算のための給付は、24万円に50を乗じた1200万円となる。」として、上記150万円に1200万円を加算した。

(4)　別居後の住宅ローン返済の考慮

　　▶婚姻費用を決める際に相手方に住宅ローンの支払があることを理由に額を減額したが、この点は財産分与で考慮されるか

　住宅ローンの支払は、婚姻費用との関係では、財産形成の費用とみて、その算定では原則的に考慮せず、その清算は、離婚に伴う財産分与の際に行うべきものとされる。

　そして、別居後の住宅ローンの支払によって取得された持分は、支払った者の特有財産による取得部分として清算される。ただし、当該住宅に居住している者にとっては、住居確保の費用という側面がない

わけでないから、婚姻費用の算出において考慮される場合もある。例えば、婚姻費用分担事件の権利者が居住する住宅ローンの支払を義務者がする場合に、これを理由に婚姻費用の額を減額しているのであれば、住宅ローンの一部の支払を権利者もしていると評価される場合もある。

そこで、婚姻費用を定めるに当たって、住宅ローンの支払をどのようにしたかは、財産分与において、考慮を要することになる。

ア　権利者居住住宅の住宅ローンを義務者が支払った場合

（ア）　婚姻費用が、住宅ローンの支払を考慮せずに定められた場合は、別居後の住宅ローンの支払によって取得された持分は、支払った者の特有財産による取得部分として清算すればよい。

（イ）　婚姻費用分担において、義務者の住宅ローンの支払を考慮して、婚姻費用を減額している場合、権利者が住宅ローンの支払に寄与していることになるから、この場合、この点を考慮しなければならない（【裁判例74】は支払代金の1割を他方に負担させた例）。

イ　居住者が、その住宅の住宅ローンを支払った場合

その支払によって取得した部分を全て特有財産とすると、居住者は、無償で居住してきたこととなるから、居住者が居住に対する対価を支払ってしかるべき場合は、この点を考慮する必要が出てくる。この考慮は、婚姻費用の清算をする場合はその中ですることになろうし、その清算をしない場合は、一切の事情として考慮することになろうか。

【裁判例74】　東京地判平17・5・27（平15（タ）531・平15（タ）892）

　被告は、別居後、平成13年10月から、その実家で生活してきたが、その後も原告が居住していたマンション（持分2分の1）の住宅ローンをその売買手続が完了した平成16年8月まで返済してきたという事例である。

判決は、「平成13年10月以降、被告と長女Aは、本件マンションではなく、被告の実家で生活してきたが、被告は、それ以降も住宅ローンを返済し続けており、この点について、東京高等裁判所は、婚姻費用の分担審判に対する抗告事件に関する決定において、最終的には、離婚時の財産分与によって清算すべきものであるとしているところ（証拠略）、財産分与にあたっては、夫婦の一切の事情を考慮することができるから、以下、検討する。被告は、平成13年11月から本件マンションの売買手続が完了した平成16年8月まで34か月間に合計約328万円（5万9096円×34月＋21万2350円×6回）の住宅ローンを支払ってきたこと（証拠略）、その間、被告は、長女Aとともに被告の実家で生活し、原告は、本件マンションで生活してきたこと（証拠略）、原告、被告とも本件マンションについて2分の1の持分を有していたこと（証拠略）、被告の荷物のうち家具等は引き続き本件マンションに置かれていたこと（証拠略）、被告の住宅ローンは婚姻費用を定めるにあたり特別経費として計上されていること（証拠略）、を考慮し、原告は、婚姻費用の清算として、上記金額の1割を負担するべきである。」とした。

(5) 婚姻中の夫婦間の債務の清算

　　▶婚姻中、配偶者の持参金を使い込んでしまった場合、離婚に際して、これを返してもらえるか

　婚姻中に夫婦間に債権債務関係（不法行為債権を除く。）が生じる場合があるが、これは本来財産分与の問題ではなく、民事手続で処理されるべき事柄である。しかし、債権債務関係によっては、離婚に伴う手続において処理するのが都合の良い場合がある。その使途を婚姻費用と目すことが可能なものは、婚姻費用の清算として処理が可能であろうが、そうでない場合についても、例えば、夫婦の一方の特有財産を他方配偶者が無断で浪費して不当利得返還請求権が認められる場合、本来、民事訴訟において処理すべきであるが、事実上これが困難

な場合は多いので、これを清算の対象とすべきであるとの説もある（大津124頁注2）。しかし、これを清算の対象とすることは困難であるとの見解が有力であり（沼田490頁注5、山本6頁）、考慮するとすれば一切の事情の一つとするほかない。

第 4 章

扶養の財産分与

166

1 扶養的財産分与の意味

(1) 扶養的財産分与の性質

扶養的財産分与は、離婚後における相手方の生計の維持を目的とするが、離婚によって婚姻関係は終了するので、その後に婚姻を原因とした権利義務が生じるはずはない。そこで、扶養的財産分与の性質について、諸説が生じた。主なものは、次のとおりである。

　　ア　予後効説

終生の共同生活を誓い、それを目的に協力してきた夫婦間において、婚姻が破綻し離婚に至ったとしても、経済的に余裕のある一方は、生活に困窮する他方を扶養するのは当然であり、強いて言えば相互扶助を基本とする婚姻自体の予後的効力である（我妻栄『親族法　法律学全集23』155頁（有斐閣、1961）、大津156頁）。かつての通説である。

　　イ　清算説

離婚後の自立の困難は、婚姻中の性別役割分担の結果、夫婦の財産取得能力に差ができたためであり、これを生活保障の形で清算するのが公平であるとする（山本笑子「判例財産分与法（二・完）」民商35巻4号38頁（1957）、乾てい子ほか「夫婦の財産関係」自由と正義29巻5号15頁（1978））。

　　ウ　離婚手当説

夫婦共同体の一方が独立人として生活することの制約を受けていた場合、離婚後独力で生計を立てていけるようになるまでの過渡的期間について生活を援助することは、他方の共同体構成者としての責任であるとする（鍛冶良堅「財産分与」判タ臨時増刊250号196頁（1970））。

　　エ　補償的財産分与説

婚姻中の夫婦の役割分担に起因して生じた、所得能力の喪失や自立困難を補償するものであるとする（二宮周平編『新注釈民法(17)』400頁〔犬伏由子〕（有斐閣、2017））。イの清算説と異なるのは、扶養的財産分与が

補充的な扶養的要素であることを否定し、清算的要素と並ぶ独立した
ものとする点である。論者によって、ニュアンスが異なり、鈴木眞次
『離婚給付の決定基準』242頁（弘文堂、1992）は、財産分与の趣旨を婚
姻中の夫婦の役割分担に起因し離婚により顕在化する経済的不利益の
塡補を目的とするとした上で、扶養的要素とは婚姻中の役割分担によ
り失われた所得能力を回復するための給付であるといい、前掲『新注
釈民法(17)』400頁〔犬伏〕は、婚姻生活における夫婦の平等が、離婚
時における経済的不利益の調整として清算的財産分与と並び補償的財
産分与を要請するという。

（2）　扶養的財産分与の内容

　ア　扶養的財産分与額算定の基準

　　▶扶養的財産分与の額はどのようにして決められるか

　離婚後は、元夫婦の各自が経済的に自立して生活すべきものである
から、扶養的財産分与は、これが困難な場合に補充的に認められると
するのが多数説である（⇒【裁判例75】）。

　そして、元配偶者の離婚後の生計を維持できる程度としては、いわ
ゆる生活扶助義務の程度で足りるとし、最低生活費や標準生計費を基
準とする説、婚姻中と同程度の生活保持を基準とする説（島津一郎「財
産分与請求権の相続」中川善之助教授還暦記念家族法大系刊行委員会編『家族法
大系Ⅲ』80頁（有斐閣、1959））などがある。

　しかし、財産分与請求権の性質を婚姻中の夫婦の役割分担に起因し
て生じた所得能力の喪失や自立困難を補償するものと考えるときは、
必ずしも補充的である必要はないし、また、額も生活扶助義務の程度
に止める必要はない。現在の実務では、額は、元配偶者の財産状況、
生活状況等及び扶養義務を負う者の収入や財産状況等を考慮して定め
られるので、明確な基準はないが、婚姻生活を営んでいた場合の婚姻

第4章　扶養的財産分与　　169

費用相当額が基準とされることが多い（秋武351頁）。

　さらに、扶養義務を負うものについて、自分自身の生活が保持できる範囲で認められることになり（秋武351頁）、具体的な内容は、義務者の能力に左右されることが多い。

　また、扶養的財産分与の内容は、その目的である元配偶者の生計の維持という客観的な必要によって決まるので、財産分与の対象財産の範囲は問題とならない（加藤永一「夫婦の財産関係について（二）－夫婦財産の利用関係を契機として－」民商46巻3号488頁（1962））。特有財産も考慮して分与の内容を決めることができる。

【裁判例75】　名古屋高決平18・5・31家月59・2・134

　「夫婦が離婚に至った場合、離婚後においては各自の経済力に応じて生活するのが原則であり、離婚した配偶者は、他方に対し、離婚後も婚姻中と同程度の生活を保証する義務を負うものではない。しかし、婚姻における生活共同関係が解消されるにあたって、将来の生活に不安があり、困窮するおそれのある配偶者に対し、その社会経済的な自立等に配慮して、資力を有する他方配偶者は、生計の維持のための一定の援助ないし扶養をすべきであり、その具体的な内容及び程度は、当事者の資力、健康状態、就職の可能性等の事情を考慮して定めることになる。」

　イ　扶養的財産分与の変更の可否
　　▶権利者の要扶養性が消滅したり、義務者の収入がなくなった場合に既に定めた財産分与の内容の変更を求めることができるか

　扶養的財産分与については、扶養の必要性によって認められるとの立場を採った場合、後に扶養の必要性に変更が生じれば、これを変更することができるか。扶養的財産分与が、一時金又は分割金の場合は、

裁判時において将来をも予見的に認定してその額が定められたのであるから、その未履行の間に事情変更が生じても、変更は求められないとするのが多数説である（我妻・前掲158頁、大津180頁）。定期金として定められた場合については、事情変更による増減を可能とする見解（右近健男「離婚後の扶養について（2−完）−財産分与論（その1）−」民商60巻1号33頁、大津180頁）と新たな設定、加重はできないが、免除軽減は可能とする見解（我妻・前掲158頁）がある。しかし、給付の方法にかかわらず、これを否定すべきである。財産分与は、要扶養性を要件とした場合であっても、扶養そのものではなく、飽くまで離婚給付であるからである。離婚後の事情によって離婚した当事者に新たな給付義務が発生することはない。そこで、履行済のものは、返還を求めることができないし、未履行のものであっても、履行を拒むことはできない。定期金給付とした場合において、終期前に権利者が死亡した場合は、その給付請求権の相続性を否定すれば足りる。

2　考慮要素

　一般的に、求める側には、要扶養性、相手方には扶養能力が要求されるので、双方の特有財産も含めた資産状況、収入、将来の所得の見込み、扶養義務を負う他の親族の存在等が考慮される。双方の相関関係で決まるが、便宜上、義務者側の事情と権利者側の事情を分けて概観する。

　(1)　義務者側の事情

　　ア　財産状況

　義務者側の扶養能力が必要である。義務者の特有財産も含めた財産状況、離婚後の所得の見込みが考慮されるが、収入や定職がないことは消極的要素となる（⇒【裁判例76】）。

【裁判例76】　大阪高決平17・6・9家月58・5・67

　相手方は、平成12年8月11日交通事故により、外傷性くも膜下出血、右下肢粉砕骨折、外傷性小腸穿孔による腸癒着、外傷性視野障害、高次脳機能障害等により繰り返し手術を受けたが、視野障害、右下肢機能障害等により身体障害者5級の認定を受けている。抗告審は、清算的財産分与として、逸失利益に対応する損害保険金の2分の1である154万円を認めたが、扶養的財産分与については、「相手方の上記後遺障害の内容及び程度、双方の生活状況（記録によれば、抗告人はパートタイマーの仕事により月額約10万円の収入があり、他方、相手方は、上記後遺障害のため、自動車の運転もできないことから、将来定職に就くことは実際上困難と認められる。）からすれば、相手方に抗告人に対し扶養的財産分与として給付すべきものがあると認めることは相当ではな」いとした。

　　イ　義務者に被扶養者がいる場合
　　　▶義務者に扶養している両親がいる場合、扶養的財産分与において考慮されるか
　義務者に扶養義務を負う親族がいる場合、義務者と共同生活関係にある者、例えば高齢の親と同居している場合については、その扶養を優先することになる（二宮周平＝榊原富士子『離婚判例ガイド〔第2版〕』130頁（有斐閣、2005））。同居していない場合であっても、考慮を要する場合はある。

　　ウ　義務者の有責性
　婚姻破綻について義務者の専ら又は主たる責任がある場合、離婚による不利益を相手方に負わせるのは公平でない。有責性による損害は、離婚慰謝料によって填補される問題であるが、離婚慰謝料によって填補される損害は精神的苦痛によるものであって、扶養利益の喪失は含まれないので、有責性が大きい場合、公平上、相手方の生計を維持する責任は、より大きくなると考えられる。

172 　第4章　扶養的財産分与

（2）　権利者側の事情

　　ア　清算的財産分与、慰謝料、固有財産が相当程度ある場合

　実務は、要扶養性の要件の充足が必要であるとしており、判断の順序として、清算的財産分与、慰謝料的財産分与の判断を先行し、離婚時を判断の基準時として、清算的財産分与、離婚に伴う慰謝料の額がある程度の額に達する場合には扶養的財産分与は認めないことが多い（秋武350頁）。その「ある程度の額」については、権利者が離婚後の生計を維持できる程度との関係で決まり、権利者が離婚後の生計を維持できる程度は、当事者双方の財産状況、婚姻当時の生活状況や今後の収入状況で決まる。

　【裁判例82】は、清算的財産分与、慰謝料的財産分与の額が、1500万円に達する場合に1200万円の扶養的財産分与を認めたが、権利者の年齢が75歳で要扶養性が大きい。【裁判例77】は、慰謝料100万円、清算的財産分与約500万円である場合に約1000万円の扶養的財産分与（ただし、明確に扶養的財産分与とはいっていない。）を認めたが、権利者の年齢は50歳を超え、住居の立退き等を要し、やはり、要扶養性が大きい事例である。

【裁判例77】　　東京高判昭58・9・8判時1095・106

　原告（夫）からの離婚請求に、被告（妻）が反訴し、離婚、慰謝料、財産分与等を求めた事例である。被告は、格別の資産を有せず、現在会社事務員として働いているが、既に50歳を超えている。被告が、現在子供らと共に居住している所沢市の居宅は、原告の固有財産である。判決は、慰謝料100万円に加え、財産分与として1500万円を認めたが（ただし、500万円程度は清算的財産分与）、次のようにいう。「今後の当事者双方の生活の経済的基盤を考えると、原告は、既に63歳に達してはいるが、前記宅地、建物を所有し、前記退職年金も受給しているので、この先長く現在の勤務を続けることはできないとしても老後の生活につき経済上

第4章　扶養的財産分与　　173

の不安はないとみられるのに対し、被告については、本件離婚が成立すれば所沢市の家を明け渡さなければならなくなることでもあり、その資産からいっても、職業・年齢等からいっても、今後の生活の維持につき多大の不安が存するものといわなければならない。以上に加えて、別居後における原告の被告に対する仕送りが必ずしも十分なものであったとはいい難いことその他本件に顕われた一切の事情をも考慮すると、財産分与として、原告は被告に対し金1500万円を支払うべきものというべきである。」

　イ　収入の有無

　収入がない場合は、固有の資産がなく、清算的財産分与や慰謝料も少なく、就労困難であれば、要扶養性が肯定できる。

　他方、自立できる収入があれば、扶養的財産分与の必要はない。額が少なくても、義務者の収入が低い場合や就労が困難な場合には、扶養的財産分与は認められない（パート収入月額約10万円しかない場合について、⇒【裁判例76】）。他方、申立人にある程度の収入があっても、相手方の収入と格差が大きいときは、請求権は否定されない（⇒【裁判例78】）。

　婚姻前から継続して就労している場合、通常は、扶養的財産分与の必要が生じるとはいえないが（⇒【裁判例79】）、その職がアルバイト程度のもので、収入が低ければ、扶養的財産分与を検討することになろう。

　また、現在収入があっても、これが不安定な場合には、扶養的財産分与を検討することになる。

【裁判例78】　東京地判平9・6・24判タ962・224
　原告Xが被告Yに対して、離婚及び財産分与を求めた事例であり、原

告Xの収入は年120万円程度であり、被告Yの年収は、800万円以上と認められる。「YとXの年収は、先に認定したとおりであり、Xの収入はYに比較して大幅に少なく、この差は今後も解消される見込みはない。また、Xは、現在のところ二男の面倒を見ており、当面の二男の学費を負担することになる。したがって、扶養的要素についても考慮する必要がある。」

【裁判例79】 東京高判平23・9・29（平23（ネ）1502・平23（ネ）3411）

「控訴人は、被控訴人との婚姻前から派遣社員として働いており（控訴人本人）、被控訴人との婚姻後もこれを継続し、平成21年12月ないし平成22年8月の期間において平均して手取りで13万8000円余の給料を得ているのであって、被控訴人との離婚によって経済的に困窮する状況にあるとは認められない。」

ウ　再婚等

▶再婚すると扶養的財産分与は認められないか

▶扶養的財産分与を得た後、再婚した場合、返還義務が生じるか

再婚可能性は、扶養義務が婚姻の予後効として認められるとの立場では、予後効が再婚後まで続くことはないから、その可能性が具体化すれば考慮することになる。しかし、補償と考える立場では、関係ないこととなる。

他の親族による扶養の可能性については、原則として考慮すべきでない。いわゆる実家に居住して、生活の援助を受けていることがあるが、これは一時的な援助というべきもので、これが継続することを前提にすることはできない。

第4章　扶養的財産分与　　175

　また、離婚後相当経過した財産分与請求事件では現実に再婚していることがあり得るが、この場合、扶養義務という面では、再婚相手がこれを負担するので、扶養的財産分与は必要ないといえよう。他と同居し、準婚関係が肯定される場合も、同様であろう。これを考慮して、扶養的財産分与の必要性を否定した例はある（⇒【裁判例80】）。

　なお、扶養的財産分与を得た後に再婚しても、特別の事情がない限り、不当利得の問題は生じない。

【裁判例80】　名古屋家審平10・6・26判タ1009・241（前掲【裁判例40】参照）

　申立人（元妻）が、離婚後、男性（C）と同居した事例である。「扶養的財産分与については、本件記録によれば、申立人は本件内縁を解消した後現在Cと同居生活を始め、自らはパートで月約7万円、Cは会社員として月約30万円の収入を得ていることが認められ、これらの事実に照らすと、扶養的財産分与は、その必要性がなく、これを認めるのは相当ではない。」

　　エ　就労困難であること
　　　▶権利者の年齢によって扶養的財産分与は差が生じるか
　　　▶入院中の場合、入院期間の扶養は財産分与を求めることができるか
　　（ア）　高齢者等
　申立人が就労困難である場合には、扶養の必要性が生じる。専業主婦であった者が離婚した場合、高齢である場合には、若年と異なって就職して自活を求めることは困難であることが多いし（75歳の元妻に財産分与を認めた事例として【裁判例82】）、高齢とまでいえなくても、60歳前後の年齢となれば、就職は難しいのが現実である。就労できた

としても、その収入は多くはない上、いつまで継続できるか不安要素は大きい。

　そこで、扶養的財産分与が肯定される可能性が高い。最近は、年金分割によって、ある程度の収入が確保されることとなったが、年金額は、必ずしも多くはないので、扶養的財産分与の必要性は減じていない。【裁判例81】は58歳、【裁判例82】は75歳の例である。

【裁判例81】　広島家審昭63・10・4家月41・1・145

　申立人は、婚姻後、相手方の先妻の子を養育し、相手方との婚姻前に取得した貯えやパート労働で得た収入を家計の補いに費消した他は、婚姻中の費用は、主として相手方の収入によって賄われていたが、婚姻期間19年6か月後、離婚に至った。相手方は、婚姻の当初から離婚に至るまで会社員として稼働し、離婚した年の年間給与所得は595万円で、5件の不動産を有し、これらの不動産により数千万円の融資を得て事業を計画しているが、申立人は、実子が無く、現在58歳であって、自己所有の住居も老後の支えとなる不動産も所有せず、姉のもとに移り、取りあえずうどん店に働き時間給の賃金を得て生活している。審判は、清算的財産分与1309万円に加えて、扶養的財産分与を認めた。次のようにいう。「各事情を考慮すると本件においては、離婚後の扶養的分与として金100万円の限度でこれを申立人に取得させるのが相当である。」

【裁判例82】　東京高判昭63・6・7判時1281・96

　一審原告X（妻。判決時75歳）と一審被告Y₁は昭和8年に婚姻し、二人の間に五人の子を儲けたが、一審被告Y₁は、昭和33年、一審被告Y₂と親密な関係となり、同女との間に子を儲け、その後、昭和46年には一審原告Xと別居し、一審被告Y₂と同居するに至った。一審原告Xは、現在子供達の家を転々としながら細々と暮らしており、他方一審被告Y₁は会社

第4章　扶養的財産分与　177

を経営し経済的には安定している。一審原告Xが離婚と併せて、一審被告Y₁に対し財産分与と慰謝料を請求し、一審被告Y₂に対し慰謝料を請求したという事例である。専ら慰謝料と財産分与の算定が争われた。控訴審は、慰謝料として、一審被告Y₁に対し1000万円、一審被告Y₂に対し500万円を認めるとともに、財産分与として1200万円を認めた。「以上によると、第一審原告は現在75歳であり、離婚によって婚姻費用の分担分の支払を受けることもなくなり、相続権も失う反面、これから10年はあると推定される老後を、生活の不安に晒されながら生きることになりかねず、右期間に相当する生活費、特に（証拠略）によると、昭和61年当時で厚生年金からの収入のみを考慮しても第一審被告Y₁の負担すべき婚姻費用分担額は10万円をやや下回る金額に達することが認められるところ、その扶養的要素や相続権を失うことを考慮すると、第一審被告Y₁としては、その名義の不動産等はないが、前認定の収入、資産の状況等からして、第一審原告に対し、財産分与として金1200万円を支払うべきである。」

　　（イ）　病気療養中の場合
　配偶者が病気療養中の場合、就労困難なことは多く、要保護性が大きいから、扶養的財産分与が必要となる。入院中の場合、予見される入院期間は疾病の原因や病状等にもよるが、扶養的財産分与の額の算定において考慮される。

　　オ　住居確保の必要性
　　　▶離婚後も相手方所有の建物に居住することは可能か
　　　▶どのような場合に、離婚後も相手方所有の建物に住み続けることができるか

　　（ア）　一方配偶者に従前の住居にそのまま居住する必要がある場合、この点を清算分与において考慮することもあるが、これとは別に、あるいは併せて、扶養的財産分与として考慮し、不動産の所有権

を帰属させたり、利用権を設定する場合がある（⇒【裁判例95】・【裁判例96】）。財産分与の対象となる財産がオーバーローンによりゼロと評価される場合に、扶養的財産分与が認められることを理由に当該不動産の登記名義を他に移転した例もある（⇒【裁判例92】）。

住居確保の必要性は、子が幼少の場合、就学期にある場合などに認められるほか、高齢者の離婚においても、一定期間の住居の確保を必要とする場合もあると思われる。

　　　（イ）　また、離婚により、従前の住居から退去せざるを得なくなることはしばしばあるが、この場合、転居費用や新たな住居を確保する必要が生じるところ、離婚が一方の専ら又は主たる責任による場合は、その費用を有責者に負担させるのが公平といえるし、そうでない場合であっても、離婚に伴って生じる費用であるから、退去する者の生計を維持するに必要な費用ということができよう。

　　カ　被扶養者がいること

申立人に扶養すべき者があるときは、その被扶養者について相手方に扶養責任があるときは、別途に扶養料（あるいは養育費）の請求が可能であるから、これによるべきで、この部分については、扶養的財産分与で考慮する必要は原則としてない。

しかし、被扶養者が幼い子であり、母親が監護している場合などは、単に監護費用（養育費）の問題を超えて、監護者の就労が制限されたりするので、扶養的財産分与が必要となる。また、子の生活環境を変えるのが好ましくない場合には、住居確保の意味でも、要扶養性が認められる理由となる。

　　キ　有責性

婚姻破綻について、その責任が大きい元配偶者の請求については、

扶養的財産分与は認められないとする立場が多い（⇒【裁判例83】）（島津一郎＝久貴忠彦編『新・判例コンメンタール民法11』103頁（三省堂、1994））。

【裁判例83】　岐阜家審昭57・9・14家月36・4・78

　申立人が内縁の解消を理由に財産分与を求めた事例である。「申立人は、相手方との生活に見切りをつけ他男と共に出奔することによって内縁関係を解消したものであるから、離婚慰藉料的財産分与や離婚後扶養的財産分与を求めることは信義則上許されないものと解される」

3　扶養的財産分与の態様

(1)　生計費を給付する態様

　扶養的財産分与は、離婚後における相手方の生計の維持を目的とするので、一般的には、生計に要する費用、すなわち生活費を給付するという形をとる。その額と期間については、元配偶者の財産状況、生活状況等及び扶養義務を負う者の収入や財産状況等を考慮してされるので、明確な基準を示すことはできないが、婚姻生活を営んでいた場合の婚姻費用相当額が基準とされることが多い（秋武351頁）。そして、その期間は、1年から5年の間とするものが多いが（新田39頁は2、3年とする。離婚成立後3年間としたものとして⇒【裁判例84】・【裁判例85】）、その期間は、要するに、元配偶者が自活できるまでの期間が一つの基準となるので、元配偶者の年齢、専業主婦であった期間、その能力、資格の有無などから判断される就業の可能性の難易が影響する。そこで、若年では短く、高齢者の場合はある程度長くなる。高齢者については、10年から20年に及ぶ生存中という見解もある（田中由子「財産分与について」ケース研究185号72頁（1981））。

180 第4章 扶養的財産分与

【裁判例84】 東京家判平19・8・31家月61・5・55（東京高判平20・
5・14家月61・5・44により取消、離婚請求を棄却）

　原告（夫）の離婚請求に対し、被告（妻）が、棄却を求めるとともに、
予備的反訴として慰謝料、財産分与を請求した事例であり、判決は、離
婚請求を認め、反訴を一部認容したが、控訴審は、原告の離婚請求を有
責配偶者による請求として、原判決を取り消した。しかし、扶養的財産
分与の説示は、参考になることから、ここに挙げた。原被告は、昭和53
年○月○日に婚姻し、三人の子を儲け、同人らはいずれも成人に達して
いるが、長男には、後見的配慮が必要な状況がある。被告は、勤務経験
はあり、その後、介護ヘルパーのパート勤務をしていたこともあるが、
現在は、腰痛等の持病があるほか、ホルモンバランスの乱れ等により体
調が優れず、仕事はせず、長女方で世話になっている。判決は、慰謝料
500万円を認めたほか、清算の対象となる財産がなかったことから、清算
的財産分与を考えることは困難であるとした上で、「両者の現在の経済
的状況の格差や就労能力等に照らし、本件では扶養的な財産分与を考え
る必要がある。そして、平成17年○月○日に成立した調停により、原告
は被告に月額14万円の婚姻費用を支払うことが合意されていることを踏
まえ、離婚成立後もなお3年間は同等の経済的給付を保障することが相
当である。」として、扶養的な財産分与として、3年間分の婚姻費用額に
相当する金504万円を認めた。

【裁判例85】 横浜地川崎支判昭43・7・22判タ227・217

　原告（妻）と被告Y₁（夫）は昭和34年4月結婚し昭和41年5月別居した
夫婦で、原告が離婚、財産分与、慰謝料の請求をしたが、離婚は認めら
れるものの清算的財産分与は認められない事例である。「原告は結婚と
同時にそれまで勤務していた訴外○○株式会社を退職し、以後被告Y₁が
被告Y₂と情を通じて家庭をかえりみなくなるまで、もっぱら被告Y₁の月
給収入によつて生計を維持してきたこと、被告Y₁の右行為がなければ、

第4章　扶養的財産分与　　　181

引き続き右の状態の継続を期待しうる事情にあつたことを認めることができる。」「以上に認定した事実からすれば、本件離婚後なお3年間、原告をして、被告Y₁から毎月その月給手取額の約3分の1にあたる1カ月金2万円の扶助を受けさせるのが相当であると考える。」「よつて被告Y₁は、原告に対する財産分与として、本判決確定の日から3年間、毎月末日限り、1カ月金2万円の割合による金員を支払うべきものと定め、被告Y₁に対してその支払を命ずることとする。」

(2)　就職を支援する態様

▶離婚後転職のために研修を受ける場合、その研修費用を求めることができるか

　権利者が、具体的に就職活動をする意思を示している場合には、そのための費用、例えば、研修費用、就学費用等を扶養的財産分与として認める例がある。

(3)　住居確保を支援する態様

▶離婚に伴い転居が必要となる場合、転居費用を求めることができるか

▶離婚に伴い転居することとなった場合、転居先の敷金相当額を求めることができるか

　元配偶者が生計を維持する上で、住居の確保が必要となることから、離婚によって転居を要するときは、転居費用や新たな住居を確保するための資金、例えば、敷金や一定期間の賃料相当額を負担することがある。

　また、金銭的給付ではなく、財産分与により一方の単独所有となる住居に一定期間の利用権を設定するなどして、元配偶者の住居の確保をする態様がある。この態様の根拠については、財産分与の方法の項で述べる（**第5章参照**）。

(4)　清算的財産分与の額を増額する態様

　扶養的財産分与において金銭の給付を命じる方法をとる場合には、扶養的財産分与として一定額を給付する方法が一般的であるが、これを清算的財産分与の額に加算する場合がある（⇒【裁判例86】）。あいまいさが残る点は欠点である。

【裁判例86】　東京地判平9・6・24判タ962・224

　「○○子が取得すべき財産総額は、平成3年10月当時の夫婦財産の半額である2382万5000円に、未払婚姻費用相当額1168万円を加算し、これに扶養的要素を考慮して、3650万円とするのが相当である。」

第 5 章

具体的分与方法

184

第5章　具体的分与方法　　185

1　分与の方法

　財産分与対象財産の評価から、分与額を算出し、これによって具体的な分与を行う。

　原則は、金銭の給付によるといわれ（秋武＝岡190頁）、圧倒的に金銭給付によることが多いが、家事事件手続法は、金銭の支払のほかに、物の引渡し、登記義務の履行その他の給付を命ずることができるとしている（家事154②四）。

2　金銭による分与

(1)　支払方法

　▶財産分与を分割払とすることはできるか

　▶財産分与金の支払に猶予期間を設けることができるか

　夫婦の一方が他方に金銭を支払う方式が最も一般的である。支払の方法は、原則は即時一括支払である。清算的財産分与については、本来清算時に支払うべきものであるから、支払能力がないという理由で一定期間猶予したり、分割払とすることには、疑問がないではないが、財産分与の場合には、総額の調整や利息の付加による是正が可能であるから、当事者間の公平に反しない合理的範囲ならば分割払や支払猶予を命ずることは可能であるとされる（⇒【裁判例87】）（大津182頁）。給付額が多額の場合、その調達に与する期間を猶予する（支払時期を1、2か月期間先にするなど）ことはしばしばあり、財産分与の対象財産が将来給付される債権（例えば、退職金）であるような場合には、将来の一定の時期の支払が命じられる場合もある（⇒【裁判例48】・【裁判例50】ほか）。扶養的財産分与についても即時一括払が原則であるが、給付目的が将来の生計費であることから、義務者に一時に支払う能力がない場合、終期が不確定である場合などには、定期金方式が選ばれる（新田39頁）（⇒【裁判例85】）。定期給付を命じる場合、その終期

を明らかにする必要があるが、義務者が先に死亡する場合を考慮すべき場合もある（単に「原告の死亡に至るまで」とした事例として横浜地相模原支判平11・7・30判時1708・142）。調停後の合意においては、分割払や猶予はまれではない（付録〔条項例3〕～〔条項例6〕参照）。

【裁判例87】　松山家宇和島支審昭40・9・7家月18・2・88
　「相手方は、（中略）まとまつた現金を有していないから一時に多額の金員の支払いを命ずることは妥当でないし、その所有の不動産も、これを担保に供し殆ど価格に近い金員を借入れているので現物を以て分与を命ずることも適当ではない。従つて相当長期に亘つての分割払いを命ずるほかはない。ところで、相手方は申立人の実父に対し、（中略）昭和41年12月まで（中略）毎月1万円宛を支払うべき債務を現に履行しつつあるのであるから、更にこの上申立人に対し支払いを命ずることは、相手方には他にも未払債務が相当あること、相手方が申立人との間に出生した前記中学1年生と小学4年生の男児を養育していること等を考え併せると酷に失するといわなくてはならない。相手方が申立人の実父に対し支払いを完了する予定の日時まで、猶予して、昭和42年1月より完済にいたるまで毎月末日限り金1万円宛を支払わしめるが相当である」

(2)　支払の確保の手段
　ア　抵当権設定
　　▶財産分与金の支払が将来となる場合、義務者の所有不動産に
　　　抵当権を設定することができるか
　履行確保の観点から抵当権を設定した例がある（⇒【裁判例88】・【裁判例89】）。給付が、将来である場合や分割払とする場合には、その支払の担保のために抵当権を設定する必要が生じることもあるが、審判において、抵当権を設定できるかどうかについては争いがある。
　抵当権を設定できるとする積極説は、家事事件手続法154条2項を根

拠とすることになる。【裁判例88】は、旧家事審判規則56条により準用される同規則49条を根拠とし、【裁判例89】は、旧人事訴訟手続法15条2項を根拠とするが、いずれも家事事件手続法154条2項と同様に、「金銭の支払、物の引渡その他の給付を命じることができる」旨を規定していた（家事事件手続法では、登記義務が加えられている。）。

　消極説は、抵当権の設定は、財産分与それ自体ではなく、分与された権利の確保手段であり、財産分与とは別個の法律関係の設定であるから、法文の根拠が必要であり、旧家事審判規則49条、56条については、審判で形成された法律関係自体の実現に必要な範囲を超えるから根拠規定とならず、許されないという（大津190頁）。

　積極説は、これに対し、財産分与により給付を命じられた債務の支払の担保のために抵当権を設定することは、その債務は現物の分与に代わるものであり、かつ、これを担保する抵当権が当該現物である財産に設定される場合は、単なる支払の確保手段としてではなく、実質的に清算の一方法と解されるから、当事者の財産関係の公平な調整を図るため最小限必要な処分として許されるとする（斎藤秀夫＝菊池信男編『注解　家事審判規則〔特別家事審判規則〕〔改訂〕』250頁〔栗原平八郎〕（青林書院、1992））。

　分与金の支払を一定期間猶予する場合においては、猶予期間や分割払の期間が長期に及ぶときは、抵当権を設定する必要が生じることもあろう。その場合、抵当権を設定する不動産が財産分与の対象財産である場合には、その手段を残しておく必要があろう。

　【裁判例88】　新潟家審昭42・6・6家月19・12・52
　婚姻後、一部特有財産を加えて取得した建物に抵当権を設定した事例である。審判は、「当事者の婚姻期間、婚姻中の収入および支出、財産取得状況、離婚後の生活状況等をあわせ考えると、相手方は申立人Xに対

し離婚による財産分与として金30万円を支払うのが相当であると認める。而して相手方の財産状態を考慮し、相手方の申立人Ｘに対する右金30万円の支払債務を担保するため、家事審判規則第56条、第49条により相手方は申立人Ｘに対し、相手方所有の別紙第一物件目録記載の建物につき抵当権設定登記手続をすべきである。」とした。

【裁判例89】　東京地判平11・9・3判時1700・79（前掲【裁判例51】参照）

　原告（夫）と被告（妻）との離婚訴訟において、判決は、被告に対する財産分与として587万9000円の支払を命じ、かつこれを担保するために、原告が取得するマンション（原被告共有名義であり、被告持分を原告に分与した）に抵当権設定を命じた。
　「原告が平成10年4月15日に成立した家事調停に基づく婚姻費用の支払を一部怠っていること（第5回口頭弁論調書参照）等を考慮し、右清算金の支払を担保するため、人事訴訟法15条2項により、原告の取得する本件マンションに抵当権を設定し、その旨の登記手続を命じることとする。」

　　イ　同時履行
　　　▶共有不動産の持分を相手方に譲る場合、金銭で受領する財産
　　　　分与金と移転登記を同時履行とすることはできるか
　一方に不動産を分与し、他方に金銭を分与する場合、その履行確保という観点から、双方の給付を引換給付とする場合がある（松谷佳樹「財産分与の基本的な考え方」ケース研究294号144頁（2007）、山本25頁注78）（⇒【裁判例93】、調停の場合、付録〔条項例11〕参照）。清算金の支払によって処理する場合、他方に分与する財産（実質的共有持分）の対価という側面がないわけではないが、法的には、同時履行関係が生じるものではなく、公平の観点から履行確保のために、同時履行とするもので

第5章　具体的分与方法　　189

ある。そこで、金員を支払う側に資力があり、不履行のおそれが強く
なければ、引換給付にする必要はない。履行確保の方法としては、金
銭給付を先履行とすることもあり得る。

　　ウ　代物弁済
　　　▶義務者に財産分与金を支払う能力がない場合、代わりにその
　　　　特有財産を譲り受けることができるか
　裁判例には、代物弁済を命じる事例がある（⇒【裁判例114】）。金銭
での支払能力がない場合に、特有財産によって代物弁済をすることは、
あり得ることではある。調停であれば、合意ができれば代物弁済も可
能である。しかし、審判では無理である。
　【裁判例114】は、調停及び審判手続の過程で金銭の支払に代えて株
式を充てることを申立人が希望し、相手方に異議がなかったというも
のである。そうであれば、株式も、財産分与の対象財産であったから、
端的に、株式を分与すればよかった事案である。なお、【裁判例115】
も、慰謝料及び財産分与として支払うべき金員を掲げた上、その支払
に代え、賃借権を設定すること、相手方は賃料を請求しないこと、相
手方は申立人が賃借物件を収益目的で利用することに承諾することな
どを定めているが、特異な例である。
　当事者間に特有財産によって代物弁済をする旨の合意がある場合
は、その特有財産を財産分与の対象とすることができるというべきで
あるが、この場合、その特有財産を財産分与の対象財産として扱えば
よく、代物弁済によって譲渡するという形を取る必要はない。

3　現物による分与

(1)　不動産を夫婦の一方に帰属させる場合
　　ア　住宅ローンのない不動産
　　　▶現物分与をする場合の要件は何か

▶共有名義の不動産を夫婦の双方とも取得を希望しない場合ど
うするか

　財産分与対象財産が不動産の場合に、現物分与が必要な場合がある。
現物による分与がされるためには、①その必要があり（必要性）、かつ、
②これが相当な場合（相当性）に限られる。必要性の有無は、当事者
双方の意向、当該不動産の権利関係、利用関係等を考慮することとな
る。共有名義の不動産については、単独名義とする必要性は肯定でき
る。居住用不動産については、居住の必要性が高い場合は、その必要
性が認められる。そして、現物による分与により、代償金が生じる場
合には、その支払意思及び支払能力がなければ、現物分与をすること
は相当でないから、これらがあることも要件となる。

　共有名義の不動産で、いずれの当事者も取得を希望せず、必要性も
双方にない場合、その寄与が2分の1の場合、現物分与はせず、その不
動産の評価額を、それぞれがその名義上の持分を取得したとの計算の
上で、金銭給付による分与をする場合と、持分に差がある場合は一部
持分を移転して、各持分を平等とする場合があり、共有の解消は、後
の共有物分割に任せるとされている（秋武＝岡191頁）。審判の場合には、
売却して分割という方法がないので、共有物分割に委ねるのも一つの
方法であろう。ただし、調停の場合は、処分清算の方法をとることが
できる（付録〔条項例28〕参照）。

　イ　住宅ローンのある不動産
▶住宅ローンのある不動産を現物分与する場合に考慮すべきこ
とは何か
▶夫婦一方の単独名義で、かつ同人が住宅ローンの債務者であ
る不動産を他方に分与できるか
▶住宅ローンがある不動産を分与した場合、住宅ローンの支払
は誰がするか

　　　　第5章　具体的分与方法　　　　191

　　▶住宅ローンの名義は変更できるか

　　▶養育費の支払に代えて権利者居住建物の住宅ローンを支払う
　　　ことは可能か

　（ア）　住宅ローンのある不動産についても現物分与は不可能で
はないが、その場合、①必要性と②相当性（前記ア参照）のほか、次
の考慮が必要となる。

　現物分与をした場合、その不動産を住宅ローンの借主名義人以外に
帰属させる必要が生じた場合、債務者、すなわち住宅ローンの借主を
債権者の同意なしに変更することはできない。調停であれば、手続外
で、当事者が金融機関と相談すれば、新たに債務者となる者に相応の
収入がある場合には、変更可能な場合もないではないが（支払者を変
更する例として、付録〔条項例13〕〜〔条項例15〕参照）、やはり困難
な場合が多い。審判手続では、その変更は不可能である。

　そこで、債務者の名義はそのままとして、現実の支払担当者を決め
ることとなる。

　この場合、住宅ローンを支払う者が債務を継続して弁済する蓋然性
が高い場合であることを要する（⇒【裁判例90】）。

　債務者でない者に債務を負担させる場合に、法的な支払義務を負担
させるためには、重畳的債務引受又は履行引受をさせ、元の債務者と
の関係では、その内部分担をゼロとすることが考えられる（⇒【裁判
例91】）。履行引受の場合、引受人は、債権者に対して第三者として弁
済する。履行引受については、対債権者との間ではこれを強制的に実
現できず、求償の基準になる程度で意味がないとの批判もあるが、将
来求償の問題が生じた際の解決基準を示しておくことは全く無意味と
はいえない（沼田492頁）。

　審判において、重畳的債務引受や履行引受を命じることが可能であ
ろうか。いずれも、債務者と引受人との合意で可能な法律行為である

から、一概に不可能とはいえないが、付随処分の範囲を超えているのではないと思われる。審判前に、手続外で当事者が重畳的債務引受や履行引受の意思表示をし、これによる実体上の効果を前提に審判をするのが妥当であろう。

調停では、その相手方に所有名義があり、相手方が債務の名義人でもある不動産を申立人に分与する場合、①申立人が履行引受をした上で当該不動産については財産分与を原因として申立人に移転登記をし、相手方が支払をした場合には求償できる旨を定める場合（付録〔条項例16〕参照）、②申立人が住宅ローンの弁済を約束し、完済時に移転登記をするという方法（付録〔条項例17〕参照）がよく取られる。

財産分与対象不動産に抵当権が設定されているような場合、「抵当物件の所有者が所有権を第三者に譲渡する（名義を変更する）場合は、事前に銀行の承諾を得なくてはならない。」などの合意があることが多いが、このような約束があって、債権者の合意が得られない場合には、不動産の移転登記手続ができないので、この方法によるほかない。この場合、完済前の名義人による不動産の売却を防ぐために、仮登記が利用される（付録〔条項例17〕の3項参照）。③ちなみに、相手方が不動産を、子を監護する申立人に分与するとともに、養育費の支払に代えて当該不動産の住宅ローンを支払うという方法が取られることがあるが、相手方が住宅ローンの支払をしなかった場合等のことがあり得るので、養育費については養育費として合意し、住宅ローンの支払は申立人において支払うとの合意をすべきである。

　（イ）　不動産の登記名義と住宅ローンの名義が異なる場合、不動産の帰属と住宅ローンの名義は一致させる必要があることが多い。この場合、どちらに一致させるかは、当該不動産を取得する必要性、残債務の弁済能力等を考慮することになるが、債務者を変更できない点は考慮しなければならない。

第5章　具体的分与方法　　193

　　（ウ）　住宅ローンが連帯債務の場合、その不動産を一方の単独取得とした場合には、不動産を取得しない側から、連帯の免除を求められることは多いが、債務を弁済しない場合は、債権者が同意しない限り不可能である。そこで、このような分与をするには、支払担当者が弁済能力を有することが必要であるが、不履行の場合に備えて、連帯債務の内部分担を明確にし、内部分担がない一方が弁済した場合に求償を可能としておく。なお、実際の例では、不動産の登記名義が共有で、その住宅ローンは連帯債務である場合に、不動産の一方の持分を他方に財産分与したが、債務には触れない例は多くある。履行の担当に争いがない場合（⇒【裁判例93】）はよいが、紛争の可能性がある場合には、相当とはいえない。

　審判手続の場合、債務の負担だけを定める審判はできないが、財産分与の審判をする場合に、併せて債務負担について、すなわち他方が「債務全部を負担する」又は一方の「負担部分がゼロである」との審判をすることは可能ではないかと思われる（第6章7(3)参照）。

　なお、不動産及び債務の名義がいずれも一方であるオーバーローンの不動産をその名義人に取得させる場合に、債務について他方の負担部分がゼロであると定めた裁判例がある（⇒【裁判例117】）。これは、債務のオーバー部分は、原則として夫婦の双方が負担するとの見地から、内部分担について決定する必要があると判断したものと思量される。

【裁判例90】　東京地判平12・9・26判タ1053・215
　原告（夫）と被告（妻）の離婚訴訟において、財産分与の対象である被告名義の建物について、これに居住している被告が、その財産分与を求めた事例である。判決は、次のように述べて、被告への分与を認めなかった。「被告は、被告が現在居住している本件建物を財産分与し、被告に所有権を移転することを求めている。しかし、前記のとおり、本件建

物は住宅ローンが1000万円残っており、これを被告が負担して返済する能力があるとは思われないし、右ローンの債務者を原告から被告に交代することは債権者との関係で困難であると考えられる。また、住宅ローンを原告が負担することとして被告が本件建物を取得するのは、前記総財産から見れば明らかに過大な財産分与を受けることになるし、被告の現実の経済状態からみて、被告が原告に現金を支払ってそのプラスマイナスを調整することは困難であるといえるから、結局、本件建物を被告に分与することは相当とはいえない。そして、被告に対しては、金銭で財産分与することとしても、被告は相当額の金銭を取得することができるから、本件建物を出て転居することは十分可能であり、困難を強いることにはならないと思われる。」

【裁判例91】 大阪家審平17・6・28（平16（家）8345）（抗告審⇒【裁判例92】）

申立人（元夫）から相手方（元妻）に対する財産分与請求の事例である。申立人と相手方は調停離婚したが、財産分与の対象となる財産は、相手方の母の所有地上に建築した不動産（二世帯住宅）の申立人持分10分の5、相手方持分10分の1（他は、相手方の父の持分）である。申立人は、その持分を相手方に譲渡するので、調整金の支払を求める旨主張した。本件建物については、申立人と相手方の父を連帯債務者とする2件の住宅ローンが設定されており、その残額合計は、1780万円である。本件建物の資産価値は2485万円であった。審判は、上記持分は取得資金の比に対応していたから、その10分の6の1491万円が財産分与の対象となるとし、夫婦のこの持分取得に対する寄与は、弁済額として、申立人220万円、相手方241万円であり、申立人と相手方の本件住宅ローン債務負担の責任としては平等であるとし、かつ、本件不動産持分については、相手方に取得させるのが相当とした上で、「扶養的要素を検討する必要のない場合は、通常は、住宅ローン債務の負担は、不動産の所有権をどちらが取得するかによって定められ、一方に所有権を全部取得させる場合は、取得する側から他方に対して寄与相当の代償金を支払わせ、さらに

取得させた建物の価値に相当するローン額の支払いを命じるのが公平と考えられる。この考えによると、相手方は、本件建物の持分の価値1491万円から相手方の寄与相当額である241万円を差し引いた1250万円の住宅ローン（審判時の残ローン額約1700万円の74％に相当する。）を負担することになる。しかし、本件では、（中略）、扶養的要素の考慮を加え、申立人の負担する将来の（その始期は本件審判時とする。）住宅ローンの返済額のうち4割を相手方に、6割を申立人に負担させるのが相当である（これは全体としてみれば、申立人は申立人の寄与相当額220万円を相手方に分与するのに加え（中略）扶養的財産分与として838万円（220万円＋618万円）を負担した結果となる。）。そして消極財産の分与の方法としては、申立人の毎月の住宅ローンの支払いの一部を負担させるのが相当であるから、相手方が申立人の本件住宅ローン債務のうち4割の履行を引き受ける方法によるのが相当である。」として、主文で、相手方に対し、履行引受を命じた。

【裁判例92】 大阪高決平19・2・16（平17（ラ）809）（【裁判例91】の抗告審）

【裁判例91】に対して、申立人、相手方の双方が、それぞれ債務負担割合を不服として抗告した。抗告審は、本件不動産の資産価値を2485万円と認定し、相手方父の持分10分の4は、相当であると判断し、申立人と相手方が婚姻中に形成した財産の価額は1491万円とした（ここまで原審と同じ）。その上で、「本件債務は、平成19年1月時点でも、少なくとも約1569万円あり、本件持分の価額を上回っているから、本件持分は価値としては零であり、その意味で清算すべき資産ではないというべきである。本件建物の積極的資産価値のみに着目して、これを清算的財産分与の対象とした原審判の判断は、直ちには是認できない。」としつつ、財産分与のいわゆる扶養的要素及び慰謝料的要素を実現する見地から、分与の相当性を検討するとし、申立人が典型的な有責配偶者であること、並びに、相手方が本件不動産において二人の子を養育しており、相手方の生活を維持するためには本件建物に居住を続けることができるような条件を設

定することが必要であることを認定し、「そうすると、申立人は、本件婚姻を破綻させた有責配偶者として、また、扶養の見地から相手方に居住建物を確保させるよう尽力する立場にある者として、慰謝料的要素及び扶養的要素に基づく財産分与として、現在では無価値の本件建物の申立人の持分を相手方に分与した上、申立人と相手方の内部関係における本件住宅ローンの負担割合を定めるのが相当である（中略）。ところで、本件住宅ローンは、夫婦の共同生活中に発生した債務であるから、実質的にみて、相手方にも一部を負担する責任があるところ、上記のとおり、相手方も、今後、居住を継続する必要もあり、本件債務の一部につき履行引受をする意思があると認められる。また、申立人は、本件住宅ローンの本来的債務者として、その支払義務を免れることができず、その関係で支払を継続しているところ、今後、本件建物に居住してその利益を享受する余地のない申立人に、その負担を終局的に強いることも公平とはいえないから、双方の実質的負担部分を定めることが必要である。もっとも、相手方の負担割合のみを定めて、申立人において本件住宅ローンを完済した時点で相手方に求償して、超過分担部分を回収させる方法は、相手方の収入、生活状況に照らすと、その実現は困難であって、ひいては申立人に過大な負担をかけることになるから、相当とはいえない。以上の点を考慮すると、本件の事実関係の下においては、申立人が本件債務の支払を継続する場合においては、相手方に本件債務の一部につき負担部分を定めた上、その履行を引き受けさせ、各支払期に申立人が支払った都度、申立人から相手方に負担部分を求償できる途を残すのが公平の見地からみて相当と考えられる。」として、履行引受命令含めて原審を維持した。

【裁判例93】　東京高判平10・2・26家月50・7・84

　財産分与の対象財産として、控訴人及び被控訴人の持分各2分の1の本件不動産があり、その取得についての寄与の割合は、控訴人4割、被控訴人6割と認められ、その取得のために借り受けた債務は連帯債務となっている事例で、判決は、本件不動産は、全部控訴人に取得させることと

し、これに対して控訴人から被控訴人に一定額の金銭を支払うべきものとする等して双方の利害を調整する方法を取り、「前記○○公庫から借り受けた債務は控訴人と被控訴人の連帯債務となっているが、その残債務については、控訴人は財産分与の結果本件不動産を全部取得することが認められたときは、全部自己の負担において支払う意思を明らかにしていること、その他諸般の事情を考慮すると、控訴人が被控訴人に対し支払うべき額は1600万円とするのが相当である。」として、「本件財産分与の方法としては、被控訴人は控訴人に対し、本件不動産についての被控訴人の持分全部を分与してその移転登記手続をすべきものとし、控訴人は被控訴人に対し、1600万円を支払うべきものとし、右不動産の持分の移転登記手続と右1600万円の支払とは同時に履行すべきものとするのが相当である。」とした。

(2)　退去・明渡し

　夫婦の一方が占有する不動産を他方に分与する場合、その退去・明渡しは、分与を受けた者に完全な所有権を取得されるものであるから、分与に伴う付随処分として許される（前掲『注解　家事審判規則〔特別家事審判規則〕〔改訂〕』250頁〔栗原〕、高松高決昭36・12・15家月14・4・204）。

4　利用権の設定

　▶離婚後も夫名義の建物に居住したいが方法はあるか

(1)　利用権設定の可否

　財産分与の対象となる財産に利用権を設定することができることは肯定されている（加藤永一「夫婦の財産関係について（二）－夫婦財産の利用関係を契機として－」民商46巻3号494頁（1962）、佐藤義彦「財産分与としての賃借権設定」判タ臨時増刊558号232頁（1985））。所有権の一要素である利用権を分与すると考えるのである（大津189頁）。扶養的財産分与の場合は、必要性が認められれば、特有財産についても設定が可能とされる（前掲『注解　家事審判規則〔特別家事審判規則〕〔改訂〕』249頁〔栗原〕）。

(2) 敷地が固有財産である場合

【裁判例94】は、建物を分与するに当たり、その敷地に利用権を設定した事例である。一般的にいえば、建物を一方に分与する場合、その敷地所有権と共に分与するのが、後の法律関係を簡明にする。【裁判例94】の事例は、敷地が特有財産であることから、これを分与の対象とできず、敷地利用権を設定した。

しかし、財産分与の対象でない特有財産に利用権を設定することは、清算的財産分与においては、これを認めることはできないとするのが多数である（前掲『注解　家事審判規則〔特別家事審判規則〕〔改訂〕』249頁〔栗原〕。なお、佐藤・前掲236頁は、婚姻中に存在した特有財産に対する利用権の清算として可能とする。）。

ただし、建物のみが財産分与の対象となる場合、その建物は敷地利用権（使用借権）付きの建物であるという見方も成り立つ。なお、相手方の同意があればよいとされる（前掲『注解　家事審判規則〔特別家事審判規則〕〔改訂〕』249頁〔栗原〕）。扶養的財産分与については、財産分与の対象財産の範囲は問題とならないところ、【裁判例94】の場合、扶養的財産分与を考慮しており、問題はない。

【裁判例94】　東京高判昭63・12・22判時1301・97

被控訴人の財産分与の申立てについて、控訴人名義の土地は全て控訴人の特有財産であるとして、一部建物について被控訴人に財産分与し、その敷地に使用借権及び賃借権を設定した事例である。判決は次のようにいう。「被控訴人の離婚後の扶養的な趣旨をも考慮に入れると、控訴人が被控訴人に対して分与すべき財産としては、（中略）被控訴人名義で保存登記がなされているが、実質的には控訴人の所有である自宅の母屋（本件(4)建物のうち主たる建物）及び店舗（本件(5)建物）を被控訴人に分与し、かつ、各建物の敷地に対する利用権を設定すれば十分という

べきであって、右母屋の敷地（本件(1)土地）については、被控訴人が居住することを考慮して、被控訴人が生存中はこれを無償で利用し得る使用借権を、また、店舗の敷地（本件(3)土地）については、右店舗の営業利益等を考慮して、被控訴人から控訴人に対して対価を支払わしむべく、別紙物件目録(6)記載の賃借権を、それぞれ設定するのが相当というべきである。」

(3) 住居確保の必要による利用権の設定

扶養的財産分与では、一方の住居確保の必要から、他方が所有する建物等に使用借権や賃借権を設定することもある（⇒【裁判例95】・【裁判例96】）。

離婚後に、元夫婦間の法律関係を残すことは好ましくないとの意見もあるが、元夫婦間に未成熟子がいる場合、少なくともその成人に至るまでは、子のために共同して監護についての配慮を行う必要があり、必ずしも、離婚を契機に全ての法律関係を清算すべきであるとまではいえない。利用関係を設定する必要があるとされた例には、子が幼少である場合や就学の関係で環境を変更すべきでない事情がある場合が多い。高齢者の離婚では、新たに住居を確保することが困難であり、一定期間の住居を確保する必要が生じる場合もあり得る。

浦和地裁昭和59年11月27日判決（判タ548・260）は、子が成年に達するまで約10年間の賃貸借を認め、【裁判例95】は、長女が高校を卒業する平成27年3月まで約6年間の賃借権、【裁判例96】は、二女が高校を、長男が小学校を卒業する時期までの約8年間の使用貸借を認めている。利用関係を設定する場合、使用貸借では第三者に対抗できないし、他方、賃貸借では、借地借家法が適用されることになるので、双方の事情をよく考慮した上で、どのような利用権を設定するか検討すべきである。

現に居住している一方がその不動産をそのまま利用することを認め

る場合であっても、その期間が比較的短いものであれば、明渡義務を
認めるとともに、明渡猶予期間を設けるという方法もある。

【裁判例95】　名古屋高判平21・5・28判時2069・50
　被控訴人（夫）と控訴人（妻）とは、平成6年に婚姻し、その間に長女
を儲けた夫婦であるが、被控訴人が、平成16年3月、別居し、平成17年に、
控訴人に対し、離婚、親権者指定、財産分与を求め、控訴人が反訴請求
した事例であり、財産分与の対象財産は、控訴人名義の預貯金、保険解
約返戻金等のほか、夫婦が住居として使用していたマンション1室があ
る。同マンションは、婚姻後の平成11年に購入したものであるが、代金
2835万円及び諸経費280万円の内、前払代金約400万円及び諸経費のほ
とんどが控訴人の特有財産である預金から支払われており、被控訴人持分
1000分の883、控訴人持分1000分の117の登記がされているが、控訴人持
分は控訴人の特有財産と認められる。控訴審判決は、双方の離婚請求及
び控訴人の慰謝料請求400万円等を認容し、財産分与について、積極財産
の合計2855万3203円から消極財産（住宅ローン）2465万2821円を控除し
た残額390万0382円の2分の1の195万0191円がそれぞれの取得すべき金額
とした上で、「本件別居は、夫による悪意の遺棄に該当し、（中略）、遠い
将来における夫の退職金等を分与対象に加えることが現実的ではなく、
更に一部が特有財産である本件マンションが存在するところ、このよう
な場合には、本件婚姻関係の破綻につき責められるべき点が認められな
い妻には、扶養的財産分与として、離婚後も一定期間の居住を認めて、
その法的地位の安定を図るのが相当である。」として、被控訴人持分の上
に、賃料を月額4万6148円、賃貸期間を長女が高校を卒業する平成27年3
月までとの条件で妻に賃貸するよう命じた。

【裁判例96】　名古屋高決平18・5・31家月59・2・134（前掲【裁判
　　　　　　　例75】参照）
　抗告人（元妻）と相手方（元夫）は、婚姻後、子三人を儲けたが、相

第5章　具体的分与方法　　201

手方が、平成11年4月、突然に離婚を表明して別居し、抗告人が子供を育てる間は家賃なしで自宅マンションに居住してよいなどの条件を提示したなどの経緯もあって、抗告人が、平成11年6月、協議離婚に応じ、その後、財産分与を求めた。なお、抗告人は、自宅マンションで居住し、相手方は、月額20万円弱の養育費の支払は継続しているが、その後、再婚している。財産分与の対象となる自宅マンションは、購入価額約3000万円のうち、抗告人が特有財産から300万円を出捐し、他は相手方名義の住宅ローン等の貸付金により取得し、抗告人の持分割分6分の1、相手方持分割合6分の5で登記されており、住宅ローンを被担保債権とする抵当権も設定されている。基準時における評価額は2090万8143円であり、住宅ローンの残債務額は2383万4453円であった。抗告人の給与収入は年間約210万円であり、他に社会保障給付があるが、相手方からの養育費の支払を加えて、その年間支出とほぼつり合っている。相手方の収入は、年間約1170万円（再婚した妻の収入も合わせた世帯収入は約1560万円）である。決定は、「抗告人は、社会経済的に一応の自立を果たしており、また、その収支の状況をみても、外形上は、一定の生活水準が保たれているかのようである。しかしながら、抗告人の上記収支の均衡は、住居費の負担がないことによって保たれているということができ（中略）抗告人及び未成年者らが居住できる住居（中略）を別途賃借するとすれば、たちまち収支の均衡が崩れて経済的に苦境に立たされるものと推認される。そうすると、本件においては、離婚後の扶養としての財産分与として、本件マンションを未成年者らと共に抗告人に住居としてある程度の期間使用させるのが相当である。」とし、自宅マンションの抗告人持分を相手方に分与し、抗告人に約106万円を分与した上で、扶養的財産分与として自宅マンションに約8年間の使用借権を設定した。

(4)　収入確保のため必要な場合

収入確保のため必要な場合に認めた例もある（⇒【裁判例97】）。

【裁判例97】　浦和地判昭59・11・27判タ548・260

原告（妻）が、被告（夫）に対して、離婚とともに財産分与を求めた

事例である。原被告は、昭和49年1月11日婚姻した夫婦であって、その間に長男一郎（昭和50年6月13日生まれ）が存する。被告は、かねてから競輪、競馬、競艇、麻雀、パチンコなどの賭事に耽り、昭和53年以降は、給料の大半が天引され、そのうえ、いわゆるサラ金等から多額の借財をして散財する始末で、一家の生計は、その頃以来、ほとんどピアノ教室を営む原告の収入により支えられ、被告のこの借財で原告が返済したものも少額ではなかった。財産分与の対象となる財産は、被告名義の本件建物のみであるが、これは、住宅金融公庫等の住宅ローンと原告の父からの借金等で購入したもので、ローンの相当額は原告が返済している。本件建物の一階の大部分は、原告のピアノ教室として造られたもので、現に原告の収入の基礎として不可欠である。被告は、離婚後本件建物を自ら利用する意思はない。判決は「財産分与については、数年間にわたり原告の収入で概ね一家の生計を支えてきたこと等を考慮し、清算の意味で被告から原告に対し金400万円の支払を、また無責の原告の今後の生活のためには当分の間本件建物の利用を不可欠と認め、主文四1掲記の約定で賃借権の設定分与をさせるものと定め、被告に右金銭支払及び賃借権の登記手続を命ずることとする。」とした。主文掲記の賃借権の内容は、長男が成年に達する昭和70年6月12日までの期間、月額6万円とするもので、長男の養育費の額にほぼ相当する。

5　その他の財産権の移転

(1)　動　産

▶ペットは誰が引き取るか

　占有の移転を必要とするときは引渡しを要する。引渡しをすべき者が、第三者に占有させている場合であっても、義務者に引渡しを命じればよい（⇒【裁判例106】）。

　なお、第6章3(2)、付録〔条項例21〕〜〔条項例23〕を参照のこと。

　ペットは、法律的には動産である。多くの場合、市場価値はないで

あろうから、その意味では、財産分与の対象とはならない。そこで、審判では、対象財産から除外する。しかし、調停では、しばしば、これをどちらが引き取るかでもめることがある。双方が引取りを希望する場合と双方がこれを拒否する場合がある。ペットは、生き物であるから、単なる動産と同様には扱えない。いずれかが引き取るとした場合、引き取る者に、ペットを飼う環境が整っていること、ないし整えることができることが必要であり、現実に飼育が可能であることを要する。

将来の飼育費用を誰が負担するかが問題となることもあるが、原則的には、飼育する者が負担することとなろう。双方が引取りを望まない場合には、共有のままとして新たな買主を探し、新たな買主が現れるまでは飼育費用を分担する（共有物に関する費用（民253①））という解決もあり得る。

自動車など、登録を要する動産は、登録名義の移転手続をする必要がある。

なお、第6章3(2)、【裁判例109】・【裁判例110】、付録〔条項例24〕を参照のこと。

(2)　債　権

　ア　預貯金・有価証券

預貯金や換価可能な有価証券は、その名義人に帰属させ、調整金で処理する。

　イ　生命保険

生命保険については、解約しない場合には、名義変更等を要する場合がある（付録〔条項例26〕参照）。

　ウ　ゴルフ会員権

ゴルフ会員権は、譲渡を不可とする特約がない限り、譲渡性が認め

られる（最判平7・1・20判時1520・87）。譲渡に、債権者の承諾が要件となっている場合は、これを名義人以外に帰属させるのは難しい（**第6章4(2)イ**参照）。

　エ　賃借権等

　賃借権等の不動産利用権を分与する場合、貸主等の承諾を要することがある（**第6章4(2)ウ**、付録〔条項例25〕参照）。

第 6 章
財産分与審判の主文

206

1 財産分与の審判

(1) 審判事項

　財産分与は、当事者間に協議が調わないとき、又は協議をすることができないときは、家庭裁判所において協議に代わる処分として審判で決めることになる（民768②・771）。家庭裁判所は、当事者双方がその協力によって得た財産の額その他一切の事情を考慮して、分与をさせるべきかどうか並びに分与の額及び方法を定める（民768③・771）。その手続の法的性質は、家事審判事項（家事別表第二の4）であって、その実質は非訟事件であり、家庭裁判所は、夫婦の財産関係の清算や離婚後の一方当事者の生計維持等を目的として、後見的見地から、職権調査の下に広い裁量権を行使して、その具体的内容を形成するものであり、財産分与の手続のうちには、離婚訴訟の附帯処分の裁判（人訴32）としてされる場合もあるが、性質に違いはない（最判昭46・7・23民集25・5・805）。

(2) 申立てとの関係

　▶当事者が申し立てた額を超える財産分与を認めることができるか

　▶審理の結果、申立人が財産分与の義務者であると判明した場合にどのような裁判をするか

　財産分与の審判は、後見的見地から、職権調査の下にされる裁量処分であり、判決事項に関する処分権主義（民訴246）や、上級審での不利益変更禁止の原則（民訴304）の適用はない。そこで、財産分与の申立ては、抽象的に財産分与の申立てをすることで足り、分与の額及び方法を主張しても裁判所を拘束しない（⇒【裁判例14】）。上訴審においても、申し立てた額を超える財産分与を命じることができる（⇒【裁判例98】）。審判における認容額が申立人の申し立てた額より低くなっても、その余の請求を棄却する必要はない。

208 第6章 財産分与審判の主文

　なお、妻の申立てによる財産分与に関する処分の裁判において、妻
が持ち出した財産額が分与相当額を上回る場合、夫からの申立てがな
くても、その差額を夫に分与することができるとした例がある（⇒【裁
判例99】）。申立てより不利な判断をしても、そのこと自体は問題とな
らないが、マイナスの結果となる場合は、申立人が実は義務者であっ
たということになり、義務者からの申立てを認めない立場からは、申
立てを却下することになるはずである。しかし、それでは紛争が解決
しないし、当事者が財産分与について十分に主張立証する機会は保障
されていたといえるので、相手方に申立てをさせる運用がされて然る
べきである（第2章2(1)イ(エ)参照）。

　共有不動産の分与を求める場合などに、双方から申立てがあること
があるが、この場合も事件は一つであり、一方に不利な結果となって
も、その申立てを棄却する必要はない。当事者双方の有する財産分与
対象財産の価額が明確でなく、双方が金銭による分与を求めて申立て
をした場合、審理の結果、どちらかが義務者であったことが判明する
が、この場合、義務者からの申立てを認めない立場からは、申立てを
却下することになる。他方、【裁判例99】や、例外を認める立場では、
却下の必要はないということになる。

【裁判例98】　最判平2・7・20民集44・5・975
　「人事訴訟手続法15条1項の規定により離婚の訴えにおいてする財産
分与の申立については、裁判所は申立人の主張に拘束されることなく自
らその正当と認めるところに従つて分与の有無、その額及び方法を定め
るべきものであつて、裁判所が申立人の主張を超えて有利に分与の額等
を認定しても民訴法186条の規定に違反するものではない。したがつて、
第一審判決が一定の分与の額等を定めたのに対し、申立人の相手方のみ
が控訴の申立をした場合においても、控訴裁判所が第一審の定めた分与
の額等が正当でないと認めたときは、第一審判決を変更して、控訴裁判

第6章　財産分与審判の主文　　209

所の正当とする額等を定めるべきものであり、この場合には、いわゆる不利益変更禁止の原則の適用はないものと解するのが相当である。」

【裁判例99】　東京高判平7・4・27家月48・4・24
　被控訴人（妻）が控訴人（夫）に対し、離婚及び財産分与を求めた事例であり、被控訴人は、別居に際して、ゴルフ会員権証書や債券類等合計3610万円相当を持出していた。判決によれば、実質的共有財産は被控訴人が持ち出した財産も含めて総額7020万円であり、その約3割6分に当たる2510万円が被控訴人に、その余は控訴人に分与されるべきであるとし、被控訴人が持ち出した財産についても、一部は名義人の控訴人に帰属させ、「被控訴人が持ち出した債券類の評価額との差額相当の1100万円については、主文で、控訴人に分与される旨を宣言し、その金額相当額の支払を命じることとする。」とした。

(3)　理由等
　　▶裁判の理由はどの程度記載すべきか
　財産分与の額の判断の方法については、裁判例は、一括裁量方式と、個別算定方式に分かれる。一括裁量方式は、財産分与を構成する清算的要素、扶養的要素、慰謝料的要素の全てに影響する事由を網羅的に一括して認定した上、これらの一切の事情を総合して判断する方法であり、個別算定方式は、要素ごとに斟酌事由を検討して個別に算定する方式である。個別算定方式は、要素ごとに具体的な根拠を示して決められるため、給付額の適正さや裁判の客観性が担保されるとされ（大津55頁）、最近の実務は個別算定方式による。そこで、財産分与の決定においては、清算的要素、扶養的要素、慰謝料的要素のいずれを考慮したのか明示する必要がある。特に、慰謝料的要素については、後に、別途、請求される余地もあるから、慰謝料的要素考慮の有無は明らか

にしておく必要がある。

　審判書には、理由の要旨を記載する必要がある（家事76②二）。審判書作成の目的は、主として、当事者に対しては審判の内容を正確に知らせ、即時抗告をするか否かを判断させるために必要な情報を与えるとともに、上級裁判所に対しては、その審判がいかなる理由によりされたものであるかを明らかにするものであるから（金子修編『逐条解説家事事件手続法』250頁（商事法務、2013））、その目的に必要な程度の記載を要する。財産分与の審判では、分与の額及び方法を定めることになるが（民768③）、財産分与を金銭以外の財産をもってする場合、分与すべき財産を特定すれば足り、その評価額まで判示する必要はない（最判昭41・7・15民集20・6・1197（【裁判例14】と同事例））。とはいえ、清算的財産分与の判断においては、通常、分与すべき財産の評価は必要となる。

2　不動産の財産分与

(1)　権利関係を形成する主文の要否等

　▶財産分与の判断結果のうち主文に表示すべき部分はどの範囲か

ア　財産分与による権利変動

　所有権の取得は、主として売買等の法律行為によって生じる。夫婦が婚姻中に、不動産の所有権を取得した場合、それが売買によるのであれば、買主として意思表示をした者が、所有権を取得することになる。民法は、夫婦別産制をとるから、当然に夫婦の共有になるものではない。もちろん、共有で取得する場合もある。そこで、夫婦が婚姻中に取得した不動産は、夫又は妻の所有あるいは双方の共有という形で存在することになる。形式的に第三者の名義で存在する場合もあるがここでは触れない。

第6章　財産分与審判の主文　　211

　財産分与においては、婚姻中に夫婦が取得した財産については、特有財産を除き、その名義の如何に関わらず、これを分与の対象とすることになるが、財産分与の結果が従前の所有関係と異なる場合は、財産分与によって、その対象となった財産について新たな権利関係を形成し、権利の変動が生じることになる。そこで、主文でこれを明らかにする必要がある。理由中で記載しても、これによって物権変動が生じるとはいえないから、それだけでは足りない。一方、財産分与の結果が、従前の所有関係と一致する場合、財産分与によって権利変動が生じるわけではない。財産分与は、夫婦の一方から他方への所有権又は共有持分の移転といえるからである。

　したがって、この場合は、権利変動を形成するための主文は必要ない。

　そこで、主文には、財産分与による不動産取得者と名義が異なる不動産についてのみ、これをその取得者に財産分与する旨を掲げる必要があり、それで足りる（秋武＝岡185頁注90）。ただし、理由中に、主文の分与が導かれる理由を記載するのは当然である。

　　イ　財産分与対象財産全部の帰属を主文に掲げる立場

　不動産を含む財産分与対象財産全部の帰属を主文に掲げるべきであるとの見解がある。これは、財産分与において、対象財産の全てが財産分与の対象となって新たな権利関係が形成されたということを明らかにしようとするものであろう。

　実質的共有が物権上の共有であると考える立場では、対象物件を一方の単独所有とするためには、登記名義にかかわらず、実質的な共有持分を移転する必要があるから、その形成主文を必要とする。裁判例には、財産分与対象財産の全部の分与を宣言した例も少なくない。【裁判例100】は、土地建物はその名義どおりに、動産はその所持するもの

を所持人の取得としたものであり、【裁判例101】は、預金は、それぞ
れの名義のものをそれぞれが取得するとし、債務も財産分与の対象財
産として、これをその名義人である原告に帰属させたものである。

【裁判例100】 名古屋高金沢支決昭60・9・5家月38・4・76
　相手方から財産分与の申立てがされた事案で、積極財産は抗告人名義
の土地建物及び当事者がそれぞれ所持する動産であり、債務として、土
地建物取得の際の抗告人名義の借入金があった。主文は次のとおりであ
る。土地建物はその名義どおりに、動産はその所持するものを所持人の
取得とした。
主文
「2　当事者双方の共有財産を次のとおり分与する。
　（1）　別紙共有財産目録(1)記載の土地・建物を抗告人の取得とする。
　（2）　同目録(2)記載の有体動産のうち、A欄記載のものは相手方の、
　　　　B欄記載のものは抗告人の各取得とする。
　（3）　抗告人は相手方に対し右分割の調整として金76万0811円を支払
　　　　え。」

【裁判例101】 東京地判平11・9・3判時1700・79（前掲【裁判例
　　　　　　　51】参照）
　離婚請求に伴って財産分与が請求された事案であるが、積極財産とし
ては、共有名義のマンション（目録1、2）、原告名義の土地（目録3）、ゴ
ルフ会員権（目録4の1、2）、保険解約返戻金（目録5）、預金（目録6の1、
2、3）、将来の退職金等が財産分与の対象となった事案で、不動産は共有
のもの、それぞれの名義のものがあり、預金も同様で、他に、被告が債
務者である債務が存在した。判決は、預金はそれぞれの名義のものをそ
れぞれが取得するとし、債務も財産分与の対象財産として、これを名義
人に帰属させた。

第6章　財産分与審判の主文　　　213

主文
「1　原告と被告を離婚する。
　2　原告に対し、別紙財産目録1及び3記載の不動産、同目録4の2記載の
　　ゴルフ会員権並びに同目録6の1記載の預金をそれぞれ分与する。
　3　被告に対し、別紙財産目録2記載の不動産、同目録4の1記載のゴル
　　フ会員権、同目録5記載の各生命保険解約返戻金並びに同目録6の2及
　　び3記載の預金をそれぞれ分与する。
　4　被告は、原告に対し、別紙財産目録1記載の不動産の共有持分につ
　　き、第2項の財産分与を原因とする所有権（共有持分権）移転登記手
　　続をせよ。
　5　原告は、被告に対し、別紙財産目録2記載の不動産の共有持分につ
　　き、第3項の財産分与を原因とする所有権（共有持分権）移転登記手
　　続をせよ。
　6　原告は、被告に対し、金587万9000円を支払え。
　7　原告は、被告に対する前項の支払を担保するために、被告に対し、
　　別紙財産目録1記載の不動産に抵当権を設定し、抵当権設定登記手続
　　をせよ。右登記費用は原告と被告の平等負担とする。
　8　原告と被告の間において、別紙債務目録1、2記載の債務を原告に負
　　担させる。」
　また、最高裁判所事務総局編『改訂　家事審判書集』211頁（法曹会、
1996）は、申立人名義の目録1、2の土地、相手方名義の目録3の建物を分
与の対象とした事例であるが、その主文は次のとおりである。
「1　申立人に対し、別紙物件目録1ないし3記載の土地建物を分与する。
　2　相手方は、申立人に対し、別紙物件目録3記載の建物につき、前項
　　の財産分与を原因とする所有権移転登記手続きをせよ。
　3　申立人は、相手方に対し、金358万3596円を支払え。」

（2）　給付を命じる主文
　　ア　移転登記手続を命じる主文
　不動産を財産分与する場合、所有名義を移転することになる（家事
154②四）。

一般的な例は、相手方の不動産持分の移転を求める場合であれば、「相手方は申立人に対し、別紙物件目録記載の建物の相手方持分○分の○につき、本件財産分与を原因とする持分全部移転登記手続をせよ。」となる（名古屋高決平18・5・31家月59・2・134など）。登記手続に当たっては、登記原因、その日付、登記の目的が必要であるので（不動産登記法59）、これらは、主文で明らかにするのが望ましい。

登記原因は財産分与である。その日付は、財産分与が効力を生じた日となり、それは、判決又は審判確定の日となることから、これを記載しないのが一般である。

登記の目的は、対象不動産の所有権全部の移転をするときには、単に「所有権移転」となる。単有名義の所有権の一部を移転する場合は「所有権一部移転」である。

共有持分の全部又は一部移転の場合は、共有者のうちの誰の持分を移転するかを明らかにする必要があるから、共有者の氏名を記載し、「○○持分全部移転」又は「○○持分一部移転」とする。そこで、配偶者が共有する不動産を財産分与により一方に集中する場合については、「共有持分全部移転登記手続をせよ」と記載することになる。

分与の対象である土地が農地の場合、昭和45年以前は、所有名義の移転に農地法上の許可が必要であったが、同年の法改正により（同年法律56号）、許可は必要なくなった（現行農地法3①十二）。

　イ　引渡しを命じる主文
　　▶主文を「引き渡せ」とするか「明け渡せ」とするか
分与した不動産が他方の占有下にある場合、その引渡しを命じることになる（家事154②四）。一般的な例では「相手方は、申立人に対し、別紙物件目録記載の建物を明け渡せ。」とするものが多い。

上記主文は、「明け渡せ」と表現している。引渡しは、物に対する直接支配を単に移転することである。これに対し、明渡しは、引き渡す物件に居住し、又は物を置いて占有している場合に立ち退き又は引き

第6章　財産分与審判の主文　　215

払うことによって相手方に目的物の直接支配を得させることをいう。明渡しは引渡しの一種ではある。そこで、引渡しを命じる物件に相手方が居住している場合は、「明け渡せ」と表現することになる。引き渡すべき者が当該物件に居住しており、直ちに明け渡すことが困難な場合には、明渡しまでの猶予期間を設ける例もある。大阪高等裁判所・家庭裁判所家事審判書改善委員会「家事審判書の改善について」判タ臨時増刊813号113頁（1993）では、「4　相手方は、申立人に対し、この審判確定の日から3か月以内に、別紙物件目録3の建物を明け渡せ。」と記載している。

(3)　不動産利用権設定の主文

建物についての敷地利用権を設定するもの（⇒【裁判例102】）と、建物の利用権を設定するものがあり、利用権の種類としては、使用借権（⇒【裁判例103】）と賃借権（⇒【裁判例104】）がある。この場合、目的、期間、賃貸借の場合には賃料の額、特約を明らかにする必要がある。賃借権を設定した場合に、その登記手続を命じたものもある（⇒【裁判例105】）。

【裁判例102】　東京高判昭63・12・22判時1301・97（前掲【裁判例94】参照）

主文

「1　控訴人から被控訴人に対して別紙物件目録(4)記載の建物（但し、付属建物を除く。）を分与し、かつ、同目録(1)記載の土地につき、控訴人を貸主、被控訴人を借主とし、右建物所有を目的とする使用借権を設定する。

　2　控訴人から被控訴人に対して別紙物件目録(5)記載の建物を分与し、かつ、同目録(3)記載の土地につき、控訴人を貸主、被控訴人を借主とする同目録(6)記載の賃借権を設定する。」

第6章　財産分与審判の主文

【裁判例103】　名古屋高決平18・5・31家月59・2・134（前掲【裁判例96】参照）

主文
「3　抗告人と相手方との間において、原審判別紙物件目録記載1、2の土地及び同3の建物について、次の内容の使用貸借権を設定する。
(1)　借主　抗告人
(2)　貸主　相手方
(3)　期間　平成11年6月4日から平成19年3月31日まで
(4)　借主の負担する費用　水道料金を含む共益費、駐車場使用料及び光熱費」

【裁判例104】　名古屋高判平21・5・28判時2069・50（前掲【裁判例95】参照）

主文
「(5)　被控訴人は、控訴人に対し、原判決別紙物件目録記載の不動産の被控訴人の持分（全体の1000分の883）を、下記内容で賃貸せよ。
賃貸期間　本判決確定時から平成27年3月まで
賃料　月額4万6148円
支払時期　毎月末日限り」

【裁判例105】　浦和地判昭59・11・27判タ548・260（前掲【裁判例97】参照）

主文4項
「1　離婚に伴い、被告が原告に対し金400万円及び次の賃借権の財産分与をするものと定める。
賃借権
賃貸人被告・賃借人原告

対象　別紙物件目録記載の建物
　　　期間　離婚の日から昭和70年6月12日まで
　　　　　　但し、賃借人は賃貸人に3か月前に通知して解約することが
　　　　　　できる。
　　　賃料　月額6万円、毎月末日当月分払
　　　　　　賃貸借期間中増減額しない。
　　　特約　被告は原告のため賃借権の不動産登記をすべきとする。
　2　被告は原告に対し、400万円を支払い、かつ、前記賃借権の設定登
　　記手続をせよ。」

3　動産の財産分与

(1)　権利関係を形成する主文の要否等

　動産についても、権利関係が審判によって形成される点は不動産の場合と異ならないから、形成主文は必要である。形成主文がないと、その後に、所有権がなお元の占有者にあるとして、引渡請求の訴えが可能となり、審判の理由中での財産分与は、抗弁となり得ない。【裁判例110】は、形成主文を掲げない事例であるが、掲げるべきであったと思われる。

　主文で掲げるのは、不動産の場合と同様に権利の変動を生じる場合のみで足りるといえる。ただ、動産の場合には、不動産の売買と比較して、買主が客観的に明確でないことも多く、その所有関係が物権上の共有といえる場合も多くなるところ、その場合には、これをどちらか一方に帰属させるときは、主文に掲げる必要がある。その方法としては、持分のみの分与で足るというのが理論的であるが、不動産と異なり持分割合が客観的に明確といえないから、当該動産全部の分与を命じるのが普通である。

第6章　財産分与審判の主文

【裁判例106】　東京地判平16・3・17（平15（タ）648）

委託業者において飼育・調教されている競走馬3頭が財産分与の対象となった事例であるが、判決は、そのうち2頭を被告に分与した。主文は次のとおりである。

「2　原告から被告に対して別紙物件目録1及び3記載の馬2頭を分与する。」

---

(2)　給付を命じる主文

　　▶動産の引渡しにはどのような態様があるか

財産を分与すべき者が動産を所持するときは、引渡しを命じることになる（⇒【裁判例107】）。引渡場所については、分与対象財産は特定物であるから通常、分与時の所在場所となるが（民484）、必要な場合は引渡場所を記載する（⇒【裁判例108】）。また、自動車など登録等の公示方法を持つ動産についてはその移転手続を命じる（⇒【裁判例109】・【裁判例110】）。

【裁判例107】　東京高判昭54・9・25判時944・55

共同で医薬品配置販売業（顧客方に置き薬を提供し、定期的に訪問して、訪問時までに使用した薬の代金を回収するという販売業）を営んでいた夫婦の離婚に伴う財産分与の事例であり、帳簿が財産分与の対象とされたが、顧客及び顧客に配置した薬を記録した帳簿は懸場帳と称し、これがなければ薬代金の回収ができないから、財産価値が認められている。判決は、不動産のほかに、懸場帳を分与するとした。

主文

「1　原判決別紙物件目録(1)記載の建物、同物件目録(2)記載1ないし9の各配置薬懸場帳と題する帳簿9冊及び金500万円を被控訴人に分与する。

2　控訴人は被控訴人に対し、右建物につき財産分与を原因とする所
　　有権移転登記手続をなし、右配置薬懸場帳9冊を引き渡し、金500万円
　　を支払え。」

【裁判例108】　東京家審昭31・7・25家月9・10・38
　家庭用ミシンの事例であるが、審判は、「結婚生活中相手方が申立人に
使用せしめるため月賦にて購入した主文掲記のミシン機については争を
避けるため、(中略)特に財産分与として相手方より申立人に現場にて引
渡すべきものとする。」として、次のように掲げた。
主文
「1　財産分与として相手方は申立人に対して
　(1)　(略)
　(2)　肩書相手方所在のジューキミシン機1台を現場にて引渡すこ
　　　と。」

【裁判例109】　新潟家審昭42・11・14家月20・7・49
　乗用自動車の事例である。
主文
「1　離婚に伴う財産分与として相手方は、申立人に対し、
　(1)ないし(4)　(略)
　(5)　申立人の所有する乗用自動車(新○-○○○○)を分与し、所
　　　有権移転登録手続をせよ。」

【裁判例110】　名古屋高判平21・5・28判時2069・50(前掲【裁判
　　　　　　　例95】参照)
　別居後控訴人が使用していた自動車を分与した事例であるが、単に、
その登録手続を命じるだけである。

主文
「(6)　被控訴人は、控訴人に対し、別紙自動車目録記載の自動車につき
　　所有権移転登録手続をせよ。」

4　債権の財産分与

(1)　権利関係を形成する主文の要否等

債権についても、原則的に形成主文は必要である。ただし、債権者
の変更がない場合には、これを主文に掲げる必要はなく、その変更が
ある場合についてのみ掲げる。

主文の表現としては、前掲【裁判例101】の2項のゴルフ会員権、預
金に関する表現と変わらない。

(2)　給付を命じる主文

ア　概　説

指名債権を財産分与として、名義人から移転する場合、これは債権
譲渡となるから、これを債務者等に対抗するには、債務者に対する通
知又は債務者の承諾を必要とする（民467）。そこで、指名債権を名義人
（債権者）以外の者に財産分与する場合には、債権者に債務者に対す
る通知を命じることになろう。しかし、金銭債権については、その名
義人に帰属させるのが普通であり、債務者への通知を命じた事例は見
当たらなかった。

なお、無記名債権は、動産とみなされるが（平成29年法律44号による改
正前の民86③）、同改正によって、第三者に対抗するためには指名債権
と同様に扱われることとなった（同改正後の民467（令和2年4月1日施行））。

イ　ゴルフ会員権

ゴルフ会員権等の名義変更手続のある債権については、名義変更手
続を命じることになる。先例は見当たらなかったが、ゴルフ会員権等
名義変更訴訟の主文が参考となろう（東京地裁平成7年12月13日判決

（判時1575・68）は、「被告は、原告に対し、別紙目録記載の会員権につき、その名義を原告あるいは原告から譲り受けた第三者名義に変更する旨の○○株式会社に対する名義書換手続をせよ。」とし、東京地裁平成7年2月22日判決（判タ903・146）は、「被告は原告に対し、訴外○○株式会社に対して右ゴルフ会員権の名義を原告に変更する旨の名義変更承認手続をせよ。」とし、千葉地裁昭和63年6月10日判決（判時1296・113）は、「被告○○は原告に対し別紙会員権目録記載のゴルフ会員権の名義を原告名義に変更する手続をせよ。」としている。）。

　　ウ　不動産利用権

　賃借権の分与については、貸主の承諾を条件に分与する場合と無条件に分与する場合に分かれる。財産分与による譲渡を無断譲渡として賃貸借解除事由とすることはできないというべきであり、貸主の承諾を条件とする必要はない（⇒【裁判例111】）（大津188頁）。

　ただし、公営住宅の場合は、任意譲渡が許されないが、条例等によって許可を条件に譲渡が認められているといわれている。条例等を調査の上、許可等が確実な場合には、事情によっては、その承諾ないし許可を条件に分与する場合もあり得る（⇒【裁判例112】）。

【裁判例111】　横浜地判昭58・1・26判時1082・109

　建物を分与するについて、その敷地賃借権を分与した事例である。

主文

「2　被告から原告に対し、別紙物件目録(1)記載の建物及び同建物の敷
　　地賃借権並びに金800万円を財産分与する。」

【裁判例112】　大阪家審昭37・10・30家月15・3・150

主文

「下記建物にかかる相手方の賃借権を、賃貸人大阪府の承諾を得ること

を条件として、相手方から申立人に譲渡する。
　　記
　大阪府○○市○○寺○○番地府営住宅○○号
　　（木造瓦ぶき平家建二戸建住居の一戸建坪12.5坪）」

5　その他の財産権の分与

　営業権を分与した事例もある。やや特殊な例といえる。

【裁判例113】　福岡地判昭46・5・27判時644・75
主文
「3　本訴被告は、本訴原告に対し、財産分与として、別紙第4目録記載
　の家屋についての訴外Aに対する賃借権および動産類等旅館営業用
　財産を含む右家屋による旅館「B」の営業を譲渡せよ。」

6　金銭支払による財産分与

(1)　形成を命ずる主文の要否等

　財産分与の方法として、対象財産を一方に帰属させて、他方には、
金銭を給付するという方法がとられることは多いが、その場合の金銭
を清算金と呼んだり、調整金、代償金と呼んだりする。ここでは、と
りあえず、清算金と呼ぶが、その給付は、財産分与の一方法であって、
これによって、支払を命じられた者に支払義務が生じる。

　なお、清算又は調整という方法を取らずに一定額を財産分与として
支払を命じる場合もあるが、この場合も同様である。この支払義務を
形成するには、その金額を分与する旨の主文が必要と考えられるが(形
成の文言として、「分与する」とするものと、「財産分与として取得さ

せる」とするものがある。）、直接給付を命じ、形成の主文は、省略する裁判例が多い。清算金の場合、支払を命じることによって、支払義務が形成されると考えることもできる。

金銭支払を命じる形の財産分与については、後に残るのは支払だけであり、支払った後、分与する旨の主文がなくても不当利得となる余地はないから、省略型で問題はない。裁判例には、省略しない型と省略する型の両者がある。

(2) 主文の表示

一括支払が原則である。遅延損害金を付した事例もある（離婚後の財産分与について大阪高決平17・6・9家月58・5・67、離婚判決における財産分与について高松高判平2・2・7民集44・5・989）。

支払を命じるだけの型では、給付の性質を示す文言を付する事例もある。岐阜家裁昭和57年9月14日審判（家月36・4・78）は、「財産分与として」と加え、東京地裁平成17年2月16日判決（家月59・7・128）は、「原告の財産分与の申立てに基づき」と加える。これらの裁判例が「財産分与として」又は「財産分与の申立てに基づき」と加えたのは、その命じる給付が慰謝料等の他の金員給付を命じる部分と性質が異なることを明らかにする趣旨と思われるが、理論的には必要ない（東京地判平17・2・16家月59・7・128は、「原告の財産分与の申立てに基づき、被告は、原告に対し、299万円を支払え。」としていたが、控訴審（東京高判平17・7・6家月59・7・123）で、単なる給付を命じる型に変更された。）。ただし、理由中にはその別を明らかにしておくべきであろう。

(3) 将来の給付を認める例

前記**第5章**2(1)のとおり、財産分与金の支払は即時一括支払が原則であるが、事情により一定期間猶予したり、分割払とすることはある。

将来支払予定の退職金など、対象財産が将来支払われるものである

場合でも、清算的財産分与である以上、原則としては、即時に支払うべきものであるが、即時支払能力がない場合などに、支払を受けた時点での支払を命じることがある（【裁判例48】・【裁判例50】・【裁判例52】・【裁判例53】ほか）。

なお、金額が確定しない場合は、強制執行ができないことに注意をする必要があることは前記のとおりである（**第3章4(5)エ(ウ)**参照）。

（4）　代物弁済を命じた例

財産分与対象財産以外を対象とするものであり、適切とは思えないが、主文例として掲げる。

【裁判例114】　仙台家審昭38・10・9家月16・2・75
主文
「相手方は申立人に対し金220万円を支払え。但しうち金100万円はＡ株式会社の株式5000株を以て充てることができるものとする。」

【裁判例115】　青森家審昭44・3・31家月21・11・154
主文
「3、相手方は、申立人に対し本件離婚に伴う財産分与および慰藉料として、金300万円を支払うこととし、この金員支払に代えて次のとおり定める。
（1）　相手方は、相手方所有の別紙記載不動産のうち、別紙不動産見取図中、斜線部分（現に相手方が調停外のＡに賃貸している部分）を除くその余の部分についてこの審判確定の日から10年間、賃料月額2万5000円の賃借権を設定し、その間の賃料請求をしない。
（2）　前記の賃貸借期間中、貸主たる相手方は、借主たる申立人がその賃借部分を第三者に任意の賃料で適宜使用させて収益することを承諾する。

第6章 財産分与審判の主文 225

(3) 相手方が申立人の前(1)、(2)に定める申立人の権利の行使を妨げ、またはその賃貸不動産を他に処分する等同上の権利の行使を法律上、事実上不能にする行為をしたときは、300万円から本審判確定の日以後右権利の行使を妨害または不能にした日まで1か月1万円の割合で計算した金額を控除した金員を直ちに申立人に支払わなければならない。

4、相手方が前三項の定めとは別に現金で財産分与および慰藉料を支払う場合には、300万円から本審判確定の日以後その支払いの日まで1か月2万5000円の割合で計算した金額を控除した金員を支払うこととし、その支払いをもつて前3項に定める賃貸借契約は将来に向つて当然に終了するものとする。」

7 債務の負担に関する主文

(1) 債務の負担者を定める主文

債務を財産分与の対象とする立場では、債務の負担者も主文で定めることとなる。

ただし、この立場でも、債務の名義人に債務を負担させる場合には、原則として主文に掲げる必要はない。債務を財産分与の対象としない立場では、原則的には債務の負担者を定めることはない。考慮すべき債務がある場合でも、これを控除した残部の積極財産を分与の対象とするからである。ただ、積極財産の帰属を決めるについては、債務の負担を考慮して決定するから、債務の負担者をその名義人と異なる者とする場合、例えば、債務をその名義人以外の者に負担させる場合や連帯債務者の債務の内部分担を変更する場合に、この点を明確にする必要が生じる。

(2) 債務引受・履行引受

債務をその名義人以外の者に負担させる場合の方法として、債務引

受・履行引受の方法があることは既に述べた。調停では、条項にまで記載するかどうかは別として、しばしば利用されるが（付録〔条項例16〕～〔条項例18〕参照）、審判で、債務引受・履行引受を命じた例は珍しい（⇒【裁判例116】）。

これは財産分与そのものではないし、家事事件手続法が規定する「その他の給付」に含まれるかどうかも疑問がある。履行引受を利用する場合、手続外で、履行引受の意思表示をさせた上で財産分与をするのが望ましい。

【裁判例116】　大阪家審平17・6・28（平16（家）8345）（前掲【裁判例91】参照）

主文

「3　相手方は、申立人に対し、申立人の別紙債務目録1、2記載の債務のうち、それぞれ4割の履行を引き受けよ。

別紙債務目録

1　債権者　住宅金融公庫

連帯債務者　申立人及びA（筆者注：相手方の父）

貸付日　平成○年○月○日

債務額　当初貸付金額1710万円の本件審判時における残債務

2　（略）」

---

(3)　債務の内部分担に関する主文

連帯債務の場合、内部関係としての債務の分担を明示する場合がある（⇒【裁判例117】）。これは求償権の有無を明確にするために必要がある場合に利用される。

他に、債務を「全部抗告人の負担とする。」とした例（大阪高決平21・2・20（平21（ラ）74））、「抗告人と相手方の間では、抗告人は一切責任を負わない」とした例（前掲【裁判例64】参照）もある。

第6章　財産分与審判の主文　　227

【裁判例117】　大阪高決平19・5・31（平18（ラ）585）（前掲【裁判例66】参照）

主文

「4　抗告人と相手方との間において、別紙財産目録記載の負債1ないし3の住宅ローンに係る抗告人の負担部分を零と定める。」

8　その他・不作為を命じた事例

保険契約に関して不作為を命じた事例がある（⇒【裁判例118】）。極めて特殊な例である。保険契約については、清算的財産分与としては、その返戻金を財産分与対象として考慮すればよく、また、扶養的意味の財産分与としても、適当とは思えない。

【裁判例118】　東京地判昭35・1・28下民11・1・166

「(6)　原告は、現在有効の被告を受益者とする生命保険契約（保険会社名…略…）につき原告死亡の際には被告において保険金を受領しうるように継続すべし。原告は右保険契約の受益者名義を変更してはならない。」

9　抗告審の主文

財産分与に関する処分の審判及びその申立てを却下する審判については、夫又は妻であった者において、即時抗告をすることができる（家事156五）。即時抗告については、抗告裁判所が、決定で裁判をする（家事91①）。抗告裁判所は、即時抗告に理由があると認める場合には、自ら審判に代わる裁判をしなければならない。

ただし、原審が申立てを不適法として却下した審判を取り消す場合

（弁論をする必要（※当事者に主張等をさせる必要と解せられる）が
ないときを除く。）は事件を原裁判所に差し戻さなければならず、原審
判を取り消す場合においてさらに弁論をする必要（※同上）がある場
合は、原裁判所に差し戻すことができる（家事91②・93③、民訴307・308
①）。

　原審判について双方から抗告がされた場合、双方の申立てが理由の
ない場合には、双方の抗告を棄却する（大阪高決平23・11・15家月65・4・
40）。一方の抗告に理由がある場合、他方の抗告についても、不利益変
更ではあるが、判断したのであるから、その抗告を棄却する必要はな
いと思われるが、実務では、申立てについて判断したことを明確にす
る趣旨であろうか、これを棄却する例もある（大阪高決平21・9・4家月62・
10・54）。

第 7 章

財産分与と詐害行為等

230

第7章　財産分与と詐害行為等　　231

1　財産分与と詐害行為の関係

　▶分与者が無資力の場合に財産分与をするのは詐害行為となるか
　債権者は、債務者が債権者を害することを知ってした法律行為の取消しを裁判所に請求することができる（民424①。平成29年法律44号による改正後も同じ。）。そこで、分与者が既に債務超過の状態にある場合に、その財産を離婚した配偶者に財産分与することは、詐害行為とならないか問題となる。最高裁は、離婚に伴う財産分与は、民法768条3項の規定の趣旨に反して不相当に過大であり、財産分与に仮託された財産処分であると認めるに足りるような特段の事情のない限り、詐害行為として債権者による取消しの対象となり得ないとしている（⇒【裁判例119】・【裁判例120】）。

【裁判例119】　　最判昭58・12・19民集37・10・1532
　債務者（夫）はクリーニング業を始めたが、昭和49年頃から、クリーニング業は被上告人（妻）に任せ、自らは不動産業、金融業を始めるようになり、多大の債務を負担し、他方で、不貞関係を続けて不貞相手との間に子まで儲けたので、被上告人は離婚を決意し、これまで子供らと共にしてきた家業であるクリーニング業を続けることによって二人の子供の面倒をみることとし、協議の結果、昭和51年12月、離婚し、クリーニング業の基盤となる本件土地を慰謝料を含めた財産分与として譲渡を受けた。地上建物は、被上告人が、居住するとともにクリーニング業を営んでいた建物で、被上告人の特有財産であった。判決は、「離婚における財産分与は、夫婦が婚姻中に有していた実質上の共同財産を清算分配するとともに、離婚後における相手方の生活の維持に資することにあるが、分与者の有責行為によって離婚をやむなくされたことに対する精神的損害を賠償するための給付の要素をも含めて分与することを妨げられないものというべきであるところ、財産分与の額及び方法を定めるについては、当事者双方がその協力によって得た財産の額その他一切の事情を考慮すべきことは民法768条3項の規定上明らかであり、このことは、裁判上の財産分与であると協議上のそれであるとによって、なんら異な

232 第7章 財産分与と詐害行為等

る趣旨のものではないと解される。したがつて、分与者が、離婚の際既に債務超過の状態にあることあるいはある財産を分与すれば無資力になるということも考慮すべき右事情のひとつにほかならず、分与者が負担する債務額及びそれが共同財産の形成にどの程度寄与しているかどうかも含めて財産分与の額及び方法を定めることができるものと解すべきであるから、分与者が債務超過であるという一事によつて、相手方に対する財産分与をすべて否定するのは相当でなく、相手方は、右のような場合であつてもなお、相当な財産分与を受けることを妨げられないものと解すべきである。そうであるとするならば、分与者が既に債務超過の状態にあつて当該財産分与によつて一般債権者に対する共同担保を減少させる結果になるとしても、それが民法768条3項の規定の趣旨に反して不相当に過大であり、財産分与に仮託してされた財産処分であると認めるに足りるような特段の事情のない限り、詐害行為として、債権者による取消の対象となりえないものと解するのが相当である。」として詐害行為を否定した。

【裁判例120】 最判平12・3・9民集54・3・1013

協議離婚に際し、再婚するまでの間の生活補助として月額10万円の支払及び離婚に伴う慰謝料として2000万円の支払が合意された事例である。判決は、次のように述べた。「離婚に伴う財産分与は、民法768条3項の規定の趣旨に反して不相当に過大であり、財産分与に仮託してされた財産処分であると認めるに足りるような特段の事情のない限り、詐害行為とならない（最高裁昭和57年（オ）第798号同58年12月19日第2小法廷判決・民集37巻10号1532頁）。このことは、財産分与として金銭の定期給与をする旨の合意をする場合であっても、同様と解される。そして、離婚に伴う財産分与として金銭の給付をする旨の合意がされた場合において、右特段の事情があるときは、不相当に過大な部分について、その限度において詐害行為として取り消されるべきものと解するのが相当である。」

2 詐害行為となる場合

▶財産分与が詐害行為となる判断方法・判断基準は何か

▶財産分与が詐害行為となる場合、どのように処理されるか

財産分与が詐害行為となるのは、それが民法768条3項の規定の趣旨に反して不相当に過大であり、財産分与に仮託してされた財産処分であると認めるに足りるような特段の事情がある場合である。

その判断においては、財産分与の相当性の有無が基準となる。

財産分与には、清算的要素のほか、扶養的要素、慰謝料的要素があるので、相当性は、要素ごとに相当性を判断するのが最近の傾向である。財産分与を、要素ごとに検討する方法と対応するものである。清算的財産分与及び扶養的財産分与は、その額が、相当である限り、取り消し得ない。清算的財産分与は、その対象財産がない場合は相当性を超えることになる。

財産分与が過当であれば、財産分与が可分の場合は、超過部分を返還することになり（福岡高判平2・2・27判時1359・66、東京地判平7・5・16判時1561・65は、複数の不動産のうち一部の不動産の財産分与を取り消した例）、不可分の場合は価額による賠償となる（⇒【裁判例121】）。

【裁判例121】　大阪高判平16・10・15判時1886・52

協議離婚に当たり、被告に対し、本件不動産について、財産分与を原因とする所有権移転登記がされ、詐害行為取消しにより、同登記の抹消登記手続が請求された事例である。判決は、扶養的財産分与、慰謝料的財産分与は問題とならず、清算的財産分与だけが問題となるとし、本件不動産のうち、地上建物（本件建物）のみが、実質上夫婦の共同財産であり、財産分与としては、本件建物の共有持分の2分の1ないしそれに

相当する金員（209万6300円）を分与するのが相当であるとし、「本件財産分与のうちこれを上回る部分については、民法768条3項の規定の趣旨に反して不相当に過大であるといわざるを得ず、財産分与に仮託してされた財産処分であると認めるに足りる特段の事情がある。」とし、「本件財産分与のうち、不相当に過大な部分（本件建物の共有持分の2分の1を上回る部分）については、その限度において詐害行為として取り消されるべきものである。」とした。その上で、「取消しの目的物である本件不動産は、一筆の土地上にある一棟の建物であり、土地と建物は別個の不動産であるとしても、現に被告の住居として一体的に使用されていることからすれば、不可分のものと解すべきである」として、当該詐害行為取消訴訟の事実審口頭弁論終結時（最判昭50・12・1民集29・11・1847参照）の本件不動産の価格が614万5757円と判断し、本件における相当な財産分与額209万6300円を上回る不相当に過大な部分（404万9457円）について、価格賠償をすべきであるとした。

3　破産法における否認権と財産分与

▶離婚に伴う財産分与があった後間もなく、分与者が破産した場合、財産分与が否認権の対象となって取り消されるか

　破産手続においては、破産者が破産債権者を害することを知ってした行為、支払停止又は破産手続開始申立て後にした破産債権者を害する行為、支払停止等があった後又はその前6か月以内にした無償行為及びこれと同視すべき行為は、破産財団のために否認することができる（破産160①③）。

　財産分与も、詐害行為といえる場合は、否認の対象となるところ（平16法75による改正前破産72（現行破産160））、その判断基準は、概ね民法における詐害行為と同様に、民法768条3項の規定の趣旨に反して不相当に過大であり、財産分与に仮託された財産処分であると認めるに足りるような特段の事情のない限り、詐害行為とならないと考えられている

第7章　財産分与と詐害行為等　　235

（改正前の破産法72条に関し、東京地判平18・7・14（平16（ワ）26271・平17（ワ）19409））。

　財産分与のうち、扶養的財産分与については、これを無償行為とみることは可能であるが、これに該当するとしても、同様に、財産分与として相当なものは、否認の対象とならない。

　他方、財産分与の名目を作出するために協議離婚届を提出して行ったにすぎない財産処分は、平成16年法律75号による改正前の破産法72条5号（現行160条3項）の無償行為に該当する（東京地判平15・7・3（平14（ワ）13483））。

第 8 章

財産分与に伴う税金

238

第8章　財産分与に伴う税金　　239

1　贈与税

(1)　財産分与についての課税

▶財産分与で金員の支払を受けた場合、贈与税がかかるか

▶財産分与だが解決金名目で合意した場合、贈与税がかかるか

　財産分与を受けても贈与税は課税されない。財産分与による資産の移転は、財産分与義務の消滅という経済的利益を対価とする譲渡であり、贈与ではないからである（所基通33－1の4（注）1、相基通9－8）。調停等で合意する場合、解決金という名目で合意することもあるが、手続が、財産分与事件であったり、離婚事件であれば、特段の事情がない限り、財産分与（離婚慰謝料を含むこともある。）と理解される。ただ、その合意において、特有財産を移転したり、財産分与外の財産の処理をするときは、財産分与か否かを明確にして合意することが、後に問題を生じないために薦められる。

(2)　贈与税が課される場合

▶財産分与について贈与税が課税される場合があるか

　次の場合の財産分与は、贈与となる。

① その分与に係る財産の額が婚姻中の夫婦の協力によって得た財産の額その他一切の事情を考慮してもなお過当であると認められる場合における当該過当である部分（相基通9－8ただし書）

② 離婚を手段として贈与税若しくは相続税のほ脱を図ると認められる場合における当該離婚により取得した財産の価額（相基通9－8ただし書）

(3)　離婚前の贈与

ア　財産分与と称する離婚前の贈与

　離婚前には財産分与はできないから、財産分与という名で財産を譲渡しても、それは単なる贈与である。

イ　配偶者への居住用不動産の贈与の特例

　婚姻期間が20年以上の夫婦間で、居住用不動産又は居住用不動産を

取得するための金銭の贈与がされた場合、基礎控除110万円に加え最高2000万円までの控除が認められる（相税21の6①）。この特例は、内縁配偶者には適用されない。その適用要件は、次のとおりである。その適用を受けるためには、申告が必要である（相税21の6②）。

① 夫婦の婚姻期間が20年を過ぎた後に贈与がされること

② 配偶者から贈与された財産が、自らが居住するための国内の居住用不動産であること、又は居住用不動産を取得するための金銭であること（居住用不動産の詳細は、相続税法基本通達21の6－1に規定されている。）

③ 贈与がされた年の翌年3月15日までに当該居住用不動産を贈与を受けた者の居住の用に供し、かつ、その後引き続き居住の用に供する見込みであること、又は同日までに当該金銭をもって居住用不動産を取得して、これを贈与を受けた者の居住の用に供し、かつ、その後引き続き居住の用に供する見込みであること

2 譲渡所得税

▶財産分与で不動産を譲渡した場合、譲渡所得税がかかるか

財産分与の規定（民法768条。民法749条及び771条において準用する場合を含む。）による財産の分与として資産の移転があった場合には、その分与をした者は、その分与をした時においてその時の価額により当該資産を譲渡したこととなる（所基通33－1の4）。

そこで、分与時の時価が、その資産を取得したときの価額より高くなっていた場合には、譲渡所得税及び住民税が課されることとなる（⇒【裁判例122】）。

ただし、財産分与は、実質的な共有物の清算であり、共有物分割に近いとして、これを譲渡と見ることにやや懐疑的な見解もある（梶村太市ほか『家族法実務講義』161頁（有斐閣、2013））。

第8章　財産分与に伴う税金　　　241

　なお、分与者に譲渡所得税が課されることについて誤解し、双方が分与を受ける者に課税されると考えていた場合に、動機の錯誤を認めた事例がある（⇒【裁判例5】）。

【裁判例122】　　最判昭50・5・27民集29・5・641
　「譲渡所得に対する課税は、資産の値上りによりその資産の所有者に帰属する増加益を所得として、その資産が所有者の支配を離れて他に移転するのを機会に、これを清算して課税する趣旨のものであるから、その課税所得たる譲渡所得の発生には、必ずしも当該資産の譲渡が有償であることを要しない（最高裁昭和41年行（ツ）第102号同47年12月26日第三小法廷判決・民集26巻10号2083頁参照）。したがつて、所得税法33条1項にいう「資産の譲渡」とは、有償無償を問わず資産を移転させるいっさいの行為をいうものと解すべきである。そして、同法59条1項（昭和48年法律第8号による改正前のもの）が譲渡所得の総収入金額の計算に関する特例規定であつて、所得のないところに課税譲渡所得の存在を擬制したものでないことは、その規定の位置及び文言に照らし、明らかである。ところで、夫婦が離婚したときは、その一方は、他方に対し、財産分与を請求することができる（民法768条、771条）。この財産分与の権利義務の内容は、当事者の協議、家庭裁判所の調停若しくは審判又は地方裁判所の判決をまつて具体的に確定されるが、右権利義務そのものは、離婚の成立によつて発生し、実体的権利義務として存在するに至り、右当事者の協議等は、単にその内容を具体的に確定するものであるにすぎない。そして、財産分与に関し右当事者の協議等が行われてその内容が具体的に確定され、これに従い金銭の支払い、不動産の譲渡等の分与が完了すれば、右財産分与の義務は消滅するが、この分与義務の消滅は、それ自体一つの経済的利益ということができる。したがつて、財産分与として不動産等の資産を譲渡した場合、分与者は、これによつて、分与義務の消滅という経済的利益を享受したものというべきである。してみると、本件不動産の譲渡のうち財産分与に係るものが上告人に譲渡所得を生ずるものとして課税の対象となるとした原審の判断は、その結論において正当として是認することができる。論旨は、採用することができない。」

付　録

条項集

244

1 金銭による財産分与

(1) 一括払

〔条項例1〕基本的な例

> 1 相手方は、申立人に対し、離婚に伴う財産分与として、○○万円の支払義務があることを認め、これを令和○年○月○日限り、下記口座に振り込んで支払う。振込手数料は相手方の負担とする。
> 2 相手方が第1項の支払を遅滞したときは、期限を経過した日から支払済みまで、第1項の金額に対する年5分の割合による金員を付して支払う。

〔条項例2〕調停の席上で授受する例

> 1 相手方は、申立人に対し、離婚に伴う財産分与として、○○万円の支払義務があることを認める。
> 2 相手方は、申立人に対し、本日、本調停の席上、前項の金額を交付して支払い、申立人はこれを受領した。

(2) 分割払

〔条項例3〕基本的な例

> 1 相手方は、申立人に対し、離婚に伴う財産分与として、○○万円の支払義務があることを認め、これを令和○年○月から令和○年○月まで、毎月○日限り、各○万円を、下記口座に振り込んで支払う。振込手数料は相手方の負担とする。
> 2 相手方が第1項の支払を、合計3回分以上遅滞したときは、期限の利益を喪失し、期限の利益喪失の日から支払済みまで、第1項の金額から既払額を控除した残額及びこれに対する年5分の割合による金員を直ちに支払う。

〔条項例4〕分割支払額が時期によって異なる例

> 1 相手方は、申立人に対し、離婚に伴う財産分与として、○○万円の支払義務があることを認め、これを次のとおり、下記口座に振り込んで支

払う。振込手数料は相手方の負担とする。

　ア　令和○年○月から令和○年○月まで、毎月○日限り、各○万円
　イ　令和○年○月から令和○年○月まで、毎月○日限り、各△万円

2　相手方が第1項の支払を、合計3回以上遅滞し、かつその額が○○円に
達したときは、期限の利益を喪失し、期限の利益喪失の日から支払済み
まで、第1項の金額から既払額を控除した残額及びこれに対する年5分
の割合による金員を直ちに支払う。

(3)　定期金による支払

〔条項例5〕定期金払（扶養的財産分与）の例

1　相手方は、申立人に対し、離婚に伴う財産分与として、次のとおり、
下記口座に振り込んで支払う。振込手数料は相手方の負担とする。
　令和○年○月から令和○年○月又は申立人が死亡した月まで、毎月
○日限り、各○万円

(4)　将来の支払

〔条項例6〕将来の退職金を分与する例

1　相手方は、申立人に対し、財産分与として、相手方が○○会社から支
払われた退職金から所得税を控除した残額の2分の1に相当する額を、
上記退職金の支払を受けた日から1か月以内に、申立人方に持参又は送
金して支払う。

※額が確定しない場合には強制執行が困難であるから、計算できる場合は、
支払うべき額を具体的に記載する。

(5)　他の債権がある場合の充当関係

〔条項例7〕養育費への充当の例

1　申立人と相手方は、離婚する。
2　申立人と相手方の長男○○（平成○年○月○日生）の親権者を相手方
と定める。

付　録　条項集　　247

3　申立人は、相手方に対し、上記長男の養育費の分担として、令和○年
○月から長男が成人に達する月まで月額○万円を、毎月末日限り支払
う。
4　相手方は、申立人に対し、本件離婚に伴う財産分与として、○○万円
を支払う。
5　相手方は、申立人に対し、前項の○○万円を、令和○年○月から令和
○年○月まで、1か月金○万円ずつ、毎月末日限り支払う。
6　申立人及び相手方は、第3項の支払について、申立人の支払額を、第
5項の金員から充当することとし、相手方は、申立人に対し、令和○年
○月から令和○年○月（養育費支払最終月）まで、第5項の各月の支払
額から第3項の同月の支払額を控除した額を、毎月末日限り、申立人名
義の○○銀行○○支店の普通預金口座（口座番号○○）に振り込む方法
により支払う。振込手数料は相手方の負担とする。

※各月の養育費の支払額が財産分与の支払額より多い場合は、逆の充当と
なる。また、養育費の支払終期が財産分与の支払終期より遅い場合は、
その後の養育費の支払方法等を記載する必要がある。

2　不動産の分与

(1)　移転登記手続

〔条項例8〕所有権移転登記手続の例

1　相手方は、申立人に対し、離婚に伴う財産分与として、別紙物件目録
記載の不動産を譲渡する。
2　相手方は、申立人に対し、前項の不動産について、本日付け財産分与
を原因とする所有権移転登記手続をする。登記手続費用は相手方の負
担とする。

※不動産が第三者名義の場合でも同様である。相手方は、当該不動産を自
己名義に登記した上でその義務を履行することになる。相手方が履行し
ない場合には、相手方に代位して、相手方名義への移転登記手続を請求
することになる。
不動産の表示は、不動産の登記事項証明書により、正確に記載すること。

〔条項例9〕所有権持分移転登記手続の例

1　相手方は、申立人に対し、離婚に伴う財産分与として、別紙物件目録記載の不動産の相手方持分2分の1の全部を譲渡する。
2　相手方は、申立人に対し、前項の不動産について、本日付け財産分与を原因とする相手方の共有持分全部移転登記手続をする。登記手続費用は相手方の負担とする。

〔条項例10〕将来の移転登記手続の例

1　相手方は、申立人に対し、離婚に伴う財産分与として、別紙物件目録記載の不動産の相手方持分2分の1の全部を譲渡する。
2　申立人は相手方に対し、離婚に伴う財産分与として○○万円の支払義務があることを認め、これを令和○年○月から令和○年○月まで毎月○万円を毎月○日限り、下記口座に振り込んで支払う。
3　相手方は、申立人に対し、申立人が第2項の債務を完済したときは、第1項の不動産について、本日付け財産分与を原因とする相手方の共有持分全部移転登記手続をする。登記手続費用は相手方の負担とする。

(2)　同時履行

〔条項例11〕同時履行とする例

1　相手方は、申立人に対し、離婚に伴う財産分与として、別紙物件目録記載の不動産を譲渡する。
2　申立人は、相手方に対し、第3項の所有権移転登記手続を受けるのと引き換えに、財産分与として、金○○万円を、相手方指定の銀行口座（口座番号○○）に振り込んで支払う。振込手数料は、申立人の負担とする。
3　相手方は、申立人に対し、第2項の金員の支払を受けるのと引き換えに、第1項の不動産につき、本日付け財産分与を原因とする所有権移転登記手続をする。登記手続費用は相手方の負担とする。

3 住宅ローン付き不動産の分与

(1) 義務者が引き続き支払う場合

〔条項例12〕義務者が引き続き支払う例

> 1 相手方は、申立人に対し、別紙物件目録記載の建物について、本日付
>   財産分与を原因とする所有権移転登記手続をする。
> 2 相手方は、申立人に対し、相手方の別紙目録記載の金銭消費貸借契約
>   に基づく分割債務を相手方において引き続き支払うことを約束する。

(2) 支払者を変更する場合

〔条項例13〕住宅ローンの債務者を変更する合意の例

> 1 相手方は、申立人に対し、申立人が令和○年○月○日付け金銭消費貸
>   借契約に基づいて、○○銀行から借り受けた債務（債権額○○万円）に
>   ついて、債務者である申立人を相手方と変更するように、○○銀行と交
>   渉することを約束する。
> 2 申立人は、相手方が○○銀行と行う交渉及び手続に協力する。

※実現性は乏しく、奨められない。

〔条項例14〕連帯債務の連帯を外す合意の例

> 1 申立人は、相手方に対し、申立人及び相手方が令和○年○月○日付け
>   金銭消費貸借契約に基づいて、○○銀行から借り受けた債務（債権額○
>   ○万円）について、相手方が連帯債務者から速やかに脱退するように、
>   ○○銀行と交渉することを約束する。
> 2 相手方は、申立人に対し、前項の相手方の○○銀行に対する借受金債
>   務について、相手方が連帯債務者から脱退するために、申立人が○○銀
>   行と行う交渉及び手続に協力する。

〔条項例15〕連帯保証人から外す合意の例

> 1 相手方は、申立人に対し、令和○年○月○日付け金銭消費貸借契約に
>   基づいて、○○銀行から借り受けた債務（債権額○○万円）について、

申立人が連帯保証人から脱退するように、○○銀行と交渉することを約束する。

2　申立人は、相手方に対し、前項の相手方の○○銀行に対する借受金債務について、相手方が申立人を連帯保証人から脱退させるために、○○銀行と行う交渉及び手続に協力する。

〔条項例16〕履行引受し、不動産の移転登記を直ちにする例

1　相手方は、申立人に対し、別紙物件目録記載の建物について、本日付け財産分与を原因とする移転登記手続をする。

2　申立人は、相手方に対し、相手方の○○銀行に対する別紙金銭消費貸借目録記載の債務について、令和○年○月○日以降の支払分から、その履行を引き受け、責任をもって弁済し、相手方に一切の迷惑をかけないことを約束する。

3　申立人は、相手方に対し、相手方が第2項記載の債務について、○○銀行からの請求に基づいて支払った場合、相手方の支払額及びこれに対する支払日の翌日から支払済みまで年5%の割合による金員を直ちに支払う。

〔条項例17〕履行引受し、将来移転登記手続をする例

1　相手方は、申立人に対し、別紙物件目録記載の建物（本件建物）を財産分与として譲渡する。

2　相手方は、申立人に対し、申立人が第4項の債務を完済したとき、本件建物について、本日付財産分与を原因とする移転登記手続をする。

3　相手方は、申立人に対し、本件建物について、第1項の請求権を保全するため、条件付所有権移転の仮登記手続をする。

4　申立人は、相手方に対し、相手方の○○銀行に対する別紙金銭消費貸借目録記載の債務について、令和○年○月○日以降の支払分から、その履行を引き受け、責任をもって弁済し、相手方に一切の迷惑をかけないことを約束する。

5　申立人は、相手方に対し、相手方が第4項記載の債務について、○○銀行からの請求に基づいて支払った場合、相手方の支払額及びこれに

付　録　条項集　　251

対する支払日の翌日から支払済みまで年5％の割合による金員を直ちに支払う。

〔条項例18〕債務引受の例

1　申立人は、相手方に対し、相手方の別紙債務目録記載の債務の残債務○○万円について、これを重畳的に（併存的に）引き受ける。

4　建物明渡し

〔条項例19〕基本的な例

1　申立人は、相手方に対し、別紙物件目録記載の建物を、令和○年○月○日限り、明け渡す。
2　申立人が、第1項の期限に建物を明け渡さなかったときは、申立人は相手方に対し、令和○年○月○日の翌日から明渡済みまで、1か月○円の割合による賃料相当損害金を支払う。
3　申立人が相手方に対し、第1項の建物を明け渡したとき、同建物内に残置した動産については、申立人は、その所有権を放棄し、相手方においてこれを処分することに異議がない。

〔条項例20〕明渡猶予期間を定める例

1　申立人は、相手方に対し、別紙物件目録記載の建物について明渡義務があることを認める。
2　相手方は、申立人に対し、前項の建物の明渡しを、令和○年○月○日まで猶予し、申立人は、相手方に対し、同日の翌日限り、同建物を明け渡す。
3　申立人が、第2項の期限に建物を明け渡さなかったときは、申立人は相手方に対し、令和○年○月○日の翌日から明渡済みまで、1か月○円の割合による賃料相当損害金を支払う。
4　申立人が、第2項の期限に建物を明け渡したときは、相手方は、転居費用として○万円を支払う。

> 5 申立人が相手方に対し、第1項の建物を明け渡したとき、同建物内に
> 残置した動産については、申立人は、その所有権を放棄し、相手方にお
> いてこれを処分することに異議がない。

※明渡しを確保するために、不履行の場合のペナルティを定めるとともに、
明け渡したときは転居費用を支払うとした例である。

5 その他の財産

(1) 動産の引渡し

〔条項例21〕動産を申立人が引取りに行く例

> 1 相手方は、申立人に対し、別紙目録記載の物件が申立人の所有である
> ことを認める。
> 2 相手方は、申立人に対し、令和○年○月○日限り、前項の物件を相手
> 方の肩書住居において引き渡す。同物件の引渡し及び搬出に要する費
> 用は、申立人の負担とする。

※物件の特定が必要である。

〔条項例22〕引取日を協議により決める例

> 1 相手方は、申立人に対し、別紙目録記載の物件を相手方の肩書住居に
> おいて引き渡す。
> 2 相手方と申立人は、前項の引渡しの日時について、別途協議する。

〔条項例23〕動産を相手方が送付する例

> 1 相手方は、申立人に対し、別紙目録記載の物件を令和○年○月○日限
> り、申立人の肩書住居に送付して引き渡す。
> 2 送付に要する費用は、相手方の負担とする。

(2) 自動車の名義変更

〔条項例24〕基本的な例

> 1 相手方は、申立人に対し、財産分与として、次の自動車1台〔登録番

付　録　条項集　　253

　号等で特定〕を譲渡する。
2　相手方は、申立人に対し、前項の自動車について、財産分与を原因と
　する所有権移転登録手続をする。登録手続費用は相手方の負担とする。

(3)　賃借権の分与

〔条項例25〕配偶者に賃借権を承継させる例

1　相手方は、申立人に対し、地主○○の承諾を条件として、財産分与と
　して、別紙物件目録記載の土地賃借権を譲渡する。

※地主の承諾については、**第6章4(2)ウ**参照。なお、承諾を不要とするとき
　でも、事前に地主に話を通すのが常識的である。当該賃貸借に敷金が支
　払われている場合、敷金に関する権利義務は当然には承継されない（最判
　昭53・12・22民集32・9・1768）。そして、旧賃借人から敷金に関する権利が
　譲渡されたとしても、敷金の全額を承継できるとは限らず、不足する敷
　金の支払を求められる場合もあり、合意の際は、注意を要する。

(4)　保険契約者の変更等

〔条項例26〕保険契約者の変更を合意する例

1　相手方は、申立人に対し、次の保険の契約者・保険受取人を申立人に
　変更することを約束し、その名義変更手続に協力する。

〔条項例27〕生命保険証書等の引渡しの例

1　申立人は、相手方に対し、申立人が保管する相手方名義の生命保険証
　書1通（○○生命株式会社・証券番号○○）、学資保険証書2通（○○生
　命株式会社・証券番号○○、同証券番号○○）及び、これらの保険契約
　の手続等に必要な印鑑を速やかに引き渡す。

6　処分清算

〔条項例28〕不動産を売却して清算する例

1　相手方は、令和○年○月○日までに、別紙物件目録記載の不動産（本

件不動産）を売却する。

2　相手方は、申立人に対し、財産分与として、本件不動産の売却代金中
から、売却に要した費用を控除した額の2分の1を、令和○年○月○日限
り、持参又は送金して支払う。

3　相手方は、申立人に対し、第1項の期限までに本件不動産を売却でき
なかったときは、財産分与として、第2項の支払額に代え、○○万円を、
令和○年○月○日限り、持参又は送金して支払う。

7　保全の取下げ

〔条項例29〕仮差押えを取り下げる例

1　申立人は、相手方に対する○○家庭裁判所○○支部令和○年（家リ）
第○号○○仮差押命令申立事件を取り下げる。

2　相手方は、申立人に対し、前項の仮差押命令申立事件について、申立
人が供託した担保（○○（地方）法務局○○支部令和○年度金第○号）
の取消しに同意し、その取消決定に対し抗告しない。

※担保を保証委託契約によって立てている場合は、「相手方は、申立人に対
し、前項の仮差押命令申立事件について申立人が支払保証委託契約をす
る方法により立てた担保（契約の相手方、契約日等で特定する）の取消し
に同意し、その取消決定に対し抗告しない。」となる。

索　引

256

事 項 索 引

【あ】

	ページ
相手方からの財産分与申立て	32
明渡し	197,214
明渡猶予期間	251

【い】

医師	72,121
慰謝料的要素	4,13
一括裁量方式	209
一括払	245
一切の事情	60,89 154,156 164
一身専属性	8,15
移転登記手続	247
——を命じる主文	213
医療費	78
医療法人	97,124
——の出資持分	96,123
——の出資持分の評価	123

【え】

営業権	222

【お】

オーバーローン	136,138 151
——の不動産の処分清算	142

【か】

海技士	74
解決金名目	239
家業	101
家業従事型	67,134
確定給付企業年金	119
確定拠出年金	120
学費	81
家計維持のための債務	130
家事調停の申立て	39
——の趣旨	39
家事調停申立書	39
家事労働	
一方のみがする——	76
家族名義の財産	100
家庭内別居	61
株式	46
——の持分	123
市場価格のある——	123
取引相場のない——	123
非上場の——	123
株式分割	104

管轄	33	寄与度	71
鑑定	35	寄与割合	71
		金銭支払による財産分与	185,222

【き】

【く】

企業組合	125	偶然の利益	104
期日		具体的財産分与請求権	7
――の進行	41		
――の段階的進行	40		

【け】

基準時	41,44		
	58,80	経営者	72
	90,110	形成を命ずる主文	222
	121,156	競馬	104
評価の――	64	決算書	46
分与対象財産確定の――	58	現物分与	79,189
基準時後の支払	136		191
義務者からの財産分与申立て	23,208	権利関係を形成する主文	210,217
義務者の有責性	171		220
ギャンブル	77	権利者居住住宅の住宅ローン	162
――で作った借金	130		

給付を命じる主文	218,220		
共済年金	119		

【こ】

強制執行	8		
強迫	9	合意成立後の財産分与申立て	31
共有財産	49	公営住宅	221
共有物分割	19,190	後見的責任	52
不動産の――	52	抗告審の主文	227
共有物分割請求	52	厚生年金	119
共有不動産の分与	208	交通事故の賠償金	103
共有持分	52	高齢者	175
共有持分移転登記手続請求	52	個人年金	120
協力義務	42		

個別算定方式	209
子名義	
――の財産	100
――の預貯金	100
固有債務の弁済	128
ゴルフ会員権	102, 203 220
婚姻関係破綻	61
婚姻中	
――に取得した財産	80
――の財産分与に関する合意	8
――の夫婦間の債権債務関係の清算	156, 163
婚姻取消	3
婚姻費用の清算	132, 157 163
婚姻前から所有している不動産	84
婚姻前の財産分与に関する合意	11

【さ】

債権	203
――の財産分与	220
資産形成のために生じた――	129
再婚	174
財産開示拒否	43
財産権の移転	202
財産分与	
――と詐害行為	231

――における債務	127
――に関する契約	8, 9
――による権利変動	210
――の審判	207
――の請求手続	23
――の性質	3
――の対象となる退職金	108
――の内容	3
――の申立て	30
――の申立ての取下制限	32
債権の――	220
動産の――	217
不動産の――	210
有責配偶者の――	12
財産分与義務の相続性	16
財産分与請求	
内縁配偶者の――	13
附帯処分としての――	36
財産分与請求権	8
――の権利性	6
――の相続性	14
――の放棄	8
内縁配偶者の――の相続性	17
財産分与対象財産一覧表	40
債務	
――の考慮	135
――の清算	149
――の内部分担に関する主文	226
――の負担に関する主文	225
――の負担割合	131
資産形成のために生じた――	129

債務引受	225,251
錯誤	9
算定の時点	110

【し】

資格	121
敷金	253
敷地利用権	215
持参金	87,163
資産形成のために生じた債務	129
事実の調査	34,37
市場価格のある株式	123
実質的共有財産	49,51
——の相続	19
実質的共有説	50
自動車	203
——の名義変更	252
地主の承諾	253
住居確保	161,177
	181,199
重婚的内縁関係	13
就職を支援する態様	181
住宅ローン	150
——のある不動産	190
——の支払者を変更する場	
合	249
——のない不動産	189
権利者居住住宅の——	162
別居後の——	161
住宅ローン付き不動産の分与	249
収入	173

収入確保	201
就労	
——の態様	74
——の程度	75
就労困難	175
障害年金	84
証拠調べ	35,38
使用借権	215
譲渡所得税	240
将来	
——の移転登記手続	248
——の給付	223
——の支払	246
将来給付される退職金	108
除斥期間	3,30
処分清算	253
オーバーローンの不動産の	
——	142
所有権持分移転登記手続	248
審判事件の審理	33
審判の申立人	23
審判前の保全処分	46
審判申立て	23
審問期日	33
審理	36
心裡留保	9

【せ】

生活費	81
生計費の給付	179

清算
　——の方法　　　　　　　　78
　——の割合　　　　　　　　64
清算的財産分与　　　　　　　49
　——の対象財産　　　　　　80
　——の方法　　　　　　　　57
清算的要素　　　　　　　　4,12
生命保険　　　　　　　　　203
生命保険金　　　　　　　　118
専業主婦型　　　　　　　67,76
専門資格　　　　　　　　　121
専用財産　　　　　　　84,102

【そ】

相続によって取得した財産　　84
贈与税　　　　　　　　　　239
損害保険金　　　　　　　　103

【た】

退去　　　　　　　　　　　197
第三者名義の財産　　　　　　96
対象財産
　——の評価　　　　　　　121
　清算的財産分与の——　　　80
代償財産　　　　　　　　　　91
　特有財産の——　　　　　　87
退職慰労金　　　　　　　　109
退職金　　　　　　　　46,114
　　　　　　　　　　　　　223
　——の額の算定　　　　　110

　財産分与の対象となる——　108
　将来給付される——　　　108
退職年金　　　　　　　　　　46
代物弁済　　　　　　　189,224
宝くじ　　　　　　　　　　104
建物明渡し　　　　　　　　251
単身赴任　　　　　　　　　　62

【ち】

地位　　　　　　　　　　　121
中小企業協同組合法による企
　業組合　　　　　　　　　123
抽象的財産分与請求権　　　7,8
調査嘱託　　　　　　　　34,43
調停　　　　　　　　　　　　38
賃借権　　　　　　　　204,215
　　　　　　　　　　　　　221
　——の分与　　　　　　　253

【つ】

通算　　　　　　　　　143,148
通算すべきでない場合　　　146

【て】

定期金
　——による支払　　　　　246
定期金方式　　　　　　　　185

抵当権設定	186	【な】	
出稼ぎ	62		
		内縁関係解消	
		死亡による――	17
【と】		内縁配偶者	
		――の財産分与請求	13
		――の財産分与請求権の相	
動産	202	続性	17
――の財産分与	217		
――の引渡し	252	【に】	
当事者主義的運用	34		
投資で失敗して作った借金	129	日常家事債務	131
同時履行	188,248	2分の1ルール	42,65
当選金	104		66,72
答弁書	40		
特別な資格や能力	72	【ね】	
特有財産	49,78		
	84,149	年金	119
――と婚姻中に取得した財			
産	90	【の】	
――と婚姻中の収入	91		
――の果実	88	農業協同組合	123,125
――の代償財産	87		
――を運用して得た財産	88,90		
夫婦の協力によって維持さ		【は】	
れた――	87,90		
	93	配偶者への居住用不動産の贈	
共働き型	66	与の特例	239
取引相場のない株式	123	破産手続	8

事項索引

【ひ】

非営利法人の出資持分	96
引渡し	
動産の――	252
不動産の――	138
引渡しを命じる主文	214
非上場の株式	123
評価の基準時	64
病気療養中	177

【ふ】

夫婦	
――の協力によって維持された特有財産	87,90 93
――の収入	100
夫婦財産制	51
夫婦別産制	49
不作為	227
附帯処分	
――としての財産分与請求	36
不動産	121
――の共有物分割	52
――の財産分与	210,247
――の名義変更・引渡し	138
婚姻前から所有している――	84
住宅ローンのある――	190
住宅ローンのない――	189
不動産利用権	204,221

不動産利用権設定の主文	215
負の貢献	77
扶養的財産分与	167,179
扶養的要素	4,8,13 15
分割払	185,245
文書提出命令	35,43
分与対象財産確定の基準時	58
分与の時期	114

【へ】

別居	62,81 158
別居後の住宅ローン	161
ペット	202
弁護士	72,121
弁護士会による照会	43
弁論の全趣旨	45

【ほ】

法人の持分	123
法人名義の財産	96
他の債権がある場合の充当関係	246
他の財産との通算	143
保険金	118
保険契約者の変更等	253
保全の取下げ	254

【む】

無体財産権	126

【め】

名義変更	
不動産の──・引渡し	138

【も】

持ち出された財産	81

【ゆ】

有価証券	203
有責配偶者の財産分与請求	12
猶予期間	185
指輪	102

【よ】

預金を担保とする債務	130
預貯金	35,39
	44,81
	84,122
	203

【り】

履行引受	225,250
離婚慰謝料請求権	4
離婚前の贈与	239
利用権	197

【れ】

連帯債務の連帯を外す合意	249
連帯保証人から外す合意	249

【ろ】

浪費	77,81

判例年次索引

月日	裁判所名	出典等	ページ

【昭和27年】

| 7. 3 | 名古屋高 | 高民5・6・265 | 15 |
| 12.17 | 大 阪 高 | 家月5・4・41 | 31 |

【昭和30年】

| 1.17 | 広 島 地 呉 支 | 民集13・2・179 | 60 |

【昭和31年】

| 2.21 | 最 高 裁 | 民集10・2・124 | 4 |
| 7.25 | 東 京 家 | 家月9・10・38 | 219 |

【昭和33年】

| 4.11 | 最 高 裁 | 民集12・5・789 | 13 |

【昭和34年】

| 2.19 | 最 高 裁 | 民集13・2・174 | 60 |
| 7.14 | 最 高 裁 | 民集13・7・1023 | 49 |

【昭和35年】

| 1.28 | 東 京 地 | 下民11・1・166 | 227 |
| 8. 6 | 東 京 地 | 法曹新聞156・9 | 55 |

【昭和36年】

| 12.15 | 高 松 高 | 家月14・4・204 | 197 |

【昭和37年】

| 10.30 | 大 阪 家 | 家月15・3・150 | 221 |

【昭和38年】

5.31	岐 阜 家	家月15・9・197	66
7. 5	長 野 地	家月16・4・138	69
10. 9	仙 台 家	家月16・2・75	31,224

【昭和40年】

| 9. 7 | 松 山 家 宇和島支 | 家月18・2・88 | 186 |
| 10.22 | 富 山 家 | 家月18・4・96 | 69,101 |

【昭和41年】

| 4.12 | 大 阪 家 | 家月18・11・60 | 69 |
| 7.15 | 最 高 裁 | 民集20・6・1197 | 31,210 |

【昭和42年】

2. 2	最 高 裁	民集21・1・88	10
6. 6	新 潟 家	家月19・12・52	187
11. 1	最 高 裁	民集21・9・2249	15
11.14	新 潟 家	家月20・7・49	219

【昭和43年】

| 7.22 | 横 浜 地 川 崎 支 | 判夕227・217 | 180 |
| 9.10 | 松 山 地 | 判時536・73 | 53 |

判例年次索引

【昭和44年】

月日	裁判所名	出典等	ページ
1.10	札 幌 高	家月21・7・80	71
2.20	最 高 裁	民集23・2・399	33
3.31	青 森 家	家月21・11・154	224
12.24	福 岡 高	判時595・69	97

【昭和46年】

月日	裁判所名	出典等	ページ
5.27	福 岡 地	判時644・75	222
6. 7	横 浜 地 川 崎 支	判時678・77	13
7.23	最 高 裁	民集25・5・805	5,207

【昭和48年】

月日	裁判所名	出典等	ページ
1.30	大 阪 地	判時722・84	97

【昭和49年】

月日	裁判所名	出典等	ページ
10. 1	名古屋地	判時786・68	128

【昭和50年】

月日	裁判所名	出典等	ページ
5.27	最 高 裁	民集29・5・641	241
12. 1	最 高 裁	民集29・11・1847	234

【昭和51年】

月日	裁判所名	出典等	ページ
3.31	大 阪 家	家月28・11・71	31

【昭和52年】

月日	裁判所名	出典等	ページ
7. 5	熊 本 地 八 代 支	判時890・109	102

【昭和53年】

月日	裁判所名	出典等	ページ
11.14	最 高 裁	民集32・8・1529	157
12.22	最 高 裁	民集32・9・1768	253

【昭和54年】

月日	裁判所名	出典等	ページ
9.25	東 京 高	判時944・55	218

【昭和55年】

月日	裁判所名	出典等	ページ
7.11	最 高 裁	民集34・4・628	7

【昭和57年】

月日	裁判所名	出典等	ページ
2.16	東 京 高	判時1041・73	87,98
4. 5	大 阪 高	家月35・10・69	13
8.31	東 京 高	判時1056・179	12
9.14	岐 阜 家	家月36・4・78	13,179 223
11.30	大 阪 高	家月36・1・139	20

【昭和58年】

月日	裁判所名	出典等	ページ
1.26	横 浜 地	判時1082・109	221
2. 3	最 高 裁	民集37・1・45	36
9. 8	東 京 高	判時1095・106	172
11.29	宮 崎 地	家月37・5・81	31
12.19	最 高 裁	民集37・10・1532	5,231

【昭和59年】

月日	裁判所名	出典等	ページ
11.27	浦 和 地	判タ548・260	199,201 216

判例年次索引

月日	裁判所名	出典等	ページ

【昭和60年】

| 9. 5 | 名古屋高
金 沢 支 | 家月38・4・76 | 212 |

【昭和61年】

| 6.13 | 東 京 家 | 家月38・10・33 | 134 |
| 6.19 | 札 幌 高 | 判タ614・70 | 53 |

【昭和62年】

5.25	宇都宮地 真 岡 支	判タ651・192	64
9. 2	最 高 裁	民集41・6・1423	26
9. 4	最 高 裁	家月40・1・161	53

【昭和63年】

6. 7	東 京 高	判時1281・96	176
6.10	千 葉 地	判時1296・113	221
10. 4	広 島 家	家月41・1・145	32,176
12.22	東 京 高	判時1301・97	198,215

【平成元年】

| 6.23 | 神 戸 地 | 判タ713・255 | 24 |
| 9.14 | 最 高 裁 | 家月41・11・75 | 10 |

【平成2年】

2. 7	高 松 高	民集44・5・989	223
2.27	福 岡 高	判時1359・66	233
7.20	最 高 裁	民集44・5・975	208

【平成3年】

| 3.14 | 東 京 高 | 判時1387・62 | 10 |
| 7.16 | 東 京 高 | 判タ795・237 | 12 |

【平成4年】

| 5.26 | 大 阪 高 | 判タ797・253 | 28 |
| 8.26 | 東 京 地 | 家月45・12・102 | 49,82 |

【平成5年】

2.26	東 京 地	判タ849・235	122
12.21	横 浜 地 横須賀支	家月47・1・140	29
12.22	京 都 地	判時1511・131	36

【平成6年】

| 5.31 | 東 京 家 | 家月47・5・52 | 76,85 |
| 10.13 | 東 京 高 | 家月48・6・61 | 25 |

【平成7年】

1.20	最 高 裁	判時1520・87	204
2.22	東 京 地	判タ903・146	221
4.27	東 京 高	家月48・4・24	26,44,93 102,209
5.16	東 京 地	判時1561・65	233
12.13	東 京 地	判時1575・68	220

【平成9年】

1.22	横 浜 地	判時1618・109	118
3.27	高 松 高	家月49・10・79	158
6.24	東 京 地	判タ962・224	173,182

判例年次索引

月日	裁判所名	出典等	ページ
10. 7	水 戸 家 竜ケ崎支	家月50・11・86	108

【平成10年】

月日	裁判所名	出典等	ページ
2.26	東 京 高	家月50・7・84	196
3.13	東 京 高	家月50・11・81	111,137
6.26	名古屋家	判タ1009・241	95,102 130,175

【平成11年】

月日	裁判所名	出典等	ページ
5.18	東 京 家 八王子支	家月51・11・109	112
7.30	横 浜 地 相模原支	判時1708・142	186
9. 3	東 京 地	判時1700・79	92,113 127,132 188,212

【平成12年】

月日	裁判所名	出典等	ページ
3. 8	大 阪 高	判時1744・91	75
3. 9	最 高 裁	民集54・3・1013	232
3.10	最 高 裁	民集54・3・1040	18
9.26	東 京 地	判タ1053・215	193
12.20	名古屋高	判タ1095・233	116

【平成13年】

月日	裁判所名	出典等	ページ
7.24	奈 良 家	家月54・3・85	106

【平成14年】

月日	裁判所名	出典等	ページ
10.11	東 京 地	平13(タ)209・ 平13(タ)868	159

【平成15年】

月日	裁判所名	出典等	ページ
4.11	東 京 地	平12(タ)831	87
7. 3	東 京 地	平14(ワ)13483	235
8. 1	東 京 地	平13(タ)694	161
9.18	名古屋地	判タ1160・131	125
9.26	東 京 地	平13(タ)304・ 平13(タ)668	11,73

【平成16年】

月日	裁判所名	出典等	ページ
3.17	東 京 地	平15(タ)648	218
3.19	大 阪 高	平14(ラ)940	148
6.14	東 京 高	家月57・3・109	16
6.18	広 島 高 岡 山 支	判時1902・61	62,70 100
10.15	大 阪 高	判時1886・52	233

【平成17年】

月日	裁判所名	出典等	ページ
2.16	東 京 地	家月59・7・128	223
5.27	東 京 地	平15(タ)531・ 平15(タ)892	162
5.31	大 阪 高	平16(ラ)854	141
6. 9	大 阪 高	家月58・5・67	103,171 223
6.28	大 阪 家	平16(家)8345	194,226
7. 6	東 京 高	家月59・7・123	223

【平成18年】

月日	裁判所名	出典等	ページ
5.31	名古屋高	家月59・2・134	126,140 169,200 214,216
7.14	東 京 地	平16(ワ)26271・ 平17(ワ)19409	235

判例年次索引

月日	裁判所名	出典等	ページ
【平成19年】			
1.23	大 阪 高	判タ1272・217	117
2.16	大 阪 高	平17(ラ)809	195
3.28	東 京 地	平15(タ)987・ 平18(タ)1	121
4.17	広 島 高	家月59・11・162	115
5.31	大 阪 高	平18(ラ)585	144,227
8.31	東 京 家	家月61・5・55	180
【平成20年】			
5.14	東 京 高	家月61・5・44	180
7. 9	大 阪 高	平20(ラ)569	138
【平成21年】			
2.20	大 阪 高	平21(ラ)74	142,226
5.28	名古屋高	判時2069・50	60,200 216,219
9. 4	大 阪 高	家月62・10・54	228
【平成22年】			
6.23	東 京 家	家月63・2・159	61,113
7.16	最 高 裁	判時2097・28	124
9.29	東 京 高	判時2105・11	45
【平成23年】			
2.14	大 阪 高	家月64・1・80	86
4.26	東 京 家	平22(家ホ)761	76
9.29	東 京 高	平23(ネ)1502・ 平23(ネ)3411	174
11.15	大 阪 高	家月65・4・40	18,228

月日	裁判所名	出典等	ページ
【平成24年】			
10.24	東 京 高	判時2168・65	46
12.27	東 京 地	判時2179・78	56
【平成25年】			
7. 3	東 京 高	判タ1410・122	15
9.10	福 岡 高	判時2258・58	45
【平成26年】			
3.13	大 阪 高	判タ1411・177	72,99 101,125
4.23	東 京 地	平25(ワ)7328	82
5.27	東 京 家	平23(家ホ)1179	64
【平成27年】			
12.25	東 京 地	平27(ワ)5373	83
【平成29年】			
3. 2	東 京 高	判時2360・8	107
4.28	さいたま家 川 越 支	平28(家)380	94,153
6.30	東 京 高	判時2372・20	123
7.20	東 京 高	平29(ラ)1077	95,145
【平成30年】			
10.25	東 京 家	平28(家ホ)1079・ 平29(家ホ)345	78

判例年次索引

月日	裁判所名	出典等	ページ
【平成31年】			
2.19	最 高 裁	裁時1718・3	5

離婚に伴う財産分与
－裁判官の視点にみる分与の実務－

令和元年8月29日　初版一刷発行
令和6年8月27日　　六刷発行

著者　松　本　哲　泓

発行者　河　合　誠一郎

発行所　新日本法規出版株式会社

本　　社　（460-8455）　名古屋市中区栄1－23－20
総轄本部

東京本社　（162-8407）　東京都新宿区市谷砂土原町2－6

支社・営業所　札幌・仙台・関東・東京・名古屋・大阪・高松
　　　　　　　広島・福岡

ホームページ　https://www.sn-hoki.co.jp/

【お問い合わせ窓口】
新日本法規出版コンタクトセンター
📞 0120-089-339（通話料無料）
●受付時間／9：00～16：30（土日・祝日を除く）

※本書の無断転載・複製は、著作権法上の例外を除き禁じられています。
※落丁・乱丁本はお取替えします。　　　　ISBN978-4-7882-8600-9
5100075　離婚財産分与　　　　　　　　©松本哲泓 2019 Printed in Japan